Accounting Textbook Series in 21st Century

21世纪会计学系列教材

成 本 会 计
Cost Accounting
（第三版）

胡玉明　潘敏虹　编著

厦门大学出版社

Accounting

第三版前言

　　《成本会计》(第二版)出版之后,得到许多读者的关注与关心。有些读者在给作者的邮件中,除了肯定《成本会计》(第二版)的优点之外,还指出《成本会计》(第二版)的某些错漏。作者对这些读者表示深深的谢意。

　　根据读者的反馈意见和中国《企业会计准则》(2006)的精神,作者对《成本会计》(第二版)进行了修订。《成本会计》(第二版)的修订工作由暨南大学会计学系胡玉明教授负责。与本书配套的《〈成本会计〉学习指导与练习》也相应地进行了修订。

　　尽管作者尽力做好《成本会计》(第二版)的修订工作,无奈时间和水平所限,《成本会计》(第三版)依然难免存在错误或不妥之处。敬请广大读者批评指正。

编　者

2010 年 3 月 16 日

Accounting

成
本
会
计

第二版前言

　　现代成本会计(modern cost accounting)强调"不同目的,不同成本"(different costs for different purposes)和成本信息的相关性。因此,成本会计所提供的信息必须满足三个目的:(1)存货计价与收益确定;(2)经营控制;(3)管理决策。我们在编写本书第一版时,考虑到本书是厦门大学出版社出版的"21世纪会计学系列教材"(Accounting Textbook Series in 21st Century)之一,为了避免各教材之间不必要的重复,本书第一版各章主要立足于制造业,围绕"存货计价与收益确定"这个目的阐述成本核算与成本分析。

　　然而,本书作为一本成本会计教材,教材的使用者未必完整地使用"21世纪会计学系列教材"的全部教材,甚至可能只使用其中的一本教材。这样一来,如果本书缺乏相对完整性,就会给本书的使用和教学带来诸多不便,同时也难以相对完整地囊括现代成本会计的基本内容。有鉴于此,借这次修订之机,根据读者的宝贵意见,本书第二版在保持第一版的两个特色的同时,围绕"经营控制"与"管理决策"这两个目的增补了五章内容,使之较为完整地涵盖现代成本会计的基本内容。

　　本书第二版的增补工作由暨南大学会计学系胡玉明教授和潘敏虹副教授共同完成。其中,第十三章和第十四章由潘敏虹副教授负责编写,第十五章、第十六章和第十七章由胡玉明教授负责编写。胡玉明教授负责全部增补书稿的定稿工作。与本书配套的《〈成本会计〉学习指导与练习》也相应的进行了增补。

　　尽管我们尽力做好本书的增补工作,但是,限于水平与时间,本书第二版还是难免存在不妥之处。敬请广大读者批评指正。

编　者
2008 年 5 月 12 日

第一版前言

在市场经济环境下,成本信息格外引人注目。从战略管理的视野看,成本既是企业竞争优势(或经营战略)之一,也是企业的补偿价值。企业的生产过程既是价值的创造过程,也是成本费用的发生与形成过程。因此,为了充分发挥成本信息的功能,企业必须重视成本核算工作,加强成本会计工作。

本书是编著者在参阅国内外近年来出版的成本会计教材基础上,结合多年的教学实践经验编写而成的。本书旨在阐述成本会计基本原理与方法。

我们在写作过程中,力图体现如下两个特色:

第一,通俗易懂,由浅入深,循序渐进,尽量通过图表和例解讲解成本会计的基本原理与方法。

第二,注重培养学生"举一反三,触类旁通"的意识,尽量以精练的篇幅阐述成本会计的基本原理与方法。

本书是暨南大学会计学系胡玉明教授和潘敏虹副教授共同合作的产物。全书由胡玉明教授负责设计总体框架。各章编写工作的分工是:胡玉明教授负责编写第一章、第四章、第七章、第十章、第十一章和第十二章;潘敏虹副教授负责编写第二章、第三章、第五章、第六章、第八章、第九章。胡玉明教授负责全书的定稿工作。

学习成本会计自然离不开必要的练习,必要的练习将体现在与本书配套的《〈成本会计〉学习指导与练习》之中。

尽管我们尽力做好本书的编写工作,但是限于水平与时间,书中难免存在不妥之处。敬请各位读者批评指正。

编　者

2005 年 12 月 28 日

目　录

Cost Accounting

成本会计

第一章

总　论

本章以成本会计的基本概念为基础,立足于企业经营过程的资金运动,阐述成本核算的基本要求与程序,并在此基础上,描述生产费用的分类,为以后各章的学习奠定基础。

▲ 第一节　成本会计概论

理解和把握成本会计的基本概念是学习成本会计的基础。有鉴于此,本节从成本会计最基本的概念入手。

一、成本与费用的概念

在会计学上,成本(cost)与费用(expense)有所不同。

在市场经济环境下,企业生产的产品首先必须是符合市场需求的商品。任何商品都是价值与使用价值的统一体。根据经济学的一般原理,商品的价值取决于生产该种商品的社会必要劳动时间(量)。它包括:(1)生产过程中已经消耗的生产资料部分(C);(2)劳动者为自己劳动所创造的价值(V);(3)劳动者为社会劳动所创造的价值(M)。在商品价值的三部分中,前两者(C+V)就是企业生产产品过程中发生的成本。因此,成本是企业在生产过程中,为了生产产品而耗费的物化劳动和活劳动的总和,它是一种补偿价值。

费用是指企业为了销售商品、提供劳务等日常活动所发生的经济利益的流出。显然,费用的概念表述与收入概念相匹配,体现了会计学的"配比原则"。企业应当将当期已经销售的产品或已经提供的劳务的成本转为当期的费用。

由此,企业在生产经营过程中所发生的成本,按其时间归属应当划分为产品成本和期间费用两大类。产品成本是费用的对象化,具有明确的承担客体。期间费用与特定的产品没有关系。期间费用包括营业费用、管理费用和财务费用,它们在发生当期一次转入当期损益。无论是成本还是费用都是企业生产经营过程中所发生的耗费,可以统称为生产经营费用。图 1-1 描述了成本与费用的关系。

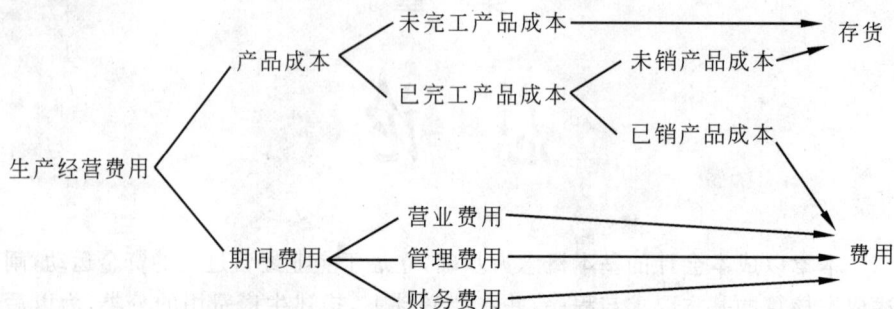

```
                              ┌─ 未完工产品成本 ──────────────→  存货
                  ┌─ 产品成本 ─┤                    ┌─ 未销产品成本
                  │           └─ 已完工产品成本 ─┤
生产经营费用 ─┤                                 └─ 已销产品成本
                  │           ┌─ 营业费用 ────────────→
                  └─ 期间费用 ─┤  管理费用 ────────────────→  费用
                              └─ 财务费用 ────────────→
```

图 1-1   成本与费用的关系

二、成本会计的基本概念

成本会计(cost accounting),通俗地说,就是运用会计的基本原理和一般原则,采用一定的技术方法,结合企业具体的生产经营特点,对企业生产经营过程中所发生的各项费用和产品或劳务成本进行连续、系统、全面和综合的核算和监督的一种会计分支。

成本会计是现代会计学的一个重要分支,它自然应该遵循会计学的基本原理和一般原则。但是,成本会计的对象只是企业生产经营过程中所发生的各项成本与费用。从这个意义上说,成本会计实际上就是成本与费用会计。

从内容上看,成本会计可以分为广义成本会计和狭义成本会计。广义成本会计包括成本预测、成本决策、成本计划、成本控制、成本核算、成本分析、成本考核和成本检查等八项相互联系、相互依存的内容。狭义成本会计则指成本核算。考虑到本系列教材的整体安排,为了避免不必要的重复,本书总体上采用狭义成本会计概念,只涉及成本核算和成本分析。

▲ 第二节   企业经营过程的资金运动

企业产品的生产过程,既是价值的创造过程,也是生产费用的发生过程和成本的形成过程。一方面,员工借助于劳动资料对劳动对象进行加工,制造出能够满足社会需要的某种或多种产品;另一方面,又必然会发生各种材料费用、人工费用、固定资产折旧费用、修理费用以及其他费用等。

一、企业经营资金的运动过程

在企业产品的生产过程中,随着各种材料的投入使用和人工费用的消耗,企业的资金形态从储备资金或货币资金转化为生产资金;同时,在生产过程中使用的固定资产和低值易耗品,也以折旧或摊销的形式将其资产价值转化为成本费用(产品成本或期间费用)。而后,随着完工产品的验收入库,生产资金又转化为成品资金。

企业经营资金的运动过程如图 1-2 所示。

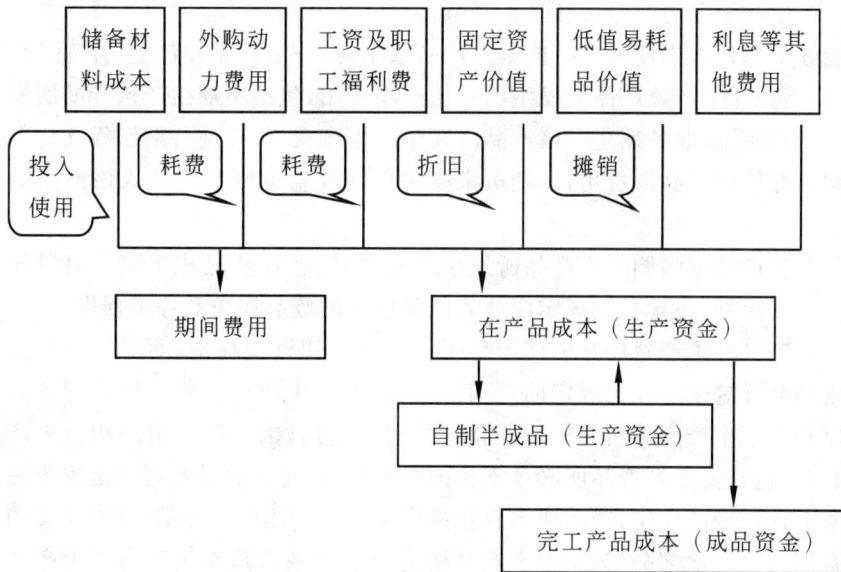

图 1-2 企业经营资金的运动过程

二、产品成本的形成

产品的生产过程同时也是产品成本的形成过程。为了生产产品,企业必然会发生各种材料费用、人工费用、固定资产折旧费用、组织和管理产品生产的各项间接费用等。企业在一定时期内为生产产品所发生的一切资金耗费,就是生产费用(它是广义的生产费用概念)。生产费用的对象化(即将生产费用归属于一定种类和数量的产品之中),就形成了产品成本。产品成本(即产品的生产成本或制造成本)是指一定种类和数量的产品所负担的生产费用。

产品成本与生产费用是既有联系、又不完全相同的两个概念。它们的联系在于产品成本首先是生产费用,只有生产费用才能计入产品成本。但是,产品成本又不等于生产费用,它与一定种类和数量的产品相联系(而不是与一定期间相联系),它从"产出"的角度来界定。如前所述,产品成本是对象化了的生产费用。生产费用的对象化,就形成了产品的成本。然而,产品成本与生产费用又存在区别。这主要表现在:

1.生产费用从投入的角度反映企业产品生产过程所发生的资金耗费,它的发生并不意味着产品成本已经形成。产品成本则从产出的角度反映对象化了的生产费用。

2.生产费用与"一定期间"相联系,但是,某一期间发生的生产费用并不一定能够全部计入当期的产品成本。产品成本与"一定种类和数量的产品"相联系,它是企业生产该产品所发生的一切产品费用,包括本期生产该产品所发生的生产费用,以前各期生产该产品所发生的生产费用,以前各期已经支付但于本期摊配给该产品的费用,本期虽未支付但按受益原则预提计入该产品的费用。

3.生产费用强调生产产品所发生的资金耗费,而产品成本除了对象化了的生产费用外,还包括按规定应计入产品成本的废品损失和停工损失。

4.广义的生产费用是生产产品所发生的一切资金耗费(而不管企业会计准则和会计制度是如何规定的)。其中包括为了生产产品所发生的行政管理费用和为了生产产品所发生债务利息等财务费用(因为这些费用均与生产产品有关,也是为生产产品所必须支付的代价)。按企业会计准则和国家统一的企业会计制度的规定,产品成本仅包括广义生产费用中的一部分(即狭义的生产费用),而其他部分(为了生产产品所发生的行政管理费用和为了生产产品所发生债务利息等财务费用)则作为当期损益处理,不计入产品成本。

如此,产品成本的形成及其与生产费用的联系和区别可用下列会计等式清楚地加以说明:

$$\text{本期完工产品成本} = \text{期初在产品成本} + \text{本期发生的生产费用} - \text{期末在产品成本}$$

$$\text{或：期初在产品成本} + \text{本期发生的生产费用} = \text{本期完工产品成本} + \text{期末在产品成本}$$

前一个等式表明:如果确定了期末在产品成本,那么,将期初在产品成本加上本期发生的生产费用之和,扣除期末在产品成本后,就可获得本期完工产品成本总额。完工产品成本总额除以完工产品数量,就可得到完工产品的单位成本。

后一个等式表明:期初在产品成本与本期发生的生产费用之和,需要在本期完工产品与期末在产品之间按照某种分配标准进行分配。只有通过分配才能获得本期完工产品成本总额和单位成本。

▲ 第三节 成本核算的基本要求与程序

为了充分发挥成本会计信息的功能,企业在成本核算工作中,除了应该遵循会计核算的一般原则外,还应符合一些特有的要求和程序。

一、成本核算的基本要求

(一)划分各种费用的界限

其实,企业成本核算的过程主要就是通过成本费用的明细核算,不断地归集和分配有关的生产费用,正确划分各种成本费用的界限,从而计算出完工产品成本总额和单位成本的过程。为了正确地计算产品成本,合理地归集有关期间费用,必须划分各种费用的界限。

1.划分收益性支出与资本性支出、营业外支出的界限

收益性支出是指企业为了取得当期收益而发生的支出。由于收益性支出的功效仅涉及当期(年)收益,因此,应将收益性支出全部作为当期的成本费用处理。收益性支出主要包括企业为了生产和销售产品所发生的材料、人工费用,为了组织和管理车间生产所发生的制造费用,以及为了组织和管理整个企业的生产经营活动而发生的管理费用和为了筹集生产经营资金所发生的财务费用等。

资本性支出是指企业为了取得多个会计期间的收益而发生的支出。由于资本性支出的功效涉及多个会计期间,因此,应先将资本性支出计入有关资产价值,然后在其受益期限内以折旧或摊销的形式逐步转入成本费用。资本性支出主要包括企业为购建固定资产、无形资产和其他长期资产所发生的支出。但是,企业自行开发并按法律程序申请取得的无形资产所发生的支出,在研究与开发过程中发生的材料费用、人工费用、租金和借款费用等,直接计入当期损益。只有在开发成功并依法取得时发生的注册费、律师聘请费等才能资本化,计入无形资产价值。

营业外支出则是指企业发生的与其生产经营业务无直接关系的各项支出,如固定资产盘亏损失、固定资产清理净损失、债务重组损失、罚款支出、捐赠支出、非常损失等。

Accounting

只有划分收益性支出与资本性支出的界限,才能正确核算各期的成本费用和资产价值。如果将资本性支出列入收益性支出,将会少计资产价值,多计当期成本费用,从而虚减当期利润;相反,如果将收益性支出列入资本性支出,将会多计资产价值,少计当期成本费用,从而虚增当期利润。

只有划分收益性支出与营业外支出的界限,才能正确核算各期间的成本费用和营业利润。如果将营业外支出列入收益性支出,就会多计当期产品成本或期间费用,少计资产营业利润;相反,如果将收益性支出列入营业外支出,就会少计当期产品成本或期间费用,多计营业利润。

2. 划分生产费用与期间费用的界限

如前所述,生产费用是在一定期间内为了生产产品所发生的,按规定应计入产品成本的资金耗费。生产费用主要包括在产品生产过程中发生的直接材料费用、直接人工费用和应分摊的制造费用等。期间费用是指直接计入当期损益的营业费用、管理费用和财务费用。

由于本期投入生产的产品不一定在本期全部完工,本期完工的产品也不一定在本期全部销售出去,因此,本期发生的生产费用往往与本期结转的产品销售成本(属于当期损益)不一致。如果将期间费用列入生产费用,就可能虚增产品成本,虚减本期利润;相反,如果将生产费用列入期间费用,就可能虚减产品成本,虚增本期利润。

3. 划分各个会计期间的费用界限

对于应计入产品成本的生产费用和应计入当期损益的期间费用,还应按权责发生制原则在各个会计期间之间进行合理划分。凡是应由本期产品成本或当期损益负担的费用,应该全部列入本期产品成本或损益,即使尚未支付,也应作为预提费用,预先提取计入本期的成本费用;凡是不应由本期产品成本或当期损益负担的费用,则不应列入本期产品成本或损益,即使已经支付,也应作为待摊费用或长期待摊费用处理,然后分期摊入各期的成本费用。因此,企业必须及时记账,按期结账,既不能推后结账,也不能提前结账;必须按权责发生制原则,正确核算各种跨期摊提费用(包括预提费用、待摊费用、长期待摊费用、递延税款、未确认融资费用等)。应该防止利用跨期摊提费用方式,人为调节各期产品成本和期间费用,从而人为调节各期利润。

但是,对于数额小的跨期费用,也可以根据重要性原则在实际支出期间列入当期的成本或费用。

4. 划分各种产品的费用界限

对于应计入本期产品成本的费用,还应在各种产品之间进行合理划分。

因此,凡是能分清应由某种产品负担的直接费用(如直接材料费用、直接人工费用、直接燃料及动力费用等),应直接计入各有关产品成本;对于各种产品共同发生的间接费用,应采用简便、合理的分配方法,分配计入各有关产品成本。在成本会计实务中,对于多种产品共同发生的材料费用、人工费用等,按一定的分配方法直接分配计入各产品成本;对于车间(或分厂)发生的不单独设立成本项目的生产费用(如设备折旧费、修理费等)、为组织和管理车间(或分厂)生产而发生的车间(或分厂)经费,应先通过"制造费用"归集,然后在期末再分配计入有关产品成本。

在各种产品之间分配费用时,应注意划分盈利产品与亏损产品、可比产品与不可比产品之间的费用界限。应该防止将亏损产品的费用计入盈利产品,或将可比产品的费用计入不可比产品。

5.划分本期完工产品与期末在产品的费用界限

到期末,将各种产品本期发生的产品费用在有关成本计算单中归集完毕后,就可以计算本期各种完工产品成本总额和单位成本。在这里,大体上可能出现下列三种情况:

(1)某种产品在本期已经全部完工并验收入库,那么,该产品的生产费用合计数(即期初在产品成本和本期发生的生产费用之和)就是该完工产品的成本总额。

(2)某种产品在本期全部未完工,那么,该产品的生产费用合计数(即期初在产品成本和本期发生的生产费用之和)就是该产品的期末在产品成本总额。

(3)某种产品在本期部分已完工并验收入库,另一部分尚未完工,那么,就需要将该产品的生产费用的合计数(即期初在产品成本和本期发生的生产费用之和)采用一定的方法在本期完工产品与期末在产品之间进行分配。

在本期完工产品与期末在产品之间分配生产费用时,应该防止任意抬高或压低期末在产品成本,从而人为调节本期完工产品成本的做法。

(二)完善成本核算的各项基础工作

为了规范企业的成本核算工作,确保成本信息质量,提高成本核算工作效率,企业必须完善成本核算的各项基础工作。

1.建立和健全企业的各项定额管理制度

定额是指企业在一定的生产技术和设备条件下,对有关部门生产的产品(半成品或产成品)数量、质量,以及生产经营过程中发生的各种人力、物力、财力耗费方面应达到的水平或消耗标准,如产量定额、材料消耗定额、燃料及动

Accounting

力消耗定额、设备利用定额、工具消耗定额、工时耗用定额、各项制造费用项目定额等等。定额管理制度是指企业以定额为依据,制定生产和成本费用计划,并据此组织生产和控制消耗的一种管理制度。企业制定的各种产品消耗定额既是编制成本计划、分析成本水平和考核成本工作的依据,也是审核和控制生产耗费的标准。在产品成本计算过程中,有时还需要利用产品的原材料定额耗用量或定额费用、工时定额耗用量或工资定额费用等作为其他费用的分配标准。因此,企业应该建立和健全各项定额管理制度,合理制定和及时修订各项定额,使有关定额既先进合理,又切实可行。

为了确保有关产量、质量和消耗定额制定或修订的科学性和合理性,应采用科学、有效的方法(如技术分析法、统计分析法、经验估计法等),并分别由企业生产技术部门、设备和动力管理部门、人力资源管理部门、材料供应部门等与财务管理部门共同参与制定或修订定额。

2.建立和健全存货的计量、收发、领退和盘点制度

企业产品成本的核算以有关材料物资的实物流转和计量为基础。建立和健全存货的计量、收发、领退和盘点制度,既是保证成本信息质量的重要前提,也是企业加强定额管理和成本控制的基本条件。因此,对于仓库各种材料物资的收发领用,在产品和半成品在各车间、仓库之间的内部转移,产成品的入库等,均应及时填制相应的凭证,认真地进行计量、验收或交接,并对某些重要经济业务的关键环节明确要求办理必要的审批手续,防止任意领发和转移;应该明确规定每年至少进行一次全面性的存货清查盘存要求,定期或不定期地对各种原材料、在产品、半成品、产成品等存货进行清查,及时掌握其数量、质量,保证存货账实相符;每月生产或每批生产所剩余料,应及时办理退库手续或"假退料"手续,以确保成本计算的准确性或妥当性。同时,对于各种废料,也要及时加以回收。

3.建立和健全企业有关成本核算的原始记录和凭证制度

原始记录是反映企业生产经营活动的原始资料,它是预测成本、编制成本计划、组织成本核算、分析消耗定额和成本计划执行情况的依据。任何材料物资在企业内部的转移、工时和动力的消耗、产品质量的检验等,都必须做出真实可靠的原始记录。为了保证成本核算原始记录内容的全面性、完整性、系统性、可靠性,并明确有关人员的责任,企业应该购买或设计反映各项生产业务的各种原始凭证,应该明确各种原始凭证的填制方法、传递程序、处理要求,以及审核和保管要求。

4.完善企业的内部结算制度,合理确定内部结算价格

内部结算制度是指企业内部有关部门或车间转移材料、半成品、产成品或提供劳务时,按规定的内部结算价格进行内部转账结算的制度。在一些规模较大、计划管理基础较好的企业,为了调动各部门和职工的生产经营积极性和主动性,同时也为了简化成本核算工作,往往对材料物资、半成品、产成品、各种劳务制定企业内部价格,并作为企业内部结算和考核的依据。

二、成本核算的基本程序

由于各企业生产经营过程的特点和管理要求不同,其产品成本核算的方法和步骤也会有所不同。在成本会计实务中,不可能存在两个或多个企业采用完全相同的成本核算方法和步骤。尽管如此,还是可以总结和归纳出各企业产品成本核算的基本程序。总体上说,各企业产品成本核算的基本程序包括:设置产品成本计算单、审核生产费用原始凭证并进行要素费用的分配、按照受益原则分配各种跨期摊提费用、在各成本计算对象之间分配当期发生的各种生产费用、计算本期完工产品成本总额和单位成本。

(一)设置成本计算单

为了计算产品成本,首先必须确定成本计算期和成本计算对象,而后根据成本计算对象设置成本计算单。

成本计算期是指计算产品成本的间隔期,即每隔多长时间计算一次完工产品成本总额和单位成本。通常,种植业和养殖业可按生产季节确定成本计算期,施工企业可按季或生产周期确定成本计算期,而其他企业则以月为成本计算期。企业确定了成本计算期后,在同一成本计算期内核算的产品产量、收入和相关费用(资金消耗)的起讫日期必须一致。

成本计算对象是指为归集和分配生产费用而确定的成本归属对象,即生产费用的负担者。确定产品成本计算对象时,应明确成本计算的实体和空间。成本计算的实体可分为产成品和半成品两种,而成本计算的空间可分为整个企业和各产品生产步骤两种。企业成本计算对象的确定,主要取决于其生产组织的特点、生产工艺过程的特点和管理要求。同时,它又决定了企业成本计算单格式的设置和成本计算方法的选择。

成本计算单就是生产成本明细分类账簿(或基本生产明细分类账簿),它是根据成本计算对象而设置的。

(二)审核原始凭证并进行要素费用的分配

为了保证成本核算数据的真实性和合法合规性,成本会计人员收到有关生产费用的原始凭证时,应严格地进行审核。在审核无误的基础上,对各项要

Accounting

素费用进行分配,编制有关生产费用分配表并登记入账,如"材料费用分配表"、"工资及福利费分配表"、"固定资产折旧费用计算分配表"、"外购动力费用分配表"等。对于一些发生次数不多的生产费用(如固定资产修理费,以及应计入管理费用的房产税、车船使用税、土地使用税、印花税、工会经费、职工教育经费等)和零星开支的费用(如差旅费、邮电费、报纸杂志订阅费、办公费、劳动保护费、排污费等),可以直接根据有关原始凭证按费用发生地点和用途,逐笔编制记账凭证并记入有关账簿(如"制造费用"、"管理费用"等总账及其明细账)的借方;或先根据有关原始凭证,按费用发生地点和用途编制"其他费用支出汇总表",然后根据"其他费用支出汇总表"编制记账凭证并记入有关账簿。

通过要素费用的合理分配,既可以划清企业的生产费用、期间费用与资本性支出、营业外支出的界限,也可以初步划清生产费用(应计入产品成本的费用)与期间费用的界限。

(三)分配跨期摊提费用

由于企业各项费用的支付期与其受益期并不完全一致,有些费用支付在前而受益在后(如预付资产保险费等),有些费用则受益在前而支出在后(如短期借款利息等)。因此,企业应该根据权责发生制的要求,按照受益原则(即按是否受益、受益大小分配生产费用的原则)分配各种跨期摊提费用。对于支付在前、受益在后的费用,应该在支付当期作为待摊费用或长期待摊费用处理,然后按摊销计划分期摊入有关成本费用账簿;对于受益在前、支付在后的费用,则应该按预提计划预先分期从有关成本费用提取并作为负债处理,然后在实际支付时直接从预提费用列支。

通过跨期摊提费用的合理分配,可以划清各期成本费用的界限,并将应计入本期产品成本、期间费用的各项费用,全部分别记入"生产成本"(为了简化核算手续,将"生产成本"账户分解为"基本生产"和"辅助生产"两个账户)、"制造费用"、"废品损失"(或"基本生产——废品损失")、"停工损失"和有关期间费用账户。

(四)在各成本计算对象之间分配当期发生的生产费用

生产费用在各成本计算对象之间分配,实际上就是划分各产品成本的界限。至此,在各成本计算单中,已按成本项目归集了各成本计算对象应负担的当期发生的全部生产费用。

(五)计算本期完工产成品成本总额和单位成本

如果企业既有本期完工产品,又有期末在产品,并且期末在产品数量多、金额大、各期变化也大,就应该在期末将各成本计算对象本期发生的费用与期初在产品成本之和,采用一定的分配方法在本期完工产品和期末在产品之间进行分配,从而计算出本期完工产品的成本总额和单位成本。

实际上,在企业成本核算基本要求中,划分五个方面的界限体现在企业成本核算的基本程序中。

企业成本核算的基本程序可用图 1-3 表示。

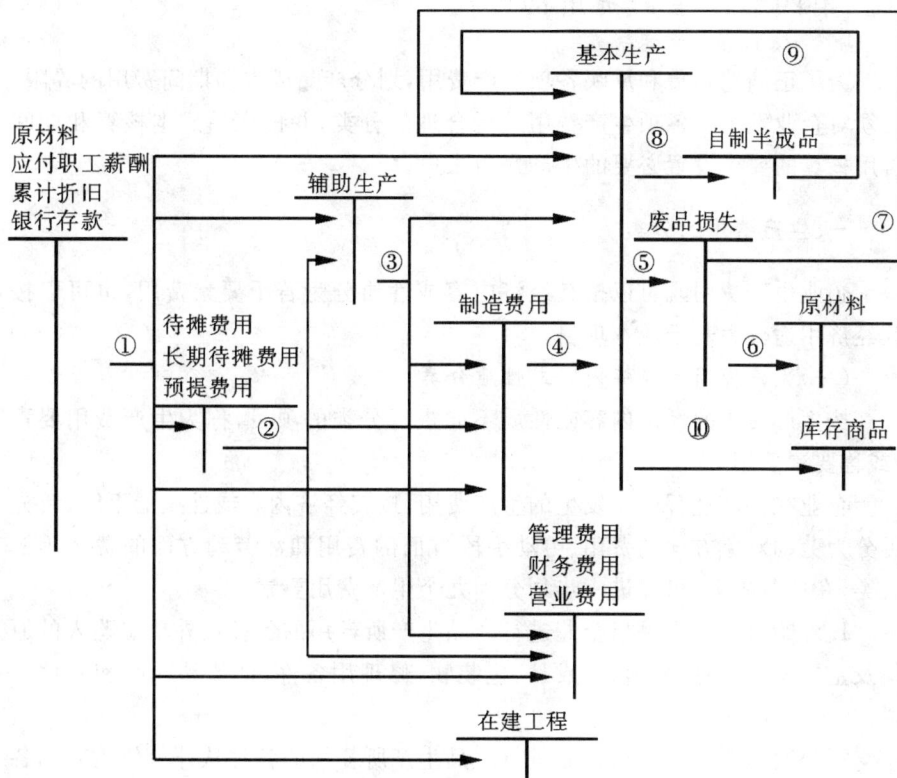

图 1-3　企业成本核算程序

说明:

①要素费用的分配。

②跨期摊提费用的分配。

③辅助生产费用的分配。

④制造费用的分配。

⑤结转不可修复废品的生产成本。

⑥结转废品残值。

⑦将废品损失转入本期生产的同种产品成本。

⑧结转入库的自制半成品成本。

⑨结转车间领用的自制半成品成本。

⑩结转入库的完工产品成本。

▲ 第四节　生产费用的分类

为了正确地归集和反映各项生产费用,划分产品成本和期间费用的界限,必须对企业发生的各项生产费用进行合理的分类,并按产品成本核算和期间费用核算的要求设置必要的生产费用账户。

一、生产费用的分类

企业生产费用既可以按其经济内容或性质分为若干要素费用,也可以按其经济用途分为若干成本项目。

（一）生产费用按经济内容或性质分类

按生产费用的经济内容或性质不同进行分类的项目,称为生产费用要素(或称要素费用)。

企业在生产过程中所发生的生产费用,按其经济内容或性质的不同,首先可分为劳动对象方面的费用、劳动手段方面的费用和活劳动方面的费用等三大类,在此基础上,可以进一步划分为九个生产费用要素。

1.外购材料。它是指企业进行产品生产所耗用的各种从外单位购入的原料及主要材料、辅助材料、半成品、包装物、修理用备件、低值易耗品和其他材料。

2.外购燃料。它是指企业进行产品生产所耗用的各种从外单位购入的各种固体、液体和气体燃料等。

3.外购动力。它是指企业进行产品生产所耗用的各种从外单位购入的电力、蒸汽等动力。

4.工资。它是指企业进行产品生产所发生的应计入产品成本和期间费用的职工工资(包括计时工资、计件工资、工资性津贴和补贴、奖金、加班加点工资和其他特殊情况下支付的工资等)。

5.职工福利费。它是指企业根据工资总额的一定比例提取的、应计入产品成本和期间费用的职工福利费。

6.折旧费。它是指企业根据其拥有或控制的固定资产,按规定计算提取的折旧费。

7.利息支出。它是指企业为了生产产品而筹集资金所发生的应计入期间费用的利息支出减去银行存款利息收入后的净额。

8.税金。它是指企业为了生产产品而发生的、按规定应计入期间费用的房产税、车船使用税、土地使用税和印花税等。

9.其他费用。它是指企业为了生产产品而发生的不属于以上各项费用要素,但是按规定应计入产品成本和期间费用的各项支出,如办公费、水电费、邮电费、差旅费、修理费、租赁费、外部加工费、保险费、劳动保护费、检验费等等。

生产费用按其经济内容或性质分类的意义在于:(1)有利于分析企业各个时期发生的各种费用的支出水平和结构,加强费用管理。(2)可以为企业制定各种费用预算(包括劳动工资预算)、确定各项消耗定额和储备资金定额、编制企业的物资采购资金预算、考核储备资金周转速度等提供必要的资料,从而加强企业的预算管理和定额管理。因为这种分类能够提供企业过去各期间实际耗用的外购材料、外购燃料、外购动力和职工工资及福利费等的情况。(3)可以为计算工业净产值和国民收入提供资料。工业净产值是工业总产值减去工业生产中的物质消耗后的差额,而国民收入是根据各行各业的净产值汇总计算的。由于这种分类能够分别提供企业物质消耗和非物质消耗的资料,因此,可以为计算工业净产值和国民收入提供依据。

这种分类方法的不足之处在于:(1)它不能反映各项费用的用途和发生地点;(2)不能反映各项费用支出与产品成本之间的关系,从而不便于分析产品成本的变化原因和各项费用支出的合理性。

(二)生产费用按经济用途分类

应计入产品成本的生产费用,按其经济用途不同进行分类的项目,称为产品成本项目。

企业生产过程中所发生的生产费用,按其经济用途的不同,首先可分为产品成本和期间费用两大类。在此基础上,可以进一步划分为六个成本项目。

1.原材料。它是指直接用于产品生产并构成产品实体的外购和自制的原料及主要材料,有助于产品形成的辅助材料和外购半成品。这里的"原材料"不包括企业行政管理部门、销售部门、在建工程等耗用的材料,也不包括车间一般性消耗的材料。

2.燃料及动力。它是指直接用于产品生产的外购和自制的燃料和动力。如果不设置"燃料及动力"项目,可将车间实际发生的燃料及动力计入"制造费用"项目内。

Accounting

成本会计

3.工资及福利费。它是指直接参加产品生产的生产工人工资,以及按生产工人工资和规定的比例计提的职工福利费。这里的"工资及福利费"不包括企业行政管理部门和销售部门等人员的工资、在建工程人员的工资,以及根据这些工资提取的职工福利费。

4.废品损失。它是指企业在生产过程中由于出现废品所发生的损失。不需要单独计算和考核废品损失的企业,可以不设置此项目,而将构成废品损失的各项费用并入其他成本项目。

5.停工损失。它是指企业在生产过程中由于各种原因(如原材料供应不足、动力供应中断、设备大修理、计划减产等)引起停工所造成的各种损失。不需要单独计算和考核停工损失的企业,可以不设置此项目,而将构成停工损失的各项费用并入其他成本项目。

6.制造费用。它是指车间或分厂发生的直接用于产品生产,但没有专设成本项目的费用(如机器设备折旧费、修理费、低值易耗品摊销费),以及为组织和管理车间或分厂生产所发生的间接用于产品生产的各项费用(车间厂房折旧费、生产管理人员的工资及其福利费、劳动保护费、办公费、水电费等)。

对于上述六个成本项目,各企业可以根据其具体情况和管理要求,适当地进行分解或合并。但是,按现行国家统一企业会计制度的要求,成本项目至少应分为直接材料费用、直接人工费用和制造费用三个项目。否则,难以满足企业内部经营管理的信息需求。

这种分类方法可以明确地反映产品成本中各种生产耗费的水平与构成,从而有利于加强成本监督、成本控制、成本分析和有关业绩考核。

二、主要生产费用账户的设置

为了归集和分配各种生产费用,计算完工产品成本,企业应该设立"生产成本"、"制造费用"等账户。其中,"生产成本"账户是用以核算企业生产各种产品(包括产成品、自制半成品、提供劳务)、自制工具、自制材料、自制设备等所发生的各项生产费用。为了简化成本核算工作量,提高成本核算工作效率,可将"生产成本"账户分解为"基本生产"和"辅助生产"两个账户。

(一)"基本生产"账户

"基本生产"账户是用以归集企业的基本生产车间为生产各种产品、自制材料或设备所发生的各项生产费用的成本类账户。该账户的借方归集基本生产所发生的各项费用(包括直接材料费用、直接人工费用、燃料及动力费用、从"辅助生产"账户分配转入的应承担的辅助生产费用、从"制造费用"账户分配转入的应承担的制造费用);贷方反映完工入库产品(包括产成品、半成品)的成本。该账户的余额在借方,表示基本生产的期末在产品成本。

该账户应按成本计算对象(如产品品种、产品生产批别或各产品的生产步骤等)设置其明细账户。按基本生产明细账户(即成本计算对象)建立的明细分类账簿,就是产品成本计算单。在产品成本计算单中,应按成本项目分设专栏,登记各成本项目的期初数、本期发生数、本期完工产品所分摊的转出数、期末结存数。

(二)"辅助生产"账户

"辅助生产"账户是用以归集企业的辅助生产车间为基本生产车间提供产品、自制的工具或提供劳务所发生的各项生产费用的成本类账户。所谓辅助生产是指为基本生产服务而进行的产品生产或劳务供应。辅助生产提供的产品或劳务,有时也对外销售,但这不是其主要目的。

该账户的借方归集辅助生产所发生的各项费用(包括直接材料费用、直接人工费用、燃料及动力费用和应负担的制造费用);贷方反映完工入库产品的成本或分配转出的劳务费用。该账户的余额在借方,表示辅助生产的期末在产品成本。

(三)"制造费用"账户

"制造费用"账户是用以归集和分配生产车间或分厂为了组织和管理本车间或分厂生产所发生的各项间接费用,以及直接用于产品生产但没有专设成本项目的费用的成本类账户。发生有关各项费用时,记入其借方;期末将借方归集的制造费用按一定的分配标准分配转入有关成本计算对象时,记入其贷方。除了季节性生产企业外,期末分配完毕之后,该账户通常没有余额。

此外,为了反映和监督库存半成品的增减变化及其结存情况,还应设立"自制半成品"账户;为了归集和分配跨期摊提费用,还应设立"待摊费用"、"长期待摊费用"、"预提费用"等账户;为了归集和结转各项期间费用,还应设立"管理费用"、"财务费用"等账户;为了单独核算废品损失和停工损失,还可以增设"废品损失"、"停工损失"账户。

思考题

1.何谓成本?何谓费用?两者有何关系?

2.如何理解"企业产品的生产过程既是价值的创造过程,也是生产费用的发生过程和成本的形成过程"?

3.企业成本核算为何要划清各种费用的界限?

4.简述成本核算的各项基础工作。

5.如何理解成本核算程序体现了成本核算要求的"划分费用五个方面的界限"?

6.如何进行生产费用的分类?

第二章

成本费用的归集与分配(上)

　　企业产品成本计算的过程,主要就是将各项生产费用在有关账簿(尤其是成本费用和跨期摊提费用的明细分类账簿)中,按要求系统地不断归集与分配的过程,其最终目的是计算本期完工产品和期末在产品的成本。下面分两章阐述企业成本费用的归集与分配问题。

▲ 第一节　要素费用的归集与分配

　　要素费用的分配是成本费用核算的重要内容。企业发生各项要素费用后,首先要对各项费用凭证进行审核,只有符合产品成本、期间费用开支范围的支出,才能计入产品成本或期间费用,然后,根据各项费用的发生地点和用途进行分配。

一、材料费用的归集与分配

（一）材料费用的汇集

　　材料费用的汇集实际上是指材料采购成本的核算。材料采购成本的计算,以各种外购材料为成本计算对象,归集各种材料在采购过程中所发生的各项支出,从而计算出各种材料的总成本和单位成本。材料费用汇集的目的是为了对材料存货进行计价,同时也为计算发出材料成本提供依据。

1.进料成本的确定

　　企业的材料,除少数自制外,大部分通过采购渠道取得。根据财政部颁布的《企业会计准则》和修订印发的各行业会计制度对材料入账价值的说明,外购材料的成本主要包括:(1)买价,即采购价格。对于购货时存在的购货折扣应予以扣除,即购入的材料物品,应按购货折扣后的净额入账。一般而言,买价可以直接计入材料的成本。(2)材料采购费用,即材料存入库以前发生的各种附带成本,包括运输费、装卸费、保险费、仓储费、运输途中的合理损耗、有关税金等。实施新税制后,除了涉及小规模纳税企业的业务外,企业购入的材料成本不再包含增值税。

对于企业内部专门从事材料物资采购供应业务且实行内部独立核算的采购供应部门发生的采购及仓储保管费,可分配计入材料的采购成本。

对于各种附带成本,凡能分清归属的,可直接计入各种材料的采购成本;不能分清归属的,可根据各种材料的特点,采用一定的分配标准和分配方法分配计入各种材料的采购成本。其分配标准通常有材料的重量、体积、买价等。其计算公式如下:

$$材料采购费用分配率 = \frac{材料采购费用}{购入各种材料的重量或买价之和}$$

$$某种材料应负担的材料采购费用 = \frac{某\ 种\ 材\ 料}{的重量或买价} \times \frac{材料采购}{费用分配率}$$

【例 2-1】比克公司购入原材料一批,即 10×10 mm 钢材 50 吨,买价为 3 000元/吨,水泥 80 吨,买价为 800 元/吨,共支付运费 5 350 元。钢材运输途中的定额损耗为 0.5%,实际损耗 1%。水泥经过入库前的挑选整理,实际入库 79 吨。运费按材料买价比例分摊。

两种材料的进料成本计算如表 2-1 所示。

表 2-1　进料成本计算单

材料名称	单价（元）	购买数量（吨）	运费分配率	运费金额（元）	总成本（元）	入库数量（吨）	单位成本（元）
钢材	3 000	50	0.025	3 750	153 750	49.5	3 106.06
水泥	800	80	0.025	1 600	65 600	79	830.38
合计				5 350	219 350		

$$分配率 = \frac{5\ 350}{150\ 000 + 64\ 000} = 0.025$$

钢材应分配的运费 $= 150\ 000 \times 0.025 = 3\ 750$(元)

水泥应分配的运费 $= 64\ 000 \times 0.025 = 1\ 600$(元)

如果材料的日常收发采用计划成本计价,对几种共同发生的费用,可根据具体情况分别处理:如果这几种材料同属一个成本差异计算类别,这些费用就没有必要再分摊。实际入库材料的计划成本总额与实际成本总额之间的差异,就是材料成本差异。如果几种材料分属几个成本差异计算类别,则不能分清归属的附带成本仍需先分摊,分别计算出实际成本后,再计算材料成本差异。

【例2-2】仍以例2-1为例。假定钢材的计划单位成本为 3 050 元/吨,水泥的计划成本为 840 元/吨。如果两种材料同属一个成本差异计算类别,那么,材料成本差异的计算过程如下:

计划成本总额＝3 050×49.5＋840×79＝217 335(元)

实际成本总额＝3 000×50＋80×800＋5 350＝219 350(元)

材料成本差异＝219 350－217 335＝2 015(元)

若两种材料分属两个成本差异计算类别,那么,应先分摊共同费用,分别计算出各自的实际成本后,才能计算材料成本差异。其计算结果如下:

钢材成本差异＝153 750－49.5×3 050＝2 775(元)

水泥成本差异＝65 600－79×840＝－760(元)

在材料日常收发核算采用计划成本计价时,进料成本则应按计划成本计价,而进料的实际成本与计划成本之间的差异,在"材料成本差异"账户内登记。月终,计算出材料成本差异分配率,将本月发出材料的计划成本及存料的计划成本调整为实际成本。

2.发料成本的确定

确定发出材料的成本是一项重要而烦琐的工作,其确定的合理与否直接关系到期末库存材料成本及产品成本的合理性。发出材料的成本由两项内容构成:一是发料的数量,二是发料单价。如果材料日常收发核算采用计划成本计价,则还有材料成本差异问题。由于发出材料的数量比较容易确定,因此,下面仅阐述发料成本的其他影响因素的确定及发料成本的确定。

(1)材料日常核算按实际成本计价时,发料成本的确定

如果同一种材料因批别或采购地点等原因造成进料成本不一致,此时发料的实际单位成本可采用先进先出法、后进先出法、加权平均法、移动加权平均法、个别认定法加以确认。对于这些方法,企业可根据自身的具体情况选用。企业一旦选用某一种计价方法,按会计核算一般原则的要求,不能任意变更,如确需改变,应对变更的原因及变更后带来的影响在财务报告中作必要的说明。

(2)材料日常收发核算按计划成本计价时,发料成本的确定

如果材料日常收发核算按计划成本计价,材料的收发凭证都按材料的计划单位成本计价。在材料明细账中,材料的收发金额都应根据收发料凭证按计划成本登记。在这种情况下,为了进行材料的总分类核算,也应设立"原材

料"等总分类账户,根据收料凭证汇总表和发料凭证汇总表按计划成本汇总登记。为了核算材料采购的实际成本、计划成本和成本差异,调整发出材料的成本差异,计算发出和结存材料的实际成本,还应设立"材料采购"和"材料成本差异"两个总分类账户,并应按照材料类别设立材料采购明细账和材料成本差异明细账。

为了调整发出材料的成本差异,计算发出材料的实际成本,还应根据"原材料"等材料账户登记的月初结存材料和本月收入材料的计划成本,以及"材料成本差异"账户登记的月初结存材料和本月收入材料的成本差异,计算材料成本差异率。

材料日常收发核算采用计划成本计价时,发料的实际成本可用下列公式计算:

$$发出材料实际成本=发出材料计划成本+发出材料应负担的成本差异$$
$$=发出材料计划成本×(1+该类材料的成本差异率)$$

因此,发出材料实际成本由两个主要因素决定:发出材料的计划成本和该材料的成本差异率。为此,要正确计算发出材料实际成本,首先要合理制定材料的计划成本,使其与实际成本的差异不致过大。在同一差异计算类别中,某种材料产生的差异过大,就会由其他材料分担,从而影响了产品成本计算的合理性。其次,要恰当设置材料成本差异明细账户。

(二)材料费用分配的核算

材料费用分配的核算包括直接材料消耗和间接材料消耗的核算。

1.直接的材料消耗

不论耗用外购材料还是耗用自制材料,都应根据审核后的领退料凭证,按照材料的具体用途进行费用的分配。其中直接用于产品生产的材料费用计入各种产品成本有关的成本项目;用于产品销售以及组织和管理生产的材料费用,计入产品销售费用和与管理费用有关的费用项目;用于建造固定资产的材料费用,计入在建工程支出,等等。

2.间接的材料消耗

对于几种产品共同耗用的各种材料费用,应选择适当的标准、采用一定的分配方法分配计入各种产品成本。

(1)分配标准。常用的分配标准包括产品重量、产品体积、产品产量、材料定额耗用量或定额费用、主要材料的耗用量或费用等。

(2)分配标准力求合理而简便。所谓合理,是指所采用的分配标准与所分配的费用密切相关。例如,各种原材料的消耗往往构成了产品实体,其耗用量多少与产品重量密切有关,可以按照铸件重量进行分配;各种木器所用的木材,其耗用量多少与木器的净用材料体积或面积大小密切有关,可以按木器的净用材料体积和面积进行分配。所谓简便,是指作为分配标准的资料比较容易取得,计算比较简便。

如果难以确定适当的分配方法,或者作为分配标准的资料不易取得,而原料或主要材料的消耗定额比较准确,原料和主要材料费用也可以与辅助材料费用一样,按照材料的定额消耗量或定额费用比例分配。采用材料定额消耗量比例或材料定额成本比例进行分配时,计算公式如下:

某种材料定额消耗量＝该种产品实际产量×单位产品材料消耗定额

$$材料消耗量分配率 = \frac{材料实际消耗量}{各种产品材料定额消耗量之和}$$

某种产品应分配的材料数量＝该种产品材料定额消耗量×材料消耗量分配率

某种产品应分配的材料费用＝该种产品应分配的材料数量×材料单价

上述分配计算的程序是:先按材料定额消耗量分配计算各种产品的材料实际消耗量,再乘以材料单价,计算各该产品的实际材料费用。这样分配,可以考核材料消耗定额的执行情况,有利于进行材料消耗的实物管理,但分配计算的工作量较大。为了简化分配计算工作,也可以按材料定额消耗量直接分配材料费用。

【例 2-3】大华厂 2005 年 9 月份生产 A、B 两种产品。根据 9 月份领料单汇总,应列支制造费用的 G 燃料 7 000 元;A 产品直接领用甲材料 300 公斤,单位成本 203 元/公斤;B 产品直接领用丙材料 120 公斤,单位成本 4.1 元/公斤;两种产品共同耗用乙材料 400 公斤,单位成本 80 元/公斤。生产 A 产品 600 件,B 产品 400 件,对于共同耗用材料,A 产品单件材料定额为 0.6 公斤,B 产品为 0.15 公斤。

A、B 两种产品共同耗用的乙材料分配计算如下:

A 产品材料定额消耗量＝600×0.6＝360(公斤)

B 产品材料定额消耗量＝400×0.15＝60(公斤)

$$分配率 = \frac{400}{360+60} = 0.952\ 4$$

A 产品应分配的材料费用＝360×0.952 4×80＝27 428.57(元)

B 产品应分配的材料费用＝60×0.952 4×80＝4 571.43(元)

根据上述计算编制材料费用分配表如表 2-2 所示。

表 2-2　材料费用分配表

单位:元

应借记账户	直接计入金额	分配计入金额		材料费用合计
		消耗定额	分配金额	
基本生产——A 产品	300×203＝60 900	360	27 428.57	88 328.57
基本生产——B 产品	120×4.1＝492	60	4 571.43	5 063.43
小　　计	61 392		32 000	93 392
制造费用	7 000			
	68 392		32 000	100 392

根据表 2-2,编制如下会计分录:

借:基本生产——A 产品　　　　　　　　　　　88 328.57

　　基本生产——B 产品　　　　　　　　　　　 5 063.43

　　制造费用　　　　　　　　　　　　　　　　7 000

贷:原材料——甲材料　　　　　　　　　　　　　　　　 60 900

　　原材料——乙材料　　　　　　　　　　　　　　　　 32 000

　　原材料——丙材料　　　　　　　　　　　　　　　　　 492

　　燃料——G 燃料　　　　　　　　　　　　　　　　　 7 000

二、人工费用的归集与分配

　　人工费用是指各单位在一定时期内直接支付给本单位全部职工的全部劳动报酬。为了统一工资的计划、统计和核算工作,正确地计算人工费用总额,国家对人工费用总额的组成作了统一的规定。工业企业必须按照国家规定的工资总额的组成内容进行工资费用的核算。

　　(一)人工费用总额的组成

　　按照国家统计局规定,工资总额由下列六个部分组成:

　　1.计时工资。这是指按计时工资标准和工作时间支付给职工的劳动报酬,包括:(1)对已做工作按计时工资标准支付的工资;(2)实行结构工资制的单位支付给职工的基础工资和职务(岗位)工资;(3)新参加工作职工的见习工资(学徒工的生活费)等。

　　2.计件工资。这是指按职工所完成的工作量和计件单价计算支付的劳动报酬,包括:(1)在超额累进计件、直接无限计件、限额计件和超定额计件等计件工资形式下,按有关计算规定和计件单价支付给职工的工资;(2)按工作任务包干方法支付给职工的工资；(3)按营业额提成或利润提成办法支付给个人的工资。

3.奖金。这是指支付给职工的超额劳动报酬和增收节支的劳动报酬，包括生产奖、节约奖、劳动竞赛奖等。

4.津贴和补贴。这是指为补偿职工特殊或额外劳动消耗和因其他特殊原因支付给职工的津贴，以及为了保证职工工资水平不受物价上升影响而支付给职工的物价补贴。

5.加班工资。这是指按职工加班的时间和加班的工资标准支付给职工的劳动报酬。

6.特殊情况下支付的工资，包括：(1)根据国家法律、法规和政策规定在某些非工作时间内支付的工资，如病、伤、产假工资等；(2)附加工资和保留工资。

企业在工资费用核算时必须注意以下两个方面的问题：(1)划清工资总额组成与非工资总额组成的界限。例如，为生产工人购买劳动保护用品的支出属于劳动保护费，应作为制造费用计入产品成本；又如职员出差的伙食补助和误餐补助，以及职工市内交通补助属于差旅费，应作为管理费用开支。这些款项，有的虽然随同工资发给职工，但都不属于工资总额的组成内容，不应计入工资费用。(2)工资总额的组成内容与计入产品成本及经营管理费用的工资费用是有所区别的，即企业的工资总额并非全部计入产品成本及经营管理费用。例如，企业医务人员、福利人员的工资应由应付福利费负担，有关在建工程人员的工资应由在建工程成本负担，不能计入产品成本及经营管理费用。

（二）人工费用的原始记录

企业的人工费用核算，必须有一定的原始记录作为依据。不同的工资制度所依据的原始记录不同。计算计时工资费用，应以考勤记录中的工作时间记录为依据；计算计件工资费用，应以产量记录中的产品数量和质量记录为依据。因此，考勤记录和产量记录是人工费用核算的主要原始记录。

1.考勤记录是登记出勤和缺勤时间与情况的原始记录。它是计算职工工资的重要原始记录，同时也是分析、考核职工工作时间使用情况的重要依据。它可以采用考勤簿的形式，也可以采用考勤卡的形式。一般按车间、部门或班组设置，每月一张，由考勤员根据职工出、缺勤情况逐日登记。月末统计、审核后，作为计算计时工资，病、伤、产假工资等的依据。

2.产量记录是登记工人或生产班组出勤时间内完成产量和耗用工时的原始记录。它是统计产量和工时的依据，也是计算计件工资和计算产品成本的依据。

成
本
会
计

（三）人工费用的计算

计算工资并按其用途分配工资费用是人工费用核算的主要内容。工业企业可以根据具体情况采用各种不同的工资制度，其中最基本的工资制度是计时工资制度和计件工资制度。

1.计时工资的计算

职工的计时工资是根据考勤记录登记的每个职工出勤或缺勤日数，按照规定的工资标准计算的。工资标准按其计算的时间不同，有按月计算的月薪，按日计算的日薪或按小时计算的小时工资。企业固定职工的计时工资一般按月薪计算；临时职工的计时工资大多按日薪计算，也有按小时工资计算的。采用月薪制，不论各月日历日数多少，每月的标准工资相同。为了按照职工出勤或缺勤日数计算应付的月工资，还应根据月工资标准计算日工资率，即每日平均工资。采用日薪制，每日工作时数为 8 小时。如果有出勤不满 8 小时的情况，还应根据日标准工资计算小时工资率，即每小时平均工资。

应付月工资一般有四种计算方法：(1)按 30 日计算日工资率，按缺勤日数扣月工资；(2)按 30 日计算日工资率，按出勤日数计算月工资；(3)按 20.92 日计算日工资率，按缺勤日数扣月工资；(4)按 20.92 日计算日工资率，按出勤日数计算月工资。采用哪一种方法，企业可以自行确定，但一旦确定以后，不应任意变动。

在按 30 日计算日工资率的企业中，由于节假日也算工资，因而出勤期间的节假日，也按出勤日算工资。事假、病假等缺勤期间的节假日，也按缺勤日扣工资。在按 20.92 日计算日工资率的企业中，节假日不算工资，也不扣工资。

【例 2-4】假定大华公司职工张山月工资标准为 3 000 元。10 月份 31 天，病假 1 天，事假 2 天，星期休假 8 天，法定节日 3 天，出勤 17 天。根据该职工的工龄，其病假工资按工资标准的 90％计算。该职工的病假和事假期间没有节假日。按上述四种方法分别计算该职工 10 月份的标准工资如下：

(1)按 30 日计算日工资率，按缺勤日数扣月工资：

日工资率＝3 000÷30＝100

应扣缺勤病假工资＝100×1×(1－90％)＝10(元)

应扣缺勤事假工资＝100×2＝200(元)

应付工资＝3 000－10－200＝2 790(元)

(2)按 30 日计算日工资率，按出勤日数计算月工资：

应付出勤工资＝100×(17＋8＋3)＝2 800(元)

应付病假工资＝100×1×90％＝90(元)

应付工资＝2 800＋90＝2 890(元)

(3)按20.92日计算日工资率,按缺勤日数扣月工资:

日工资率＝3 000÷20.92＝143.40

应扣缺勤病假工资＝143.40×1×(1－90％)＝14.34(元)

应扣缺勤事假工资＝143.40×2＝286.80(元)

应付工资＝3 000－14.34－286.8＝2 698.86(元)

(4)按20.92日计算日工资率,按出勤日数计算月工资:

应付出勤工资＝143.40×17＝2 437.8(元)

应付病假工资＝143.40×1×90％＝129.06(元)

应付工资＝2 437.80＋129.06＝2 566.86(元)

2.计件工资的计算

(1)个人计件工资的计算

职工的计件工资,应根据产量记录中登记的每个职工的产品数量,乘以规定的计件单价计算。

应付工资＝∑(月内每种产品的产量×该种产品的计件单价)

【例2-5】假定大华公司制造A、B两种产品。A产品的工时定额为15分钟,B产品的工时定额为30分钟。工人的小时工资率均为4。该两种产品的计件工资单价应计算如下:

$$A 产品计件单价＝4×\frac{15}{60}＝1(元)$$

$$B 产品计件单价＝4×\frac{30}{60}＝2(元)$$

同一职工如果生产计件单价不同的各种产品,为了简化计算工作,也可以根据每个职工完成的产品定额工时总数和工人所属等级的小时工资率计算计件工资。

【例2-6】假定例2-5中某工人共加工A产品300件,B产品700件。其小时工资率为4,计算的计件工资为:

$$应付工资＝4×\left(\frac{15×300}{60}＋\frac{30×700}{60}\right)＝1 700(元)$$

(2)集体计件工资的计算

按生产小组等集体计件工资的计算方法的不同之处在于:集体计件工资还要在集体内部各职工之间按照贡献大小进行分配。由于职工的级别或工资标准一般体现职工劳动的质量和技术水平,工作日数一般体现劳动数量,因而集体内部大多按每人的工资标准月工作日数(或工时数)的乘积为比例进行分配。

【例2-7】假定大华公司第一生产小组集体完成若干项生产任务,按照一

Accounting

般计件工资的计算方法计算得出集体工资 9 980 元。该小组由 3 个不同等级的职工组成,每人的姓名、等级、日工资率、出勤日数,以及按日工资率和出勤日数计算的工资额(即集体计件工资内部的分配标准)如表 2-3 所示。

表 2-3 集体计件工资分配标准

集体单位:第一生产组　　　　　　　　　　2005 年 5 月　　　　　　　　　　单位:元

工人姓名	等级(1)	日工资率(2)	出勤日数(3)	标准工资额(4)=(2)×(3)
张　恒	6	150	22	3 300
李　立	5	120	21	2 520
赵　强	4	100	23	2 300
合　计				8 120

根据表 2-3 计算如下:

生产小组内部工资分配率 $= \dfrac{9\ 980}{8\ 120} = 1.229$

张恒应分工资 $= 3\ 300 \times 1.229 = 4\ 056$(元)

李立应分工资 $= 2\ 520 \times 1.229 = 3\ 097$(元)

赵强应分工资 $= 2\ 300 \times 1.229 = 2\ 827$(元)

　合　计　　　　　　　9 980(元)

3. 人工费用分配的核算

人工费用包括实际发生的工资性费用及相应计提的职工福利费,应按其发生的地点和用途进行分配。生产车间直接从事产品生产的生产工人工资,应记入"生产成本"账户中的"直接工资"成本项目,生产车间管理人员的工资,应记入"制造费用"账户;行政管理人员的工资应列入"管理费用"账户;福利部门人员的工资,应记入"应付职工薪酬"账户;固定资产大修理等工程人员的工资,应记入"在建工程"账户;专设销售机构人员的工资,则应记入"营业费用"账户。

基本生产车间工人的人工费用如果采用计件工资结算,可直接计入各种产品成本;如果采用计时工资结算,若只生产一种产品,也可直接计入该产品成本,如果生产多种产品,需按一定的标准分配计入各种产品成本。分配标准一般是产品的实际生产工时、定额工时或产品产量等。如果企业生产多种产品,而且各种产品的单件生产工时存在较大的差异,按各种产品产量分配生产工人工资的结果必然脱离各种产品生产过程中实际消耗的生产工人劳动数量。因此,按照生产工时或定额工时分配人工费用比较合理。而且,生产各种产品的工时可以直接相加,计算过程也相对简单。其分配率计算公式如下:

$$人工费用分配率 = \frac{本期发生的直接人工费用}{各种产品耗用的实际工时(或定额工时)}$$

$$某种产品应分配的 \atop 直接人工费用 = {该产品耗用的实际 \atop 工时(或定额工时)数} × {直接人工 \atop 费用分配率}$$

人工费用通过人工费用分配表进行分配。该表应根据工资结算单等有关资料编制。

【例 2-8】大华公司的人工费用分配表如表 2-4 所示。

表 2-4　人工费用分配表

单位名称:大华公司　　　　　　2005 年 6 月　　　　　　　　单位:元

应借账户		成本或费用项目	直接计入	分配计入		人工费用合计
				生产工时	分配金额(分配率=50)	
基本生产	A产品	人工及福利费	45 000	600	30 000	75 000
	B产品	人工及福利费	38 000	450	22 500	60 500
	小　计		83 000		52 500	135 500
制造费用	基本生产	人工及福利费	8 600			
辅助生产	机修车间	人工及福利费	13 200			
	运输车间	人工及福利费	6 700			
	小　　计		19 900			
管理费用		人工及福利费	22 000			
在建工程		人工及福利费	5 400			
应付福利费		人工费用	4 800			
合　　计			143 700		52 500	196 200

根据表 2-4,编制如下会计分录:

```
借:基本生产                         135 500
   制造费用                           8 600
   辅助生产                          19 900
   管理费用                          22 000
   在建工程                           5 400
   应付职工薪酬                       4 800
   贷:应付职工薪酬                             196 200
```

4.计提职工福利费的核算

Accounting

企业除了按照"按劳分配"原则支付每个职工工资以外,还应按照国家规定对职工进行福利补助。为此,企业还应按照职工工资总额的规定比例(现行规定为14％)计算、提取应付福利费。

按各类人员工资额提取的职工福利费的分配,除福利部门工作人员计提的职工福利费外,与工资费用的分配原则相同,即工资费用记入什么账户,提取职工福利费也列入什么账户。对于福利部门工作人员的工资提取的职工福利费,如果也记入"应付职工薪酬"账户的借方,提取的结果会使"应付职工薪酬"账户同时增减相同的数字,这部分工作人员的职工福利费就等于未提。因此,对于按福利部门工作人员工资额计提的职工福利费,记入"管理费用"账户借方和"应付职工薪酬"账户的贷方。

职工福利费的计提和分配也可以通过福利费用分配表进行。根据表2-4,大华公司2005年6月份的职工福利费用分配表如表2-5所示。

表2-5 职工福利费用分配表

单位名称:大华公司　　　　　　　　　　2005年6月　　　　　　　　　　单位:元

应借账户		成本或费用项目	工资总额	应付福利费
基本生产	A产品	人工及福利费	75 000	10 500
	B产品	人工及福利费	60 500	8 470
	小　计		135 500	18 970
制造费用	基本生产	人工及福利费	8 600	1 204
辅助生产	机修车间	人工及福利费	13 200	1 848
	运输车间	人工及福利费	6 700	938
	小　计		19 900	2 786
管理费用		人工及福利费	26 800	3 752
在建工程		人工及福利费	5 400	756
合　计			196 200	27 468

根据表2-5,编制如下会计分录:

借:基本生产　　　　　　　　　　　　　　　18 970
　　制造费用　　　　　　　　　　　　　　　1 204
　　辅助生产　　　　　　　　　　　　　　　2 786
　　管理费用　　　　　　　　　　　　　　　3 752
　　在建工程　　　　　　　　　　　　　　　756
　　贷:应付职工薪酬　　　　　　　　　　　　　27 468

三、折旧费及其他费用的归集与分配

（一）固定资产折旧费的归集与分配

固定资产折旧费的归集是通过编制各车间、部门固定资产折旧计算明细表，进而汇总编制全厂的折旧计算汇总表进行的。

各车间、部门固定资产折旧计算明细表应根据月初计提折旧固定资产的有关资料和确定的折旧计算方法编制。"固定资产折旧计算明细表"的格式如表 2-6 所示。

表 2-6　固定资产折旧计算明细表

车间:基本生产铸造车间　　　　　　　　2005 年 6 月　　　　　　　　单位:千元

固定资产类别	月折旧率（平均年限法）	上月折旧额	上月增加固定资产应计折旧额	上月减少固定资产应计折旧额	应增应减折旧额	本月折旧额
房屋	0.28%	300		40	−40	260
机械设备	0.40%	100	20		+20	120
传导设备	0.50%	50		10	−10	40
动力设备	0.60%	30				30
专用设备	0.45%	80	50		+50	130
合计		560	70	50	+20	580

根据各车间、部门编制的"固定资产折旧计算明细表"，可汇总编制"固定资产折旧汇总计算表"。其格式如表 2-7 所示。

企业按规定计提的折旧费，应根据固定资产的使用地点和用途进行分配，分别列入不同账户。生产车间使用的固定资产应计提的折旧，应计入"制造费用"账户；行政管理部门使用的固定资产应计提折旧，应计入"管理费用"账户；出租固定资产应计提的折旧，应列入"其他业务支出"账户；福利部门使用固定资产应提取的折旧费，应列入"应付职工薪酬"账户。在借记这些账户的同时，应贷记"累计折旧"账户。

根据表 2-7,编制如下会计分录:

借:制造费用　　　　　　　　　　　　843 000
　　辅助生产　　　　　　　　　　　　100 000
　　管理费用　　　　　　　　　　　　 27 000
　　应付职工薪酬　　　　　　　　　　 15 000
　　贷:累计折旧　　　　　　　　　　　　　　　985 000

Accounting

表 2-7　固定资产折旧汇总计算表

2005 年 6 月　　　　　　　　　　　　　单位:千元

部　　门	应借科目	本月折旧额
基本生产车间	制造费用	
铸造车间		580
加工车间		125
装配车间		138
小计		843
辅助车间	辅助生产	
机修车间		44
运输车间		56
小计		100
管理部门	管理费用	27
福利部门	应付职工薪酬	15
合　　计		985

(二)外购动力费用的归集与分配

　　企业从外单位购入动力所发生的支出称为外购动力费用。外购动力费用一般以计量仪器所显示的量度为准,乘以单价计算,并由动力供应单位完成。供应单位定期抄录数量并开列账单向用户收取款项。有些单位使用动力有一个限额,超过部分应加价收款,因而所开账单可能有两种价格。有时供应单位开出的账单的起讫日期可能与会计期间不一致,为了正确计算当月外购动力费用,也可在月末根据仪器仪表上的数据自行计算当月外购动力实际发生的费用。外购动力费用应根据用途和使用部门进行分配。对于直接用于生产的外购动力费用,记入"生产成本"账户及其明细账,列入"燃料和动力"项目。对一般用途的外购动力费用,则按其使用部门分别记入"制造费用"、"管理费用"等账户。计入成本费用的外购动力费金额,如果存在仪表记录,按仪表抄录数和单价直接计入;如没有仪表记录,可按一定标准进行分配。

　　如果供应单位每月抄表日基本固定,且每月从抄表日到月末的耗用数量相差不多,可在支付外购动力费时直接借记有关成本、费用账户,贷记"银行存款"账户。

　　在成本会计实际工作中,外购动力费用的分配是通过编制外购动力费用分配汇总表进行的。其格式如表 2-8 所示。

表 2-8　外购动力费用分配表

2005 年 6 月　　　　　　　　　　　　　　单位:元

应借记账户			数量		金　　额
总分类账户	产品或车间名称	成本或费用项目	单　价	度　　数	
基本生产 ——铸造车间	铸铁件	燃料和动力	分配率= 0.1 元/工时	30 000 工时	3 000
	铸铜件	燃料和动力		20 000 工时	2 000
制造费用	加工车间	水电费	0.8 元/度	4 000	3 200
	装配车间	水电费	0.8 元/度	2 800	2 240
辅助生产	机修车间	水电费	0.8 元/度	3 400	2 720
	运输车间	水电费	0.8 元/度	800	640
管理费用		水电费	0.8 元/度	600	480
合　计					14 280

根据表 2-8,编制如下会计分录:

借:基本生产——铸造车间——铸铁件　　　　　　　　　3 000

　基本生产——铸造车间——铸铜件　　　　　　　　　2 000

　辅助生产——机修车间　　　　　　　　　　　　　　2 720

　辅助生产——运输车间　　　　　　　　　　　　　　　640

　制造费用——加工车间　　　　　　　　　　　　　　3 200

　制造费用——装配车间　　　　　　　　　　　　　　2 240

　管理费用　　　　　　　　　　　　　　　　　　　　　480

　贷:银行存款　　　　　　　　　　　　　　　　　　14 280

(三)低值易耗品费用的归集与分配

低值易耗品是指不作为固定资产核算的各种用具物品,包括工具、管理用具、玻璃器皿,以及在经营过程中周转使用的包装容器等各种用具物品。

低值易耗品摊销计入产品成本或费用有三种处理方式:(1)作为直接费用记入产品成本明细账;(2)按发生地点计入综合费用,然后通过综合费用分配计入账户;(3)领用低值易耗品时,先记入"待摊费用"或"长期待摊费用"账户,分期摊入有关成本费用时,再从"待摊费用"或"长期待摊费用"账户转入"制造费用"、"管理费用"等账户。由于低值易耗品摊销在产品成本中所占比重较小,一般不专设成本项目。因此,用于生产的低值易耗品摊销应计入"制造费用"账户,而用于组织和管理生产经营活动的低值易耗品摊销,则应计入"管理费用"账户。

低值易耗品的摊销的方法包括一次摊销法、分期摊销法和"五五"摊销法。

1.一次摊销法

一次摊销法,也称一次转销法或一次计入法。采用这种方法,在领用低值易耗品时,就将其全部价值一次计入当月成本、费用,借记"制造费用"或"管理费用"等账户,贷记"低值易耗品"账户。在低值易耗品报废时,应将报废的残料价值冲减当月低值易耗品摊销费用,从而冲减有关的成本、费用:借记"原材料"等账户,贷记"制造费用"或"管理费用"等账户。

【例2-9】大华公司2005年6月1日生产车间领用一批模具,其实际成本为1 500元。该批模具采用一次摊销法核算。

大华公司在领用模具时,应编制如下会计分录:

借:制造费用   1 500
　　贷:低值易耗品——模具   1 500

假设2005年11月30日,该批模具报废了,收回残料价值150元,大华公司应编制如下会计分录:

借:原材料   150
　　贷:制造费用   150

2.分期摊销法

采用分期摊销法,低值易耗品的价值要按其使用期限的长短或价值的大小分期摊入成本、费用。分期摊销法一般适用于单位价值较高或一次领用金额较大的物品。摊销期限在一年以内的,转作"待摊费用"分期摊销;摊销期限超过一年的,转为"长期待摊费用"分期摊销。企业在领用低值易耗品时,应借记"待摊费用"或"长期待摊费用"账户,贷记"低值易耗品"账户;分月摊销时,应借记"制造费用"或"管理费用"等账户,贷记"待摊费用"或"长期待摊费用"账户;报废低值易耗品时,收回的残料价值作为当期低值易耗品摊销额的减少,冲减有关的成本、费用,借记"原材料"等账户,贷记"制造费用"或"管理费用"等账户。如果低值易耗品的日常核算按计划成本计价,领用低值易耗品的会计分录应按计划成本编制,并应于期末调整所领低值易耗品的成本差异。

【例2-10】承例2-9,进一步假设该批模具预计使用期限为6个月,采用分期摊销法核算。

大华公司在领用模具时,应编制如下会计分录:

借:待摊费用   1 500

   贷:低值易耗品——模具   1 500

月末,大华公司摊销低值易耗品价值时,应编制如下会计分录:

借:制造费用   250

   贷:待摊费用   250

2005年11月30日,该批模具报废收回残值150元,大华公司应编制如下会计分录:

借:原材料   150

   贷:制造费用   150

采用上述两种摊销方法,低值易耗品一经领用,其价值即从账面上消失,使已领在用和用后退库的低值易耗品成为账外物资,不利于对这些低值易耗品实行价值监督,容易产生弊端。因此,采用这两种摊销方法时,对于在用低值易耗品和使用以后退回仓库的低值易耗品,应增设"备查簿"进行登记,以加强实物管理。

3."五五"摊销法

"五五"摊销法,也称"五成"法。采用这种方法,低值易耗品在领用时摊销其价值的一半,在报废时再摊销其价值的一半。

采用"五五"摊销法,为了核算在用低值易耗品的价值和低值易耗品的摊余价值,应在"低值易耗品"总分类账户下,分设"在库低值易耗品"、"在用低值易耗品"和"低值易耗品摊销"三个二级账户。在领用低值易耗品时,应按其价值(实际成本或计划成本),借记"低值易耗品——在用低值易耗品"账户,贷记"低值易耗品——在库低值易耗品"账户,同时,按其价值的50%进行摊销,借记"制造费用"或"管理费用"等账户,贷记"低值易耗品——低值易耗品摊销"账户。在报废低值易耗品时,应按回收残料的价值借记"原材料"等账户,按报废低值易耗品价值的50%减去残料价值后的差额,借记"制造费用"或"管理费用"等账户,按报废低值易耗品价值的50%,贷记"低值易耗品——低值易耗品摊销"账户;同时应注销报废低值易耗品的价值及其累计摊销额,借记"低值易耗品——低值易耗品摊销"账户,贷记"低值易耗品——在用低值易耗品"账户。如果低值易耗品按计划成本进行日常核算,在领用月份的月末,还要调整所领低值易耗品的成本差异。

【例2-11】承例2-9,该批模具采用"五五"摊销法核算。

大华公司在领用模具时,应编制如下会计分录:

借:低值易耗品——在用低值易耗品   1 500

   贷:低值易耗品——在库低值易耗品   1 500

月末,大华公司摊销低值易耗品价值时,应编制如下会计分录:

借:制造费用 750

    贷:低值易耗品——低值易耗品摊销 750

2005年11月30日,该批模具报废收回残值150元,大华公司应编制如下会计分录:

借:原材料 150

   制造费用 600

    贷:低值易耗品——低值易耗品摊销 750

同时,注销报废低值易耗品的价值及其累计摊销额,编制如下会计分录:

借:低值易耗品——低值易耗品摊销 1 500

    贷:低值易耗品——在用低值易耗品 1 500

使用"五五"摊销法核算低值易耗品的优点在于:(1)低值易耗品在报废以前账面上一直保留一半价值,因而便于对低值易耗品进行价值监督;(2)低值易耗品的价值分两次摊销,对于成本、费用的负担比一次摊销法更为合理,但其核算工作量比一次摊销法大。需要按车间、部门明细核算在用低值易耗品数量和金额的企业,应该采用这种方法。此外,对于每月领用、报废比较均衡,因而每月摊销额相差不多的低值易耗品,例如生产过程中经常领用、经常报废的生产工具,采用这种方法也比较合理。

▲ 第二节　跨期摊提费用的归集与分配

为了正确计算各个会计期间的损益,必须根据权责发生制和配比原则(受益的原则)严格划分费用的归属期,为此,企业必须设置跨期摊提账户。跨期摊提账户是用来反映和监督应由若干个相连接的会计期间共同负担的费用,并将这些费用在各个会计期间进行分摊或预提的账户。

一、待摊费用的归集与分配

待摊费用是指本期发生,但应由本期和以后各期产品成本或经营管理费用共同负担的费用。这种费用支付在前,发生以后,由于受益期较长,根据权责发生制和配比原则,不应一次全部计入当期成本或费用,而应按照待摊费用的受益期限分期摊销计入各期成本或费用。

(一)待摊费用的内容

待摊费用包括低值易耗品摊销、出租出借包装物摊销、预付保险费、待摊的固定资产修理费用、预付固定资产租金,以及一次购买印花税票和一次交纳印花税额较多、需要分期摊销的税金等。

待摊费用的摊销期限最长为一年。如果其摊销期限超过一年,应该作为"长期待摊费用"处理。受益期限虽然超过一个月,如果数额不大,例如预付零星报刊订阅费,为了简化核算工作,也可以不作为待摊费用处理,而直接计入支付月份的成本或费用。

为了正确划分各个月份的费用界限,防止多计或少计某些月份的成本或费用,待摊费用的项目应根据企业会计制度规定分摊期限和方法(例如按月份平均分摊还是按各月产量分摊),在待摊费用发生时确定,不应任意多摊、少摊或不摊。

(二)待摊费用的归集与分配

待摊费用的支出和摊销通过"待摊费用"账户。发生待摊费用时,应借记"待摊费用"账户,贷记"银行存款"、"低值易耗品"、"包装物"和"应交税金"等账户;分期摊销时,应按待摊费用的用途分别借记各有关的成本或费用账户,贷记"待摊费用"账户。"待摊费用"账户借方余额表示已支付、尚未摊销的费用,它是生产经营过程占用的资金,属于流动资产。该账户应按费用的种类进行明细分类核算,分别反映各种待摊费用的支付和摊销情况。

【例2-12】大华公司在2005年1月份以银行存款预付第1季度固定资产租金9 800元。其中生产设备租金3 600元,厂房租金4 500元,行政管理部门办公场所租金1 700元。

支付租金时,应编制如下会计分录:

借:待摊费用 9 800
  贷:银行存款 9 800

待摊费用的受益期或摊销期,有的可以明确确定,例如预付保险费和预付固定资产租金等,其受益期或摊销期限可以根据预付期限确定;有的待摊费用受益期或摊销期则不能明确确定,例如领用低值易耗品的受益期或摊销期限不易确定。因为其使用期限不易预计,这就需要成本会计人员会同生产、技术人员,根据具体情况测定。

由于摊销费用一般没有专设成本项目,因而摊销费用时,一般应按应摊费用的车间、部门和费用用途,分别计入"制造费用"、"经营费用"和"管理费用"等账户及其所属明细账的借方(在明细账记入相应的费用项目,例如摊销预付保险费,记入"保险费"项目)。待摊费用的摊销额,应记入"待摊费用"账户及其所属明细账的贷方。

Accounting

承例 2-12,根据租入的固定资产用途以及各部门的使用面积摊销 1 月份的待摊费用,编制待摊费用分配表,如表 2-9 所示。

表 2-9　待摊费用分配表

单位名称:大华公司　　　　　　费用种类:固定资产租金　　　　　　　　单位:元

应借记账户			单　价	数　　量	金　额
总分类账户	产品或车间名称	成本或费用项目			
制造费用	加工车间	设备租金	0.6 元/工时	4 000 工时	2 400
	装配车间	设备租金	0.6 元/工时	2 000 工时	1 200
	小　计			6 000	3 600
辅助生产	机修车间	厂房租金	2 元/m^2	1 450m^2	2 900
	运输车间	厂房租金	2 元/m^2	800m^2	1 600
	小　计				4 500
管理费用		房屋租金		600m^2	1 700
合　计					9 800

根据表 2-9,编制如下会计分录:

借:制造费用——加工车间　　　　　　　　　　　　　　　2 400
　　制造费用——装配车间　　　　　　　　　　　　　　　1 200
　　辅助生产——机修车间　　　　　　　　　　　　　　　2 900
　　辅助生产——运输车间　　　　　　　　　　　　　　　1 600
　　管理费用　　　　　　　　　　　　　　　　　　　　　1 700
　　贷:待摊费用　　　　　　　　　　　　　　　　　　　　　　9 800

二、预提费用的归集与分配

与待摊费用相反,预提费用属于发生在前,支付在后的费用。

（一）预提费用的内容

预提费用是指预先分期计入各期成本或费用,但在以后才实际支付的费用,它是应付而未付的费用,因而它是一种负债。可以预提的费用,一般有借款利息、大修理费用、固定资产租金和保险费等。预提费用受益期限虽然超过一个月,但如果数额不大,也可以不作为预提费用处理,而在实际支付时直接计入支付月份的成本或费用。

Accounting

（二）预提费用的归集与分配

为了正确地划分各期的成本或费用,防止多计或少计某些月份的成本或费用,预提费用的项目和预提的标准应遵循企业会计制度的规定,不应任意多提、少提或不提。期末,企业如果发现某种预提费用总额可能与实际费用总额发生较大的差额时,应及时调整预提的标准。预提费用应按规定的时间结算。预提费用总额与实际费用总额的差额,应调整计入预提月份的成本或费用。也就是说,预提期最后一个月份应提的费用,应根据预提期内实际费用总额减去已提费用总额计算。

预提费用的预提和支付,通过"预提费用"账户核算。由于预提的各种费用都没有专设成本项目,因而预提时应按预提费用的车间、部门和用途,分别记入"制造费用"、"管理费用"和"财务费用"等账户及其所属明细账的借方(在明细账记入相应的费用项目,例如预提利息费用,记入"利息支出"项目),记入"预提费用"账户的贷方;实际支付时,记入"预提费用"账户的借方,同时记入"银行存款"或"原材料"等账户的贷方。"预提费用"账户的贷方余额,为已经预提尚未支付的费用,属于流动负债。如果预提期内实际发生的费用大于已预提的费用,该账户会出现借方余额,应作为待摊费用处理,在预提期末以前分期摊销。该账户应按预提费用的种类进行明细分类核算,分别反映各种预提费用的预提和支付情况。

【例2-13】大华公司2005年1月预提当月应负担的银行贷款利息68 400元,设备大修理费25 600元,根据贷款的用途和设备的使用部门编制预提费用分配表,如表2-10所示。

根据表2-10,企业计提费用时,编制如下会计分录:

借:制造费用——加工车间	3 300	
制造费用——装配车间	6 300	
辅助生产——机修车间	7 800	
辅助生产——运输车间	8 200	
财务费用	25 660	
在建工程	42 740	
贷:预提费用		94 000

如果实际支付的金额不等于预提的金额,其差额应在预提期末的月份调整。

承例2-13,3月末接银行通知,第一季度应付银行利息为204 000元。

经计算分配,其中在建工程使用资金利息为 128 000 元,其余为经营资金利息。

表 2-10 预提费用分配表

单位名称:大华公司　　　　　　　　　2005 年 1 月　　　　　　　　　单位:元

应借科目			金额
总分类账	产品或车间名称	成本或费用项目	
制造费用	加工车间	大修理费	3 300
	装配车间	大修理费	6 300
	小　　计		9 600
辅助生产	机修车间	大修理费	7 800
	运输车间	大修理费	8 200
	小　　计		16 000
财务费用		利息费用	25 660
在建工程		利息费用	42 740
合　　计			94 000

企业在 3 月末预提利息费用时,应编制如下会计分录:

借:财务费用　　　　　　　　　　　　　　　　24 680
　　在建工程　　　　　　　　　　　　　　　　42 520
　　贷:预提费用　　　　　　　　　　　　　　　　　　　　67 200

已经预提的费用在实际支付时,不应再计入当期费用,而应冲减预提费用,否则会使费用重复计算。

承例 2-13,大华公司 2005 年 3 月末接银行通知,第一季度应付银行利息为 204 000 元。大华公司第一季度 3 个月已经预提利息费用,并已将其计入财务费用(借记"财务费用"账户,贷记"预提费用"账户);在 3 月份实际支付利息费用时,不应再计入"财务费用"账户,而应冲减"预提费用"账户。企业应编制如下会计分录:

借:预提费用　　　　　　　　　　　　　　　204 000
　　贷:银行存款　　　　　　　　　　　　　　　　　　204 000

▲ **第三节** 辅助生产费用的归集与分配

制造业的生产按其生产职能可以划分为基本生产和辅助生产。辅助生产是指为保证基本生产经营正常进行而向基本生产车间、行政管理部门提供产品或劳务的生产活动。例如,为基本生产车间提供修理、运输、动力等劳务,为基本生产车间提供工具、模型等产品,为行政管理部门供水、供电等活动,都属于辅助生产。对于为基本生产车间服务的辅助生产,其发生的辅助生产费用构成产品成本的组成部分,由各受益的车间、部门承担,在各种库存产成品、在产品和销售产品之间进行分配,对产品的成本水平有直接的影响。为行政管理部门服务的辅助生产,其发生的辅助生产费用应记入管理费用。因此,辅助生产费用的归集与分配将影响到产品成本计算和当期损益计算的合理性,辅助生产费用的归集与分配,对于节约费用,降低成本,及时地计算企业产品成本具有重要的意义。

一、辅助生产费用的归集

为了正确核算辅助生产费用,计算辅助生产产品或劳务的成本,企业应设置"辅助生产"账户,据此进行辅助生产费用的归集与分配。该账户同"基本生产"账户一样,一般应按车间以及产品和劳务设立明细账,并按照成本项目设立专栏或专行进行明细分类核算。企业发生的各种辅助生产费用,既包括辅助生产车间的直接费用,也包括期末从"制造费用——辅助生产车间"账户分配转入的辅助生产车间为组织和管理生产活动而发生的各种间接费用,应记入该账户的借方进行归集。在各个辅助生产车间相互提供产品或劳务的情况下,从提供产品或劳务的辅助生产车间分配转入受益的辅助生产车间的产品或劳务的成本也应该记入该账户的借方。该账户的贷方反映辅助生产费用的分配,即辅助生产车间向受益的基本生产车间、其他辅助生产车间、行政管理部门分配其提供的产品或劳务的成本或辅助产品完工后转入"原材料"或"低值易耗品"等账户。

辅助生产费用明细账的设置,应根据各个辅助生产车间的具体情况,即根据其提供辅助产品和劳务的种类多少来决定:(1)如果辅助生产不对外提供商品产品,因而不需要按照规定的成本项目计算产品成本,编制产品成本报表,而且辅助生产车间规模很小,制造费用很少,为了简化核算工作,其制造费用也可以直接记入"辅助生产"账户及其所属明细账的借方,而不通过"制造费用"账户核算。这样,在计算辅助生产成本时,可以将产品的成本项目与制造费用的费用项目结合起来,设立简化的项目,在辅助生产成本明细账中按照这种简化的项目归集费用,计算成本。(2)对于同时提供多种产品或多种劳务的辅助生产车间,即多品种辅助生产车间,例如生产多种工具和模具的车间、提供各种修理服务的车间等等,其发生的生产费用就要按车间和产品,并区别直接费用和间接费用来归集。具体说,就是要按车间设置"辅助生产费用明细账",并按产品或劳务类别开设"成本计算单",登记当期发生的直接材料和直接人工,而辅助生产车间发生的其他间接费用则首先在"制造费用——辅助生产车间"明细账户进行归集,期末再采用适当的方法和标准,分配记入各有关产品或劳务的成本计算单中。

二、辅助生产费用的分配

(一)辅助生产费用分配的特点

辅助生产发生的所有生产费用,按车间进行归集以后,在期末要采用一定的方法,按照一定的标准在各个受益对象之间进行分配。辅助生产提供的产品和劳务,主要是为基本生产车间和行政管理部门使用和服务的。但在某些辅助生产车间之间,也有相互提供产品和劳务的情况。例如,供电车间为机修车间供电,机修车间为供电车间提供修理服务。这样,为了计算电的成本,需要确定机修的成本,而为了计算机修的成本,又要确定电的成本。因此,为了正确计算辅助生产产品和劳务的成本,并将辅助生产费用合理地计入产品成本,在分配辅助生产费用时,还应在各辅助生产车间之间进行费用的交互分配。这就是辅助生产费用分配的特点。

(二)辅助生产费用分配的方法

辅助生产费用的分配,应通过辅助生产费用分配表进行。分配辅助生产费用的方法很多,主要包括直接分配法、交互分配法、代数分配法和按计划成本分配法四种方法。

1.直接分配法

这是辅助生产费用的基本分配方法。直接分配法是一种不考虑辅助生产部门之间的交互服务,简单地将辅助生产各部门的实际成本在辅助生产部门以外的各受益单位之间进行分配的方法。该方法的特点是辅助生产车间之间既不转入也不转出。

【例2-14】大华公司有供电、运输、机修三个辅助生产车间,5月份辅助生产车间发生的费用和提供劳务情况如表2-11所示。

表 2-11 辅助生产车间发生的费用与劳务情况表

供应对象		供电数量（度）	运输劳务（公里）	机修劳务（工时）
辅助生产车间	供电车间		4 500	300
	运输车间	800		500
	机修车间	2 300	1 300	
基本生产车间	甲产品车间	6 100	7 200	2 200
	乙产品车间	9 800	4 300	1 400
行政管理部门		1 500	12 000	250
合　　计		20 500	29 300	4 650

根据表 2-11，编制直接分配法的辅助生产费用分配表如表 2-12 所示。

表 2-12 辅助生产费用分配表

金额单位：元

辅助车间名称			供电	运输	机修	金额合计
待分配费用			34 000	102 000	56 000	192 000
辅助生产以外单位的劳务数量			17 400	23 500	3 850	
费用分配率			1.954 0	4.340 4	14.545 4	
基本生产车间	甲产品生产车间	数量	6 100	7 200	2 200	
		金额	11 920	31 251	32 000	75 171
	乙产品生产车间	数量	9 800	4 300	1 400	
		金额	19 149	18 664	20 364	58 177
行政管理部门		数量	1 500	12 000	250	
		金额	2 931	52 085	3 636	58 652
分配金额合计			34 000	102 000	56 000	192 000

在表 2-12 中，由于辅助生产内部相互提供劳务不分配费用，因而其费用分配率（单位成本）应以待分配费用除以供应基本生产车间和行政管理部门劳务的数量之和计算。

根据表 2-12，应编制如下会计分录：

Accounting

借:制造费用——甲产品车间	75 171	
制造费用——乙产品车间	58 177	
管理费用	58 652	
贷:辅助生产——供电车间		34 000
辅助生产——运输车间		102 000
辅助生产——机修车间		56 000

采用直接分配法,各辅助生产车间的待分配费用只对其以外的单位分配一次,简便易行。但是,由于没有考虑辅助生产部门之间产品、劳务或作业的提供,因此,该方法对成本计算的合理性有一定的影响。这种方法通常用于辅助生产部门交互服务较少,且辅助生产费用较少的中小型企业。

2.交互分配法

交互分配法将辅助生产费用的分配分两次进行。第一次只在各相关辅助生产部门之间交互分配费用,第二次将辅助生产部门的实际费用采用直接分配法分配给辅助生产部门以外的其他各受益部门。辅助生产部门的实际费用等于辅助生产部门分配前的费用,加上从其他辅助生产部门分配来的费用,减去分配出去的费用。

仍以例 2-14 为例,采用交互分配法,三个辅助车间的辅助费用分配如表 2-13 所示。

表 2-13　辅助生产费用分配表

金额单位:元

供应单位 项　目	供电车间			运输车间			机修车间		
	供电数量(度)	分配率	分配金额	运输劳务(公里)	分配率	分配金额	机修劳务(工时)	分配率	分配金额
直接费用	20 500	1.659	34 000	29 300	3.481	102 000	4 650	12.043	56 000
交互分配 辅助车间 供电				4 500	3.481	15 665	300	12.043	3 613
交互分配 辅助车间 运输	800	1.659	1 327				500	12.043	6 022
交互分配 辅助车间 机修	2 300	1.659	3 816	1 300	3.481	4 525			
对外分配费用	17 400	2.766	48 135	23 500	3.794	89 159	3 850	14.046	54 076
基本生产 甲车间	6 100	2.766	16 873	7 200	3.794	27 317	2 200	14.046	30 901
基本生产 乙车间	9 800	2.766	27 107	4 300	3.794	16 314	1 400	14.046	19 664
行政管理部门	1 500	2.766	4 155*	12 000	3.794	45 528*	250	14.046	3 511
对外分配合计	20 500		48 135	29 300		89 159	4 650		54 076

注:＊对外分配尾数调整。

表 2-13 的相关数字计算如下：

①辅助车间费用交互分配率

供电车间分配率＝34 000÷20 500＝1.659

运输车间分配率＝102 000÷29 300＝3.481

机修车间分配率＝56 000÷4 650＝12.043

②辅助车间对外分配费用

供电车间对外分配费用＝34 000＋(15 665＋3 613)－(1 327＋3 816)

＝48 135(元)

运输车间对外分配费用＝102 000＋(1 327＋6 022)－(15 665＋4 525)

＝89 159(元)

机修车间对外分配费用＝56 000＋(3 816＋4 525)－(3 613＋6 022)

＝54 076(元)

③辅助车间对外分配率

供电车间对外分配率＝48 135÷17 400＝2.766

运输车间对外分配率＝89 159÷23 500＝3.794

机修车间对外分配率＝54 076÷3 850＝14.046

根据表 2-13，第一次交互分配时，编制如下会计分录：

①借：辅助生产——运输车间	1 327	
辅助生产——机修车间	3 816	
贷：辅助生产——供电车间		5 143
②借：辅助生产——供电车间	15 665	
辅助生产——机修车间	4 525	
贷：辅助生产——运输车间		20 190
③借：辅助生产——供电车间	3 613	
辅助生产——运输车间	6 022	
贷：辅助生产——机修车间		9 635

根据表 2-13，第二次对外分配时，编制如下会计分录：

①借：制造费用——甲产品车间	16 873	
制造费用——乙产品车间	27 107	
管理费用——水电费	4 155	
贷：辅助生产——供电车间		48 135
②借：制造费用——甲产品车间	27 317	
制造费用——乙产品车间	16 314	
管理费用——运输费	45 528	
贷：辅助生产——运输车间		89 159

③借:制造费用——甲产品车间　　　　　　　　　30 901

　　制造费用——乙产品车间　　　　　　　　　19 664

　　管理费用——修理费用　　　　　　　　　　 3 511

　　贷:辅助生产——机修车间　　　　　　　　　　　　　　54 076

　　采用这种分配方法,辅助生产车间内部相互提供劳务进行了交互分配,因而提高了分配结果的合理性,但是,由于各种辅助生产费用都要计算两个费用分配率,进行两次分配,因而,计算工作又有所增加。采用这种方法,各辅助生产车间只能在接到财会部门转来其他车间费用后,才能算出实际费用。这往往影响成本核算的及时性。为弥补这个局限性,可采用计划成本分配法。

　　3. 按计划成本分配法

　　采用按计划成本分配法,其分配程序分两步。第一步,按劳务的计划单位成本分配辅助生产车间为各受益单位(包括其他辅助生产车间、部门在内)提供的劳务费用;第二步,计算辅助生产车间实际发生的费用(包括辅助生产内部交互分配转入的费用在内)与按计划单位成本分配转出的费用的差额,即辅助生产的成本差异。为了简化分配工作,辅助生产成本差异全部调整计入管理费用,不再分配给辅助生产车间以外各受益车间、部门负担。

　　承例 2-14,假设供电车间的计划单位成本为 2.7 元/度,运输车间的计划单位成本为 3.8 元/公里,机修车间的计划单位成本为 14 元/工时,编制辅助生产费用分配表如表 2-14 所示。

表 2-14　辅助生产费用分配表

金额单位:元

供应单位 / 项目		供电车间 计划单价2.7元/度		运输车间 计划单价3.8元/公里		机修车间 计划单价14元/工时		合　计
		供电数量(度)	分配金额	运输劳务(公里)	分配金额	机修劳务(工时)	分配金额	
辅助车间	供　电			4 500	17 100	300	4 200	21 300
	运　输	800	2 160			500	7 000	9 160
	机　修	2 300	6 210	1 300	4 940			11 150
基本生产	甲车间	6 100	16 470	7 200	27 360	2 200	30 800	74 630
	乙车间	9 800	26 460	4 300	16 340	1 400	19 600	62 400
行政管理部门		1 500	4 050	12 000	45 600	250	3 500	53 150
按计划单价分配合计		20 500	55 350	29 300	111 340	4 650	65 100	231 790
辅助生产实际成本			55 300		111 160		67 150	233 610
辅助生产成本差异			+50		+180		−2 050	

在表 2-14 中,辅助生产车间实际成本=交互前归集成本+交互分配中转入成本。因此:

供电车间实际成本=34 000+17 100+4 200=55 300(元)

运输车间实际成本=102 000+2 160+7 000=111 160(元)

机修车间实际成本=56 000+6 210+4 940=67 150(元)

根据表 2-14,编制如下会计分录:

①借:辅助生产——供电车间	21 300		
辅助生产——运输车间	9 160		
辅助生产——机修车间	11 150		
制造费用——甲产品车间	74 630		
制造费用——乙产品车间	62 400		
管理费用——水电费	4 050		
管理费用——运输费	45 600		
管理费用——修理费	3 500		
贷:辅助生产——供电车间		55 350	
辅助生产——运输车间		111 340	
辅助生产——机修车间		65 100	
②借:辅助生产——供电车间	50		
辅助生产——运输车间	180		
管理费用		1 820	
贷:辅助生产——机修车间		2 050	

采用计划成本分配法进行辅助生产费用的分配,程序比较简便。这种分配方法,在辅助生产车间的劳务或产品单位实际成本比较稳定的情况下使用比较合适。

4. 代数分配法

代数分配法是根据初等代数解多元一次联立方程的原理,先算出各辅助生产车间劳务的单位成本,然后以该单位成本和各受益单位(包括辅助生产车间)耗用的数量计算分配辅助生产费用的一种方法。

根据表 2-11、2-12 所提供的数据,假设每度电的单位成本为 X,每公里运输的单位成本为 Y,每工时的单位修理成本为 Z。

设立的多元一次联立方程组为:

Accounting

$$\begin{cases} 34\,000+4\,500Y+300Z=20\,500X \\ 102\,000+800X+500Z=29\,300Y \\ 56\,000+2\,300X+1\,300Y=4\,650Z \end{cases}$$

解此方程,得

$$\begin{cases} X=2.704\,39 \\ Y=3.801\,54 \\ Z=14.443\,46 \end{cases}$$

按代数分配法计算结果如表 2-15 所示。

表 2-15 辅助生产费用分配表

金额单位:元

		供应劳务量	供电车间	运输车间	机修车间	费用合计
待分配费用			34 000	102 000	56 000	192 000
供应劳务量			20 500 度	29 300 公里	4 650 工时	
计算的实际单位成本			2.704 39	3.801 54	14.443 46	
辅助生产	供电车间	耗用数量		4 500	300	
		分配金额		17 106	4 330	21 436
	运输车间	耗用数量	800		500	
		分配金额	2 164		7 222	9 386
	机修车间	耗用数量	2 300	1 300		
		分配金额	6 220	4 942		11 162
基本生产	甲产品车间	耗用数量	6 100	7 200	2 200	
		分配金额	16 497	27 371	31 776	75 644
	乙产品车间	耗用数量	9 800	4 300	1 400	
		分配金额	26 503	16 347	20 221	63 071
行政管理部门		耗用数量	1 500	12 000	250	
		分配金额	4 057	45 618	3 611	53 286
分配金额合计			55 441	111 384	67 160	233 965

根据表 2-15,编制如下会计分录:

借:辅助生产——供电车间	21 436	
辅助生产——运输车间	9 386	
辅助生产——机修车间	11 162	
制造费用——甲产品车间	75 644	
制造费用——乙产品车间	63 071	
管理费用——水电费	4 057	
管理费用——运输费	45 618	
管理费用——修理费用	3 611	
贷:辅助生产——供电车间		55 441
辅助生产——运输车间		111 384
辅助生产——机修车间		67 160

这种分配方法相对较为精确,适用于辅助生产车间较少的企业。如果辅助生产车间较多,在解联立方程时,未知数较多,计算工作量大大增加,计算过程也较为复杂。随着电子计算机技术的普及,代数分配法将克服其计算工作量大的问题,充分发挥其科学与精确的长处。

思考题

1. 如何分配间接消耗的材料费用?

2. 工资有哪几种形式?如何计算?

3. 职工福利费如何核算?

4. 低值易耗品如何核算?

5. 企业为何要设置"待摊费用"和"预提费用"账户?

6. 辅助生产费用的分配方法有哪些?简述其基本原理。

[365(天)-52(星期)×2(天)-10(天)]÷12(月)=20.92(天)。这里的"10天"是指法定节日放假10天,包括元旦1天、春节3天、"五一"3天和"国庆"3天。

Accounting

第三章

成本费用的归集与分配(下)

在上一章的基础上,本章继续阐述企业成本费用的归集与分配问题。

▲ 第一节　制造费用的归集与分配

如前所述,制造费用是企业内部各生产单位(分厂、车间)为组织和管理生产所发生的费用。制造费用是产品成本的重要组成部分,企业计入产品成本的费用中,除了直接材料和直接工资之外,其余的费用一般都包括在制造费用之中。随着企业生产规模的不断扩大,经营的复杂性日益增加,产品的技术含量和生产的自动化水平日益提高,加上来自专业化、多样化以及市场竞争的压力,制造费用占产品成本的比例急剧增加。制造费用属于间接费用,需要在各种产品之间进行分配。即使企业只生产一种产品(或劳务),也需要单独核算,并以独立的成本项目计入产品成本,以便加强制造费用的控制和管理。因此,合理地归集和分配制造费用对于计算和控制产品成本具有重要的意义。

一、制造费用的组成

通常,企业的制造费用包括:

1.工资及职工福利费。这是指生产单位(分厂、车间)除生产工人之外的管理人员、工程技术人员和其他生产人员的工资和按工资总额计提的职工福利费。

2.折旧费。这是指生产单位的房屋、建筑物、机器设备等固定资产按规定的折旧计算方法计提的折旧费用。

3.原油储量有偿使用费、油田维护费、矿山维简费。这是指石油、矿山等企业按规定交付而发生的资源使用维护维简费用,但不包括土地使用费、海域使用费和土地损失补偿费。

4.租赁费。这是指生产单位租入固定资产和专用工具而发生的租金,不包括融资租赁费。

5.修理费。这是指生产单位使用的固定资产发生的各种修理费用,包括固定资产大修理和日常修理费用。

6.机物料消耗。这是指生产单位为维护生产设备等管理上所消耗的各种材料,不包括专门进行固定资产修理和劳动保护用的材料。

7.低值易耗品。这是指生产单位使用的各种低值易耗品费用或摊销费。

8.取暖费。这是指生产单位用于职工防寒取暖而发生的费用,不包括支付给职工的取暖津贴。

9.水电费。这是指生产单位管理上耗用的自制或外购的水、电而发生的费用,不包括生产工艺耗用的水、电费用。

10.办公费。这是指生产单位为办理公务而耗用的文具、印刷、邮电、宣传、办公用品等费用,不包括图纸费和制图用品费。

11.差旅费。这是指生产单位职工因公外出而发生的交通、住宿、出勤补助等费用。

12.运输费。这是指生产单位耗用运输劳务而发生的厂内和厂外的运输劳务费用。

13.保险费。这是指生产单位应负担的财产物资保险费。从保险公司取得的赔偿金应从本项目扣除。

14.设计制图费。这是指生产单位应负担的图纸费、制图用品费和委托设计部门设计制图而发生的费用,不包括企业设计部门发生的费用。

15.试验检验费。这是指生产单位对材料、半成品、产品进行试验和检验的部门进行检查、化验、分析应负担的费用。包括企业中心实验室、检验部门为生产单位进行试验、检验所耗用的材料、破坏性实验的作品,以及委托外单位进行检查试验所发生的费用。

16.劳动保护费。这是指生产单位为保护职工劳动安全所发生的劳动用品费,如工作服、工作鞋、劳保眼镜、劳保手套等,但不包括构成固定资产价值的安全装置、卫生设备、通风设备和设施等。

17.停工损失。这是指生产单位因季节性、修理期间停工所发生的各种损失费用,不包括单独组织生产损失核算的停工损失。

18.其他制造费用。这是指以上各项之外的应计入产品成本的其他费用。

二、制造费用的归集

制造费用的归集与制造费用的组成内容具有密切关系。制造费用组成内容不同,其归集的程序和方法也不一样。制造费用的组成内容较多,为了简化

Accounting

核算程序,可作适当的合并。合并后的制造费用在明细账上,一般包括工资、职工福利费、折旧费、修理费、低值易耗品摊销、保险费、租金等待摊费用、长期待摊费用和预提费用、机物料消耗、水电费、其他制造费用等费用项目。

产品生产车间的间接费用通过设置"制造费用"二级明细账户进行归集。该账户属于集合分配账户,其借方归集月份内发生的制造费用,贷方反映费用的分配。除季节性生产企业外,月末该账户一般没有余额。为了分别反映各车间、部门各项制造费用的支出情况,该账户还应按不同的车间、部门设置明细账。该账户按照费用项目设立专栏或专户,其格式如表3-1所示。

表3-1 制造费用明细账

车间名称:第一基本生产车间

月	日	摘　　要	工资	福利费	折旧费	修理费	办公费	水电费	运输费	保险费	机物料消耗	其他	合计	转出	余额
5	5	货币资金支出													
	17	原材料费用													
	31	动力费用													
	31	工资费用													
	31	计提职工福利费													
	31	折旧费用													
	31	预提大修理费													
	31	摊销保险费													
	31	转入辅助生产费用													
	31	分配转出													
	31	本月合计													
	31	累计													

在所列制造费用明细账中,各项费用专栏所记金额为借方发生额,应根据税金、利息费用和其他费用汇总资料以及各种费用分配表登记;"转出"栏为贷方发生额,应根据制造费用分配表登记。期末的累计数应根据上月的累计数

加上本月合计数计算登记,它是编制制造费用明细表的依据。

企业也可以根据费用数额大小与管理要求,另行设立费用项目或对上述费用项目再进行合并或细分,但一经确定,不应任意变更,以利于各期成本费用资料的可比。

由于制造费用大多与产品生产工艺没有直接联系(即大多是间接生产费用),而且一般是间接分配计入的费用,因而只能按车间、部门和费用项目编制计划加以控制。为了便于控制和考核各项费用计划的执行情况,还可以在每月初将各项费用计划数记入第1行,并在"本月合计"行下加设"费用差异"行,登记各项实际费用超支或节约的情况。月末,应根据"制造费用"总账及其所属明细账借方归集的制造费用,分析和考核制造费用计划的执行情况,并将制造费用分配计入各种产品成本。

制造费用归集时,应根据各种记账凭证(付款凭证、转账凭证)和各种费用分配表(包括材料费用、外购动力费、工资费用、折旧费用等要素费用分配表,待摊、预提费用分配表和辅助生产费用分配表)进行登记。

如果辅助生产车间发生的制造费用通过"制造费用"账户归集,则应比照基本生产车间发生的制造费用归集。

三、制造费用的分配

本期实际发生的制造费用归集汇总之后,应于月末将其分配到各承担对象。制造费用的承担对象主要是生产的产品。除此以外,自制工具和备件、加工材料、各种修理作业和对外加工劳务作业等,凡独立设置"工号"作为成本计算对象的都应分配制造费用。如果车间只生产一种产品,而不承担其他生产任务,则归集的制造费用应全部结转入"基本生产"账户,计入该种产品的成本;如果车间虽然只生产一种产品,但还承担其他(如自制工具、加工材料、对外加工等)生产任务,应将发生的制造费用在各受益对象之间进行分配;如果车间生产多种产品,而不承担其他生产任务,则应将发生的制造费用在生产的各种产品之间进行分配,以便计入各种产品成本。

分配制造费用的方法很多,通常采用的有生产工人工时比例法、生产工人工资比例法、机器工时比例法、按照耗用原材料的数量或成本进行分配、按直接成本比例分配、联合分配和按年度计划分配率分配法等。

(一)生产工人工时比例分配法

这是按照各种产品所耗用生产工人实际工时的比例分配费用的方法。按照生产工时比例分配制造费用与分配工资费用一样,也能将劳动生产率与产品负担的费用水平联系起来,使分配结果比较合理。由于生产工时是分配间接费用常用的分配标准之一,因而企业必须正确组织产品生产工时的核算。

做好生产工时的记录和核算工作,不仅是计算产品成本的一项重要的基础工作,而且对于分析和考核劳动生产率水平,加强生产管理和劳动管理也有着重要意义。按照生产工人工时比例分配制造费用,制造费用分配率计算公式为:

$$制造费用分配率 = \frac{制造费用总额}{\sum 产品生产工时总和}$$

某产品应分配的制造费用 = 该产品生产工时 × 制造费用分配率

【例 3-1】大华公司第一车间生产甲、乙两种产品,甲产品耗用生产工时为 2 500 小时,乙产品耗用生产工时为 3 600 小时,第一车间当月归集的制造费用为 45 000 元,编制制造费用分配表如表 3-2 所示。

表 3-2　制造费用分配表

车间名称:第一基本生产车间

应借科目		生产工时	分配金额
基本生产	甲产品	2 500	18 443
	乙产品	3 600	26 557
		6 100	45 000

$$制造费用分配率 = \frac{45\ 000}{2\ 500 + 3\ 600} = 7.377$$

甲产品应分配的制造费用 = 2 500 × 7.377 = 18 443(元)

乙产品应分配的制造费用 = 3 600 × 7.377 = 26 557(元)

根据表 3-2 应编制如下会计分录:

借:基本生产——甲产品　　　　　　　　　　　　　　　　18 443

　　基本生产——乙产品　　　　　　　　　　　　　　　　26 557

　　贷:制造费用　　　　　　　　　　　　　　　　　　　　　　　45 000

(二)生产工人工资比例分配法

这是按照计入各种产品成本的生产工人实际工资的比例分配制造费用。由于工资费用分配表有现成的生产工人工资资料,因而采用这种分配方法核算工作较简便。但是,采用这种方法,各种产品生产的机械化程度应该相差不多,否则机械化程度高的产品由于工资费用少,分配负担的制造费用也少,影响费用分配的合理性。这是因为制造费用包括不少与机械使用有关的费用,例如机械设备的折旧费、修理费、租赁费和保险费等。产品生产的机械化程度高,应该多负担这些费用,而不应该少负担这些费用。

如果生产工人工资按照生产工时比例分配计入各种产品成本,那么,按照生产工人工资比例分配制造费用,实际上也就是按照生产工时比例分配制造费用。其制造费用分配率计算公式为:

$$制造费用分配率=\frac{制造费用总额}{\sum 产品生产工人工资总和}$$

某产品应分配的制造费用＝该产品生产工人工资×制造费用分配率

承例3-1,如果第一车间甲产品生产工人工资为48 000元,乙产品生产工人工资为62 000元,则其制造费用分配表如表3-3所示。

表3-3　制造费用分配表

车间名称:第一生产车间

应借科目		生产工人工资	分配金额
基本生产	甲产品	48 000	19 636
	乙产品	62 000	25 364
		110 000	45 000

$$制造费用分配率=\frac{45\ 000}{48\ 000+62\ 000}=0.409\ 09$$

甲产品应分配的制造费用＝48 000×0.409 09＝19 636(元)

乙产品应分配的制造费用＝62 000×0.409 09＝25 364(元)

借:基本生产——甲产品　　　　　　　　　　　　　　19 636

　　基本生产——乙产品　　　　　　　　　　　　　　25 364

　　贷:制造费用　　　　　　　　　　　　　　　　　　　　45 000

(三)机器工时比例分配法

这是按照各种产品生产过程所耗用机器设备运转时间的比例分配制造费用。这种方法适用于产品生产的机械化程度较高的车间。因为这种车间的制造费用与使用机器设备相关的费用比重较大,而这一部分费用与机器设备运转时间有着密切的联系。采用这种方法,必须具备各种产品所耗用机器工时的原始记录。采用机器工时比例分配法,其制造费用分配率的计算公式为:

$$制造费用分配率=\frac{制造费用总额}{\sum 产品生产机器工时总额}$$

某产品应分配的制造费用＝该产品生产机器工时×制造费用分配率

(四)按照耗用原材料的数量或成本进行分配

这种方法以各种产品耗用原材料的数量或成本作为分配标准。它适于用原材料在产品成本占有较大比重。就加工过程比较简单的企业或车间而言,

其分配标准的资料现成,分配简便。其制造费用分配率计算公式为:

$$制造费用分配率=\frac{应分配的制造费用总额}{\sum 产品耗用原材料数量(或成本)之和}$$

$$某产品应分配的制造费用=\begin{matrix}该产品耗用原材料\\数量(或成本)\end{matrix}\times\begin{matrix}制造费用\\分配率\end{matrix}$$

(五)按直接成本比例分配

直接成本是指能直接归属产品负担的成本,即直接材料与直接人工之和所构成的成本。因为直接成本与制造费用具有一定的正比关系,采用这种方法可获得较为准确的结果。其制造费用分配率计算公式为:

$$制造费用分配率=\frac{制造费用总额}{\sum 产品直接成本之和}$$

某产品应分配的制造费用=该产品直接成本×制造费用分配率

(六)联合分配

这种方法将制造费用的明细项目划分为若干类,对不同类别的费用项目,采用不同的分配标准进行分配。

【例 3-2】根据第一车间制造费用的构成,将其中的折旧费和修理费划分为一类,用机器工时比例分配;其余费用项目划分为另一类,用生产工人工时比例分配。编制制造费用分配表如表 3-4 所示。

表 3-4 制造费用分配表

车间名称:第一生产车间

应借科目		机器折旧、维修费			其他费用			合 计
		机器小时	分配率	分配额	生产工时	分配率	分配额	
基本生产	甲产品	800		16 000	2 500		6 148	22 148
	乙产品	700		14 000	3 600		8 852	22 852
		1 500	20	30 000	6 100	2.459	15 000	45 000

根据表 3-4,应编制如下会计分录:

借:基本生产——甲产品   22 148

   基本生产——乙产品   22 852

 贷:制造费用   45 000

这种方法分配结果较为合理,但费用类别不宜划分过细,否则将增加计算工作量。

(七)按年度计划分配率分配法

这种方法按照年度开始前确定的全年度制造费用预算数与年度预计业务量(工时或生产工人工资)计算预定分配率分配制造费用。各月实际发生数与

预定分配数之间的差额,在年终按已分配数的比例进行调整。其制造费用分配率计算公式为:

$$制造费用计划分配率=\frac{年度制造费用总额(预算数)}{年度预计业务量(定额工时或生产工人工资)}$$

某产品应分配制造费用=该产品当月实际耗用量×制造费用计划分配率

【例3-3】某季节性生产车间年度制造费用预算数为580 000元,全年预计生产各种产品的定额总工时为20 000工时,本月甲产品实际耗用工时800小时,乙产品实际耗用工时为700小时,采用预定分配率分配制造费用,编制制造费用分配表如表3-5所示。

表3-5　制造费用分配表

应借科目		机器折旧、维修费		
		机器小时	计划分配率	分配额
基本生产	甲产品	800		23 200
	乙产品	700		20 300
		1 500	29	43 500

$$制造费用计划分配率=\frac{580\ 000}{20\ 000}=29$$

借:基本生产——甲产品	23 200	
基本生产——乙产品	20 300	
贷:制造费用		43 500

这种分配方法的核算工作比较简便,特别适用于季节性生产企业。因为季节性生产企业每月发生的制造费用相差不多,但生产淡季和旺季的产量却相差悬殊,如果按照实际费用分配,各月单位产品成本的制造费用将随之忽高忽低,而这不是由于车间工作本身引起的,因而不利于企业的成本分析工作。此外,这种分配方法还可以按旬或按日提供产品成本预测所需要的产品应分配的制造费用资料,有利于产品成本的日常控制。但是,采用这种分配方法,企业必须具有较高的计划工作水平,否则年度制造费用的计划数过于脱离实际,就会影响成本计算的合理性。

▲ 第二节　废品损失和停工损失的归集与分配

产品制造企业在其生产经营过程中难免会发生这样或那样的损失。企业发生的各种损失按其是否计入产品制造成本,可分为生产损失与非生产损失

第三章　成本费用的归集与分配(下)

成
本
会
计

两大类。生产损失是指企业在产品生产过程中或由于生产原因而发生的各种损失。例如,由于制造了不合格产品而造成的废品损失,由于机器设备发生故障被迫停工而造成的停工损失。生产损失都是与产品生产直接相关的损失,因此,生产损失应由产品制造成本承担,是构成产品制造成本的一部分。

一、废品损失的归集与分配

生产过程中的废品,是指不符合规定的技术标准,不能按照原定用途使用,或者需要加工修理才能使用的在产品、半成品或产成品。不论是在生产过程中发现的废品还是在入库后发现的废品,都应该包括在内。

废品分为可修复废品和不可修复废品两种。可修复废品指经过修理可以使用,而且所花费的修复费用在经济上合算的废品(必须具备两个条件);不可修复的废品则指不能修复,或者所花费的修复费用在经济上不合算的废品(只须具备一个条件)。正确组织废品损失的归集与分配,对于改进生产技术、提高产品质量、降低产品成本,都有着重要意义。

(一)废品损失核算的凭证

组织废品损失核算的凭证是"废品通知单"(如表 3-6 所示)。"废品通知单"由质量检验部门发现废品时填制,或由产生废品的生产车间、班组填制。一般填制一式三联,一联由生产车间留存,一联交质量检验部门,一联交财会部门核算废品损失。"废品通知单"应列明废品的种类、数量、产生废品的原因和过失人等。财会部门和质量检验部门应对"废品通知单"所列废品的数量、原因、过失人等项目进行审核,审核无误即作为核算废品损失的依据。月末,财会部门应根据"废品通知单"按产品汇总废品的数量、耗用的工时,以便据以组织废品损失的核算。

表 3-6 废品通知单

车间: 班组: 年 月

工号		图号		工序	
废品名称	单位	数量	单位工时	总工时	
甲产品	件	20	5	100	
乙产品	公斤	3	4	12	
合 计				112	
废品原因	违反操作规程		检查决定	不可修复	
质量检查员		组长		生产工人(责任者)	

（二）废品损失核算的账户

核算废品损失一般应设置"废品损失"账户。其设置方式包括：一种是设置"废品损失"一级账户，其下分车间、按产品设置明细账，账内按成本项目设专栏进行核算；另一种是在"基本生产"一级账户下，设置"废品损失"二级账户，在"废品损失"二级账下分车间、按产品设置明细账，账内按成本项目设专栏进行核算。"废品损失"账户借方归集不可修复废品的生产成本和可修复废品的修复费用；贷方登记废品残料回收的价值和应收赔偿款，以及计入当期产品成本的净损失；月末，账户没有余额。

对于不可修复废品结转成本时，将计算的不可修复成本从"基本生产"的各项成本项目转入废品损失项目；废品损失包括在生产过程中发现的和入库后发现的不可修复废品的生产成本，以及可修复废品的修复费用，扣除回收的废品残料价值和应由过失单位或个人赔款以后的损失。

（三）不可修复废品损失的核算

不可修复废品损失的核算，先应计算截至报废时已经发生的废品生产成本，然后扣除残值和应收赔款，算出废品损失。不可修复废品的生产成本，可按废品所耗实际费用计算，也可按废品所耗定额费用计算。

如果按废品所耗实际费用计算，由于废品报废以前发生的各项费用与合格产品一起计算，因而要将废品报废以前与合格品计算在一起的各项费用，采用适当的分配方法，在合格品与废品之间进行分配，计算出废品的实际成本，从"基本生产"账户的贷方转入"废品损失"账户的借方。

合格品与废品之间分配生产费用，应按不同的情况选择相应的分配标准。

1.如果废品发生于产品完工入库时，废品应负担的费用与合格品等同，因而可按废品产量与合格品产量作为分配标准分配各项生产费用，应按成本项目进行分配，计算废品的实际成本。其计算公式如下：

$$某项费用分配率 = \frac{某项生产成本}{合格产品产量 + 废品产量}$$

废品应负担该项费用 = 废品产量 × 该项费用分配率

2.如果废品发生于生产过程中，直接材料在生产过程分次投入，可按废品的约当产量作为分配标准进行分配。所谓废品约当量是按废品的完工程度折合为合格产品的产量。其计算公式如下：

废品的约当产量 = 废品产量 × 废品完工程度（%）

$$各项费用分配率 = \frac{某项生产成本}{合格产品产量 + 废品约当产量}$$

废品应分配某项费用＝废品约当产量×该项费用分配率

3.如果废品发生于生产过程中,直接材料系一次投入,则直接材料费用可按产量作为分配标准,其他费用按生产工时作为分配标准进行分配,其计算公式如下:

$$直接材料费用分配率＝\frac{直接材料成本}{合格产品产量＋废品产量}$$

废品直接材料成本＝废品产量×直接材料费用分配率

$$其他费用分配率＝\frac{其他生产费用}{合格品生产工时＋废品生产工时}$$

废品应负担该项费用＝废品生产工时×该项费用分配率

4.如果在产品的生产费用中,直接材料费用比重很大,其他费用所占比重很小,为简化核算,废品成本可只计算应负担的直接材料费用,其他费用全部由合格产品负担。此时,废品的实际成本就是废品所负担的直接材料成本。

【例3-4】大华公司第一车间生产甲产品300件,生产过程中发现其中10件为不可修复废品。该产品成本明细账所记合格品和废品共同发生的生产费用为:原材料费用300 000元,工资及福利费60 000元,制造费用78 000元,合计438 000元。原材料在生产开始时一次投入,其他费用按生产工时比例分配。生产工时为:合格品440小时,废品60小时,合计500工时。废品回收的残料计价500元。根据上述资料,编制不可修复废品损失计算表如表3-7所示。

表3-7 不可修复废品损失计算表
（按实际成本计算）

车间名称:第一生产车间　　　　　　　　2005年6月　　　　　　　　产品:甲

项　目	数量(件)	直接材料	生产工时	直接人工	制造费用	合　　计
生产费用合计	300	300 000	500	60 000	78 000	438 000
费用分配率		1 000		120	156	
废品成本	10	10 000	60	7 200	9 360	26 560
减:废品残值		500				500
废品损失		9 500		7 200	9 360	26 060

在表3-7中,原材料费用分配率,应根据原材料费用总额300 000元除以合格品和废品数量300件计算;工资及福利费和制造费用分配率,应根据这两项费用总数分别除以生产工时总数计算。

根据表3-7,编制如下会计分录:

(1)如果设置"废品损失"一级账户

①结转不可修复废品成本

借:废品损失——甲产品   26 560

  贷:基本生产——甲产品——直接材料   10 000

    基本生产——直接人工   7 200

    基本生产——制造费用   9 360

②回收废品残料价值

借:原材料   500

  贷:废品损失——甲产品   500

③将废品损失结转到"基本生产"账户

借:基本生产——甲产品——废品损失   26 060

  贷:废品损失——甲产品   26 060

(2)如果设置"废品损失"一级账户

①结转不可修复废品成本

借:基本生产——甲产品——废品损失   26 560

  贷:基本成本——甲产品——直接材料   10 000

    基本生产——直接人工   7 200

    基本生产——制造费用   9 360

②回收废品残料价值

借:原材料   500

  贷:基本生产——甲产品——废品损失   500

(四)可修复废品损失的核算

可修复废品返修以前发生的生产费用,不是废品损失,不必计算其生产成本,而应留在"基本生产"账户及其所属有关产品成本明细账中,不必转出。返修发生的各种费用,应根据前述各种费用分配表,记入"废品损失"账户的借方。其回收的残料价值和应收的赔款,应从"废品损失"账户的贷方,转入"原材料"和"其他应收款"账户的借方。废品修复费用减去残值和赔款后的废品净损失,也应从"废品损失"账户的贷方转入"基本生产"账户的借方,在所属有关的产品成本明细账中,记入"废品损失"成本项目。

在不单独核算废品损失的企业中,不设立"废品损失"账户和成本项目,只在回收废品残料时,借记"原材料"账户,贷记"基本生产"账户,并从所属有关产品成本明细账的"原材料"成本项目扣除残料价值。"基本生产"账户及其所属有关产品成本明细账归集的完工产品总成本,除以扣除废品数量以后的合

Accounting

格品数量,就是合格产品的单位成本。

这样核算很简便,但由于合格产品的各成本项目都包括不可修复废品的生产成本和可修复废品的修复费用,没有对废品损失单独反映,因而会对废品损失的分析和控制产生不利的影响。

上述废品损失是指基本生产的废品损失。辅助生产的规模一般不大,为了简化核算工作,都不单独核算废品损失。

二、停工损失的归集与分配

企业发生停工的原因很多。例如,电力中断,原材料不足,机器设备发生故障或进行大修理,发生非常灾害,以及计划减产等,都可能引起停工。

停工损失指企业生产车间由于计划减产或因停电、待料、机器设备故障而停工所发生的一切费用。停工损失主要包括停工期间须支付的生产工人工资和计提的职工福利费以及应负担的制造费用。对于因季节性生产或固定资产大修理停工而发生的停工期内的一切费用,列入制造费用,可采用预提、待摊的方法计入开工期内生产成本,不列为停工损失。

企业的停工可分为计划内停工和计划外停工两种。计划内停工指按计划规定发生的停工,计划外停工是指因各种事故造成的停工。另外,停工时间有长有短,从几分钟、几天到一个月以上不等;停工范围有大有小,从单台机器、一条生产线到整个车间、工厂等等。基于成本效益原则,不是所有的停工都要计算停工损失。为了简化会计核算工作,一般情况下,企业只对超过一定时间和范围的停工计算停工损失。企业发生停工时,应由车间填制停工单,注明停工地点、时间、原因及过失人姓名,并在考勤记录上予以登记。

为了核算企业停工损失,可设置"停工损失"总分类账户。该账户借方归集本月发生的停工损失,贷方分配结转停工损失,该账户月末一般没有余额。该账户应分车间设置明细分类账户。账户设专栏按有关成本项目分别记录,并按计划内停工、计划外停工及停工原因分别反映,以便明确责任,正确计算产品成本。

1. 发生的计划内停工损失,一般应通过预提、待摊的方式计入开工期所生产的产品成本。其账务处理如下:

①预提时,编制如下会计分录:

借:基本生产——××产品

    贷:预提费用

②发生计划内停工损失时,编制如下会计分录:

借:停工损失

　贷:应付职工薪酬

　　制造费用

③结转计划内停工损失时,编制如下会计分录:

借:预提费用

　贷:停工损失

如果企业生产几种产品,停工损失通常按制造费用的分配方法在各种产品间进行分配。各产品应负担的停工损失,一般由当月完工产品承担。当月在产品和自制半成品不负担停工损失。

2.对于因产品滞销、原材料短缺、设备故障等原因发生的计划外停工损失全部由当月产成品负担。如果当月全月停工,则由下一开工月份负担。各产品应负担的停工损失,一般由当月的完工产品承担,当月的在产品不承担停工损失。停工损失计入产品成本时,可在产品成本明细账单独设置"停工损失"项目列示,也可以不设置"停工损失"项目,而将停工损失记入"制造费用"项目,在结转时,编制如下会计分录:

借:基本生产——制造费用

　贷:停工损失

3.对于由于自然灾害等与生产经营活动无关的原因引起的停工损失,则按规定记入"营业外支出"账户,在结转时,编制如下会计分录:

借:营业外支出

　贷:停工损失

4.如果停工损失应追究过失人赔偿责任,应将向责任人或保险公司获得的赔款计入"其他应收款"账户,编制如下会计分录:

借:其他应收款

　贷:停工损失

在停工损失发生较少的企业,为了简化核算工作,也可以不单独核算停工损失,停工期间发生的费用直接记入"基本生产"账户。

▲ 第三节　生产费用在完工产品与在产品之间的分配

通过上述要素费用和综合费用的归集、分配,应计入本月各种产品的费用都已记入"基本生产"账户有关成本对象的明细账的借方,并已在各种产品之间划分清楚。如果产品已经全部完工,产品成本明细账所归集的生产费用(如

Accounting

果有月初在产品,还包括月初在产品生产费用)之和,就是该种完工产品的成本;如果产品全部没有完工,产品成本明细账所归集的生产费用之和,就是该种在产品的成本;如果既有完工产品又有在产品,产品成本明细账所归集的生产费用之和,还应采用适当的分配方法在完工产品与月末在产品之间进行分配,以计算完工产品和月末在产品的成本。

一、在产品数量与完工产品成本计算的联系

月初在产品费用、本月生产费用、本月完工产品费用与月末在产品费用四者之间的关系,可用下列公式表示:

月初在产品成本＋本月生产费用＝本月完工产品成本＋月末在产品成本

公式的左边两项费用之和,在完工产品与月末在产品之间进行分配的方法一般有两类:

(1)先确定月末在产品成本,再用这两项费用之和减去月末在产品成本,从而计算出完工产品成本。

(2)将这两项费用之和按一定的比例在本月完工产品与月末在产品之间分配,同时求出完工产品成本与月末在产品成本。即:

本月完工产品成本＝月初在产品成本＋本月生产费用－月末在产品成本

从这个公式可以看出,各月末在产品(上月末在产品为本月初在产品)的数量或费用的大小以及数量或费用变化的大小,对于完工产品成本有着很大的影响。因此,无论采用哪一类方法,都必须合理地组织在产品收发结存的数量核算,取得在产品动态和结存的数量资料。

企业的在产品是指没有完成全部生产过程、不能作为商品销售的产品,包括正在车间加工的在产品(正在返修的废品也在内)和已经完成一个或几个生产步骤但还需继续加工的半成品(未经验收入库的产品和等待返修的废品也包括在内)两部分。对外销售的自制半成品属于商品产品,验收入库后不应列入在产品。上述在产品是从广义的或者就整个企业来说的在产品。从狭义来说,在产品只包括其所在车间或生产步骤正在加工的那部分在产品,车间或生产步骤完工的半成品不包括在内。

在产品收发结存数量的日常核算,通常通过在产品收发结存账簿进行。在实际工作中,这种账簿也叫在产品台账,应按不同的车间并且按照产品的品种和在产品的名称设立,以便反映车间各种在产品的转入、转出和结存的数量。根据企业生产特点和管理的要求,有时还应进一步按照加工工序组织在产品的数量核算。各车间应认真做好在产品的计量、验收和交接工作,并在此

基础上,根据领料凭证、在产品内部转移凭证、产成品检验凭证和产品交库凭证,及时登记在产品收发结存账簿。

二、生产费用在完工产品与在产品之间分配的方法

为了使生产费用合理又简便地在完工产品与月末在产品之间分配,企业应该根据在产品数量的多少、各月在产品数量变化的大小、各项费用比重的大小,以及定额管理基础的好坏等具体条件,采用适当的分配方法。常用的方法包括:在产品不计算成本、在产品按固定成本计价、在产品按所耗原材料费用计价、约当产量法、在产品按完工产品计算、在产品按定额成本计价和定额比例法。

(一)在产品不计算成本

采用这种分配方法时,虽然月末有在产品,但不计算成本。这种方法适用于各月月末在产品数量很小的产品(如自来水公司、供电公司)。从上述公式可以看出,如果各月的月末在产品数量很小,那么,月初和月末在产品费用就很少,月初在产品费用与月末在产品费用的差额就小,算不算各月在产品费用对于完工产品费用的影响很小。因此,为了简化产品成本计算工作,可以不计算在产品成本。也就是说,这种产品每月发生的生产费用,全部由该种完工产品负担,其每月生产费用之和就是每月完工产品成本。

(二)在产品按固定成本计价

采用这种方法,则年内各月末在产品成本均按年初在产品成本计算,固定不变。各月发生的生产费用即为该月完工产品成本。这种方法适用于各月末在产品数量较小,或者在产品数量虽大,但各月之间变化不大的产品。这是因为如果月末的在产品数量较大,仍然不计算在产品成本,会使产品成本核算反映的在产品资金占用不实,不利于资金管理。这些在产品不计价入账,成为账外财产,还会影响对这些财产实行会计监督。例如,炼铁厂、化工厂或其他有固定容器装置的在产品生产,在产品数量都较稳定,其月初月末在产品成本之间的差额对完工产品成本影响不大,为了简化产品成本计算工作,上述两种产品的每月在产品成本都可以固定不变。但在年末,应该根据实际盘点的在产品数量,具体计算在产品成本,据以计算12月份产品成本,并将算出的年末在产品成本作为下一年度各月固定计价的在产品成本,以免在产品成本与实际差距过大,影响成本计算的合理性。

采用这种分配方法的产品,每月发生的生产费用之和仍然就是每月该种完工产品的成本。

(三)按所耗直接材料费用计算在产品成本

在各月在产品数量较大或各月在产品数量不稳定,直接材料费用占成本比重较大的情况下,为了简化核算工作,采用这种分配方法时,月末在产品只计算其所耗用的原材料费用,不计算工资及福利费等加工费用。也就是说,产品的加工费用全部由完工产品成本负担。即产品的全部生产费用,减去按所耗原材料费用计算的在产品成本,就是该种完工产品的成本。例如,纺织、造纸和酿酒等工业的产品,原材料费用比重较大,都可以采用这种分配方法。

【例 3-5】大华公司生产 A 产品,月末在产品只计算原材料费用。其月初在产品原材料费用(即月初在产品成本)为 64 000 元。本月发生原材料费用为 168 000 元,工资及福利费等加工费用共为 73 000 元。本月完工产品 800件,月末在产品 200 件。原材料在生产开始时一次投入,因而每件完工产品与不同完工程度的在产品所耗用的原材料数量相等,原材料费用可以按完工产品与月末在产品的数量比例分配。其分配率计算如下:

$$原材料费用分配率 = \frac{64\,000 + 168\,000}{800 + 200} = 232$$

完工产品的原材料费用 $= 800 \times 232 = 185\,600$(元)

月末在产品原材料成本
(即月末在产品成本) $= 200 \times 232 = 46\,400$(元)

完工产品成本 $= (64\,000 + 168\,000 + 73\,000) - 46\,400 = 258\,600$(元)

根据上述计算结果,编制结转本月完工入库产品的会计分录如下:

借:库存商品		258 600
贷:基本生产		258 600

(四)约当产量法

如果月末在产品数量较大,而且各月末在产品数量变化也较大,因而月末在产品成本既不能不算,也不能固定不变,而必须按照月末在产品数量具体计算;产品成本的原材料比重与工资及福利费等各项加工费用比重相差不多,因而月末在产品不能只计其原材料费用,而必须全面地计算各项费用。在这种情况下,应采用约当产量法,将月末在产品数量按照其完工程度折算为相当于完工产品的产量,即约当产量,然后,按照完工产品产量(也是完工程度为100%的约当产量)与月末在产品约当产量的比例分配计算完工产品费用与月末在产品费用。

由于在产品的各项费用的投入程度不同,因而必须分不同的成本项目计算约当产量。其中,用以分配直接材料费用的在产品约当产量按投料程度计算;用以分配其他费用(如加工费用)的在产品约当产量按加工程度计算。

按约当产量法分配完工产品成本与月末在产品成本的计算公式如下:

在产品约当产量＝在产品数量×加工程度(或投料程度)

$$费用分配率＝\frac{某项费用总额}{完工产品产量＋在产品约当产量}$$

完工产品成本＝完工产品产量×费用分配率

月末在产品成本＝在产品约当产量×费用分配率

从上述公式可见,计算约当产量的关键在于合理测定在产品的加工程度或投料程度。它对于正确计算在产品约当产量,进而合理地分配生产费用具有决定性影响。

1.投料程度的确定

(1)如果原材料在生产开始时一次投入,在产品的投料程度为100%。此时,无论在产品的完工程度如何,直接材料成本都可以直接按完工产品与月末在产品的数量分配。

(2)如果原材料随着生产过程陆续、均衡地投入,直接材料的投料程度与生产工时的投入进度基本一致,分配直接材料成本的在产品约当产量可按加工程度折算。

(3)如果原材料分阶段投入,并在每道工序开始时一次投入,月末在产品投料程度的计算公式为:

$$某道工序的投料程度＝\frac{累计到本工序止的材料消耗定额}{产品消耗定额}$$

【例3-6】大华公司生产的 A 产品经三道工序制成,其原材料分三道工序并在每道工序开始时一次投入。如果该产品本月完工 400 件,月初在产品和本月发生的直接材料成本累计为 2 856 元,有关该产品原材料消耗定额、在产品数量资料及投料程度、约当产量的计算如表3-8所示。

表3-8　在产品的约当产量计算表

工　序	原材料 消耗定额	各工序月末 在产品数量(件)	在产品 投料程度	在产品 约当产量(件)
1	125	12	0.25	3
2	200	20	0.65	13
3	175	14	1	14
合　计	500			20

直接材料成本分配率＝2 856÷(400＋20)＝6.8

完工产品所耗直接材料成本＝400×6.8＝2 720(元)

月末在产品所耗直接材料成本＝20×6.8＝136(元)

2.在产品完工率的测算

对于直接材料成本以外的项目(如燃料和动力、直接人工、间接制造费用等加工费用)通常按加工程度计算约当产量。

在产品的加工程度一般可以通过技术测定或用其他方法测定。在生产进度比较均衡,各道工序在产品的加工数量相差不多的情况下,由于后道工序多加工的程度可以抵补前面几道工序少加工的程度,此时,全部在产品的加工程度均可以按50%平均计算;否则,各工序在产品的加工程度应按工序分别测定。为了成本计算的合理性并加速成本计算工作,可以根据各工序的累计工时定额占完工产品工时定额的比率,事先确定各工序在产品的完工率。在产品完工率的计算公式为:

$$\text{某道工序在产品完工率} = \frac{\text{前面各道工序工时定额之和} + \text{本工序工时定额} \times 50\%}{\text{产品定额工时}}$$

在上述公式中,本工序(即在产品所在工序)的工时定额乘以50%,是因为该工序各件在产品的完工程度也不同,为了简化完工率的测算工作,都按平均完工50%计算。在产品从上一道工序转入下一道工序时,其上一道工序已经完工,因而前面各道工序的工时定额应按100%计算。

【例3-7】仍沿用例3-6有关完工产品和在产品的数量资料,有关A产品在三道工序的工时消耗定额、加工程度及约当产量的计算过程如表3-9所示。

表3-9　按产品加工程度折算的在产品约当产量计算表

工 序	各工序工时消耗定额(工时)	各工序月末在产品数量(件)	各工序加工程度	在产品约当产量
1	16	12	$\frac{16 \times 50\%}{40} = 20\%$	2.4
2	16	20	$\frac{16 + 16 \times 50\%}{40} = 60\%$	12
3	8	14	$\frac{16 + 16 + 8 \times 50\%}{40} = 90\%$	12.6
合 计	40			27

如果 A 产品月初在产品和本月耗用直接人工成本及其他加工费用累计为 26 474 元,那么:

直接人工成本及制造费用分配率=26 474÷(400+27)=62

完工产品应负担的直接人工及制造费用成本=400×62=24 800(元)

月末在产品应负担的直接人工及制造费用成本=27×62=1 674(元)

(五)在产品按定额成本计价

在产品按定额成本计价,即根据月末在产品数量与单位材料消耗定额、工时定额和单位工时的工资定额计算出月末在产品成本。其计算公式如下:

在产品材料成本=在产品数量×单位材料消耗定额×材料计划单价

$$\frac{在产品工资}{(费用)成本}=\frac{在产品}{数\ 量}×\frac{单位工时}{消耗定额}×\frac{单位工时的}{(工资)费用}$$

$$\frac{在\ 产\ 品}{定额成本}=\frac{在产品材料}{定额成本}+\frac{在产品工资}{定额成本}+\frac{在产品费用}{定额成本}$$

完工产品成本=生产费用合计-在产品定额成本

采用定额成本计算在产品成本,当月脱离定额的差异全部由完工产品成本负担。因此,采用这种方法要求各项定额要合理,而且各月在产品数量变动不大,否则,分配结果就不合理。在修订消耗定额时,月末在产品按新定额计价所发生的差额,也由完工产品成本负担,这是不合理的。因此,采用这种方法还要求消耗定额比较稳定,不宜经常修改。

为了简化核算,采用这种方法时,还可根据各项费用占成本比重的情况,只计算在产品的材料定额成本,或计算在产品的材料和工资的定额成本。其他未计入在产品成本的费用,由于比重较小,则全部由完工产品成本负担。

(六)定额比例分配法

定额比例分配法按照完工产品与月末在产品的定额消耗量或定额费用的比例分配生产费用。其中,原材料费用按原材料定额消耗量或定额费用的比例分配,工资和其他费用按定额工时的比例分配。原材料费用按原材料定额消耗量分配,如果所耗原材料品种较多,必须分别计算各种材料的耗用量及其单价,核算工作量较大。为了简化核算工作,可按定额费用比例分配。其计算公式如下:

$$\frac{直接材料}{费用分配率}=\frac{月初在产品直接材料实际费用+本月直接材料实际费用}{完工产品定额材料费用+月末在产品定额材料费用}$$

$$\frac{完工产品直}{接材料费用}=\frac{完工产品定额}{直接材料费用}×\frac{直接材料}{费用分配率}$$

Accounting

$$\frac{月\,末\,在\,产\,品}{直接材料费用}=\frac{月末在产品定额}{直接材料费用}\times\frac{直\,接\,材\,料}{费用分配率}$$

$$\frac{工资(费用)}{分\quad 配\quad 率}=\frac{月初在产品实际工资(费用)+本月实际工资(费用)}{完工产品定额工时+月末在产品定额工时}$$

完工产品分配的工资(费用)=完工产品定额工时×工资(费用)分配率

月末在产品分配的工资(费用)=月末在产品定额工时×工资(费用)分配率

按定额消耗量比例分配,既可提供完工产品与在产品实际费用的资料,也可提供实际消耗量的资料,有利于分析和考核各项消耗定额的执行情况。

【例 3-8】大华公司生产的 A 产品由三道工序连续加工制成。本月完工产品 400 件,原材料在生产开始时一次投入,单件产品原材料费用定额为 180 元,每道工序工时定额和在产品数量资料如表 3-10 所示。

表 3-10 每道工序工时定额和在产品数量表

工 序	工时定额(小时)	在产品数量(件)
1	10	12
2	16	20
3	18	14
合 计	44	46

假定各道工序月末在产品的平均加工程度为 50%,直接材料成本按定额费用比例在完工产品与月末在产品之间分配,直接人工和间接制造费用按定额工时比例分配。具体计算过程如表 3-11 所示。

表 3-11 生产费用分配表

成本项目	月初在产品费用	本月生产费用	生产费用累计额	费用分配率	完工产品		月末在产品	
					数量	费用	数量	费用
直接材料	9 294	75 000	84 294	1.05		75 600		8 694
直接人工	23 000	88 060	111 060	6		105 600		5 460
制造费用	8 700	56 085	64 785	3.5		61 600		3 185
合 计	40 994	219 145	260 139		400	242 800	46	17 339

在表 3-11 中:

月末在产品定额工时 = 12×10×50% + 20×(10+16×50%) +
$$\qquad\qquad\qquad 14\times(10+16+18\times50\%)$$
$$=910$$

$$\frac{直接材料}{费用分配率}=\frac{84\ 294}{(400+46)\times180}=1.05$$

$$直接人工分配率=\frac{111\ 060}{400\times44+910}=6$$

$$制造费用分配率=\frac{64\ 785}{400\times44+910}=3.5$$

思考题

1. 如何归集制造费用？其明细分类核算如何进行？

2. 制造费用分配标准如何选择？

3. 何谓生产损失？生产损失包括哪些内容？

4. 何谓可修复废品？何谓不可修复废品？

5. 可修复废品损失和不可修复废品损失各包括哪些内容？两者核算方法有何不同？

6. 何谓停工损失？停工损失包括哪些内容？

7. 如何进行停工损失的总分类核算？

8. 生产费用在完工产品与月末在产品之间进行分配的方法包括哪些？

9. 简述约当产量法的主要内容及适用性。

10. 何谓完工产品与月末在产品费用分配的定额比例法？其适用条件是什么？

11. 采用在产品按定额成本计算的方法时，如何确定本月完工产品成本？

Accounting

第四章

产品成本计算方法概述

如前所述,通过要素费用和综合费用的归集、分配,凡是应计入本月各种产品的费用都已记入"基本生产"账户有关成本对象的明细账,并已在各种产品之间划分清楚。接下来的问题就是选择适当的产品成本计算方法。本章从总体上讨论产品成本计算方法,以便为后续章节的讨论奠定基础。

▲ 第一节 生产经营特点和管理要求对产品成本计算方法的影响

如前所述,企业生产经营过程的特点和管理要求不同,其产品成本核算的方法和步骤也会有所区别。因此,企业生产经营特点和管理要求会对产品成本计算方法产生影响。

一、企业生产类型的分类

企业生产可以按照不同标志进行分类。

(一)企业生产按生产过程的技术特点分类

企业生产按生产过程的技术特点可以分为简单生产和复杂生产。简单生产指在生产技术上不可间断的生产,也称为单步骤生产。例如,发电、采煤等就属于简单生产。复杂生产指在生产技术上可间断的生产,也称为多步骤生产。例如,机械制造、炼钢生产等就属于复杂生产。多步骤生产又可以分为连续式生产和装配式生产。

(二)企业生产按生产组织特点分类

企业生产按生产组织特点可以分为单件生产、成批生产和大量生产。单件生产指按购货单位的订货要求,生产特殊规格的产品。其特点是生产的品种多、数量少、很少进行重复生产,如造船厂。成批生产指按"批别"、"批号"在一定时期内重复地轮换生产多种产品,每次生产的一种或几种产品都不是一件而是成批生产。其特点是生产的品种多、按批投入、定期重复。成批生产又可以按照生产批量的大小分为大批生产和小批生产两种类型。大量生产是指不断重复生产同样品种产品的生产,其特点是品种少,比较稳定,不断重复。

在上述分类中,我们把生产技术特点与生产组织特点区别开来。实际上,生产技术特点与生产组织特点是相联系的。在组织生产时,必须考虑生产技术特点,以便生产的组织形式符合生产过程的规律性。上述两种分类也是相联系的。它们的关系可用图 4-1 表示。

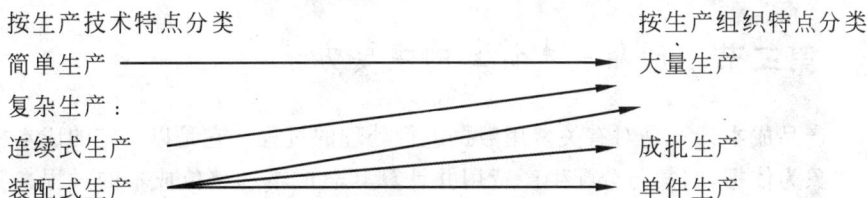

按生产技术特点分类　　　　　　　　　　　　　　按生产组织特点分类

简单生产 ───────────────→ 大量生产

复杂生产:

连续式生产 ───────────────→ 成批生产

装配式生产 ───────────────→ 单件生产

图 4-1　两种分类的关系

二、企业生产类型与成本计算对象

企业生产类型不同,其成本计算对象也不同。

(一)企业生产按生产组织特点分类与成本计算对象

如前所述,企业生产按照生产组织特点可以分为单件生产、成批生产和大量生产三种类型。其中,成批生产又可以分为大批生产和小批生产两种类型。大量生产(如化肥的生产)要求连续不断地重复生产一种或若干种产品,因而,管理上只要求,而且也只能够按照产品的品种计算成本;大批生产,由于产品批量大,通常在几个月内不断重复地生产一种或若干种产品,与大量生产一样,也只能按产品品种计算成本;小批生产(如服装的生产),其生产的产品批量小,同一批产品通常可以同时完工,因而,有可能按照产品的批别进行费用的归集,计算各批产品的成本。单件生产(如造船厂),也可以说是小批生产,因而,按件别计算成本,也就是按批别计算产品成本。可见,不同的生产组织特点,其成本计算对象也有所不同。

(二)企业生产按生产技术特点分类与成本计算对象

如前所述,企业生产按生产过程的技术特点可以分为简单生产和复杂生产。简单生产如发电、采煤,其生产技术上不可间断,生产工艺过程不可能也不必要划分为几个生产步骤,因而,一般也就不可能或不必要按照生产的步骤计算产品成本,只能按照产品的品种计算成本。复杂生产如机械制造和钢铁生产,其生产技术上可间断,其生产工艺过程由若干个可间断的、分散于不同地点进行的生产步骤所组成。为了加强各个生产步骤的生产管理,计算各个生产步骤的成本,往往不仅要求按照产品的品种或批别计算成本,而且还要求按照生产的有关步骤计算成本。当然,如果企业的生产规模比较小,管理上又不要求按生产步骤考核生产耗费、计算产品成本,也可以不按生产步骤计算成本,而可以按品种或批别计算成本。可见,企业生产技术特点也会影响成本计算对象。

▲ 第二节　产品成本计算的主要方法

产品成本计算是对有关费用数据进行处理的过程。它是以一定的成本核算对象为依据,归集与分配生产费用并计算其总成本和单位成本的过程。实际上,各种成本计算方法是依据成本核算对象命名的。

一、成本计算的基本方法

为了适应各种类型生产的特点和管理要求,产品成本计算存在三种不同的产品成本计算对象,以及以产品成本计算对象为标志的三种不同的产品成本计算方法。它们是:

1.以产品的品种为成本计算对象的品种法。它是按产品品种(不分批、不分步)设置成本计算单,并据此归集和分配产品费用,从而计算每种产品的总成本和单位成本的方法。

2.以产品的批别为成本计算对象的分批法。它是按产品生产的批别(或定单)设置成本计算单,并据此归集和分配产品费用,从而计算每批产品的总成本和单位成本的方法。

3.以产品的生产步骤为成本计算对象的分步法。它是按每种产品的生产步骤设置成本计算单,并据此归集和分配产品费用,从而反映每种产品在各生产步骤的产品费用发生情况,并最终计算每种产品的总成本和单位成本的方法。

品种法、分批法和分步法是产品成本计算的基本方法,也是计算产品实际成本必不可少的方法。之所以说品种法、分批法和分步法是产品成本计算的基本方法,是因为根据前述的分析,产品成本计算对象不外乎就是分品种、分批别和分步三种。

根据上述分析,企业成本计算的基本方法及其适用性归纳如表4-1和表

4-2 所示。

表 4-1　产品成本计算方法的确定

按技术特点分 ＼ 按组织特点分		大量生产	成批生产		单件生产
			大批生产	小批生产	
简单生产		品种法	品种法	分批法	分批法
复杂生产	连续式	品种法、分步法（逐步结转）	品种法、分步法（逐步结转）	分批法	分批法
	装配式	品种法、分步法（平行结转）	品种法、分步法（平行结转）	分批法	分批法

表 4-2　各种产品成本计算方法的适用范围

产品成本计算的基本方法	适用范围		成本计算对象
	在企业生产组织方面	在企业生产工艺过程和管理要求方面	
品种法	大量大批生产	简单生产；管理上不要求分步骤计算成本的多步骤生产	产品品种
分批法	小批单件生产	简单生产；管理上不要求分步骤计算成本的多步骤生产	产品生产批别或定单
分步法	大量大批生产	管理上要求分步骤计算成本的多步骤生产	各产品的生产步骤

二、成本计算的其他方法

随着企业管理的现代化和成本计算方法的发展，产品成本计算方法又在上述三种基本方法的基础上，衍生了一些辅助的方法。

例如，在产品品种、规格繁多的企业，为了简化成本计算工作，可以采用一种更为简便的产品成本计算方法——分类法；在定额管理工作比较好的企业，为了配合和加强生产费用和产品成本的定额管理，可以采用一种适应这种要求的产品成本计算方法——定额法；此外，企业有时还可以运用标准成本法和作业成本法等其他成本计算方法。

这些辅助方法，从计算产品实际成本的角度看，并非必不可少，而且从其发展的角度来看，也是先有基本方法，而后再有分类法、定额法、标准成本法和作业成本法等辅助方法。然而,这并不意味着产品成本计算的基本方法就很重要,而辅助方法就是次要的。从管理的角度看,在某种程度上说,辅助方法更为重要。它们不仅有利于管理,而且在一定程度上代表着产品成本计算方法的发展方向。

最后,值得指出的是:企业往往同时运用或结合运用几种成本计算方法,而不是单纯运用一种方法。例如,企业基本生产单位和辅助生产单位的生产特点和管理要求不同,可能同时采用多种成本计算方法。基本生产单位可能采用品种法、分批法、分步法、分类法、定额法等多种产品成本计算方法,而辅助生产单位的供电、供气、供水和机修等部门可能采用品种法计算产品(劳务)成本,自制设备等则可能采用分批法计算产品成本。

思考题

1.企业的生产如何根据生产技术特点分类?这种分类对成本计算对象有何影响?

2.企业的生产如何根据生产组织特点分类?这种分类对成本计算对象有何影响?

3.成本计算的基本方法包括哪些?成本计算的其他方法还有哪些?其适用性如何?

第五章

品种法

在成本费用归集与分配的基础上,本章阐述品种法的基本原理及其运用。

▲ 第一节　品种法概述

成本信息是重要的会计信息。不论何种企业,不论何种生产类型,也不论管理要求如何,最终都必须按产品品种计算出产品成本。因此,品种法是最基本的成本计算方法。

一、品种法的特点

如前所述,产品成本计算的品种法,是按照产品品种作为成本计算对象,归集生产费用,计算各种产品成本的一种方法。这种成本计算方法,既不要求按照产品批别计算成本,也不要求按照产品生产步骤计算成本。

品种法的基本特点包括:

1. 成本计算对象。品种法的成本计算对象是既不分步骤也不分批别的不同品种的产品。在采用品种法计算产品成本的企业或车间,如果只生产一种产品,成本计算对象就是这种产品的产成品成本。计算产品成本时,只需要为这种产品开设一本产品成本明细账,账内按照成本项目设立专栏或专行。在这种情况下,企业发生的生产费用全部都是直接计入费用,可以直接计入产品成本明细账,不存在生产费用在各成本计算对象之间分配的问题。如果企业生产的产品不止一种,对所发生的生产费用,要分别产品按成本项目进行归集。凡是各种产品直接耗用的费用,可直接计入该种产品的成本;凡是几种产品共同耗用的费用,则需分配计入各种产品的成本。

2. 成本计算期。品种法的成本计算期是日历月份,即按月定期计算产品成本。因为品种法适用于大量大批生产,这种类型的生产连续不断地重复生产一种或几种产品,不可能在产品全部制造完工后再计算其成本,因此,把日历月份作为成本计算期。成本计算期与会计报告期一致,而与产品生产周期则不一致。

3.生产费用在完工产品与月末在产品之间的分配。如果生产周期较短，在产品很少或没有在产品，当月归集的生产费用全部计入当期完工产品成本，不计算在产品成本，也不必将生产费用在完工产品与在产品之间进行分配。本月按成本项目归集于各产品成本明细账的生产费用就是各产品的产成品总成本，除以产量，便可计算出该产品的平均单位成本。如果企业月末在产品数量较多，就必须采用适当的方法如约当产量法、定额成本计价法、定额比例法等将生产费用在完工产品与月末在产品之间分配，从而计算出完工产品的总成本和单位成本。

二、品种法的成本计算程序

根据品种法的基本原理，其成本计算程序包括：

1.按产品品种设置"基本生产"明细账或成本计算单，并按成本项目设置专栏。

2.编制各种费用分配明细表。如果企业生产一种产品，可采用直接归集的方法；如果企业生产多种产品，除直接费用采用直接归集的方法外，对于间接费用，先归集，然后再按一定标准分配记入各种产品的成本明细账。

3.月末，如果企业不需要计算在产品成本，各个"基本生产"明细账汇集的生产费用便是各种完工产品的实际总成本，再除以产量求得单位产品成本；如果企业需要计算在产品成本，应将"基本生产"明细账汇集的生产费用，在完工产品与月末在产品之间进行分配，以便计算完工产品总成本和单位产品成本。

品种法的成本计算程序如图 5-1 所示。

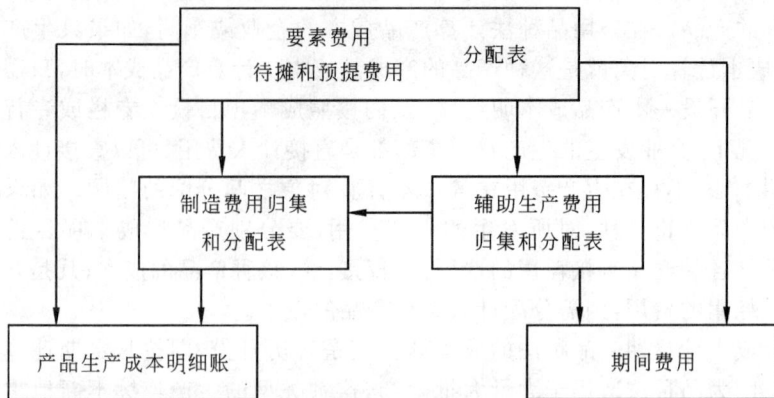

图 5-1　品种法的成本计算程序

　　品种法的基本原理与方法孕育着一切成本计算方法的最基本原理与方法。实际上,本书第二、三章所阐述的成本费用的归集与分配体现了品种法的基本原理与方法。这些原理与方法将在其他较为复杂的成本计算方法中得到进一步扩展和具体化。

▲ 第二节　品种法例解

　　宜达公司大量大批生产奶类制品,现生产盒装鲜奶和罐装奶粉两种产品,设有基本生产车间和机修辅助生产车间各一个。该公司采用品种法计算产品成本。设置盒装鲜奶和罐装奶粉两种产品的生产成本明细账和机修车间的辅助生产成本明细账,还设置了基本生产车间和机修车间的制造费用明细账。

　　该公司实行一级成本核算,采用约当产量法计算在产品成本,原材料系生产开始时一次性投入。假设在产品的平均完工程度为50%。盒装鲜奶全部完工,没有期末在产品,罐装奶粉期末有部分在产品。

　　该公司2005年5月份有关产量及工时资料如表5-1和表5-2所示。

表5-1　产量资料

项　　目	盒装鲜奶(千盒)	罐装奶粉(公斤)
期初在产品	0	1 000
本月投产	5 000	86 000
本月完工	5 000	85 000
月末在产品	0	2 000

表5-2　工时资料

项　　目	生产工时	修理工时
盒装鲜奶	24 000	
罐装奶粉	115 000	
基本生产车间耗用		300
企业行政管理部门耗用		100
合　计	139 000	400

　　1.根据领料单编制材料费用分配表如表5-3所示。

Accounting

表 5-3　材料费用分配表

分配对象　成本项目	基本生产车间		机修车间
	盒装鲜奶	罐装奶粉	
原奶	500 000	1 548 000	
蔗糖	3 000	12 000	
葡萄糖浆	5 000	36 000	
其他	42 000	273 000	
直接材料小计	550 000	1 869 000	
机物料消耗	75 000		64 000

根据表 5-3,编制如下会计分录:

借:基本生产——盒装鲜奶　　　　　　　　　　　　　550 000

　　基本生产——罐装奶粉　　　　　　　　　　　　1 869 000

　　辅助生产——机修车间　　　　　　　　　　　　　64 000

　　制造费用——基本生产车间　　　　　　　　　　　75 000

　贷:原材料　　　　　　　　　　　　　　　　　　　　　　2 558 000

2. 根据有关记录编制外购电力费用分配表如表 5-4 所示。

表 5-4　外购电力费用分配表

应借账户　应贷账户	基本生产		制造费用	制造费用	合计
	盒装鲜奶	罐装奶粉	机修车间	基本生产车间	
银行存款	60 000	134 000	78 000	86 000	358 000

根据表 5-4,编制如下会计分录:

借:基本生产——盒装鲜奶　　　　　　　　　　　　　60 000

　　基本生产——罐装奶粉　　　　　　　　　　　　134 000

　　制造费用——机修车间　　　　　　　　　　　　　78 000

　　制造费用——基本生产车间　　　　　　　　　　　86 000

　贷:银行存款　　　　　　　　　　　　　　　　　　　　　358 000

3. 根据工资结算汇总表和生产工时资料编制工资及福利费用分配表如
5-5 所示。

Accounting

表5-5　工资费用分配表

应贷账户	应借账户	基本生产			辅助生产	制造费用	合计
		盒装鲜奶	罐装奶粉	小计	机修车间	基本生产车间	
应付职工薪酬	分配标准	24 000	115 000				
	分配率			6			
	分配金额	144 000	690 000		65 000	58 000	957 000

根据表5-5,编制如下会计分录:

借:基本生产——盒装鲜奶　　　　　　　　　　　　　　144 000

　　基本生产——罐装奶粉　　　　　　　　　　　　　　690 000

　　辅助生产——机修车间　　　　　　　　　　　　　　 65 000

　　制造费用——基本生产车间　　　　　　　　　　　　 58 000

　　贷:应付职工薪酬　　　　　　　　　　　　　　　　　　　　957 000

按工资总额的14%计提职工福利费,编制职工福利费用分配表如表5-6所示。

表5-6　职工福利费用分配表

应贷账户	应借账户	基本生产		辅助生产	制造费用	合计
		盒装鲜奶	罐装奶粉	机修车间	基本生产车间	
应付职工薪酬		20 160	96 600	9 100	8 120	133 980

根据表5-6,编制如下会计分录:

借:基本生产——盒装鲜奶　　　　　　　　　　　　　　 20 160

　　基本生产——罐装奶粉　　　　　　　　　　　　　　 96 600

　　辅助生产——机修车间　　　　　　　　　　　　　　 9 100

　　制造费用——基本生产车间　　　　　　　　　　　　 8 120

　　贷:应付职工薪酬　　　　　　　　　　　　　　　　　　　　133 980

4.分配固定资产折旧费,编制固定资产折旧费分配表如表5-7所示。

表5-7　固定资产折旧费分配表

应贷账户	应借账户	制造费用	制造费用	管理费用	合计
		基本生产车间	机修车间	企业行政管理部门	
累计折旧		120 000	40 000	60 000	220 000

根据表5-7,编制如下会计分录:

借:制造费用——基本生产车间 120 000

 制造费用——机修车间 40 000

 管理费用 60 000

 贷:累计折旧 220 000

5.分配待摊费用,编制待摊费用分配表如表5-8所示。

表5-8 待摊费用分配表

应借账户 应贷账户	制造费用 基本生产车间	制造费用 机修车间	管理费用 企业行政管理部门	合计
待摊费用	16 000	3 000	2 500	21 500

根据表5-8,编制如下会计分录:

借:制造费用——基本生产车间 16 000

 制造费用——机修车间 3 000

 管理费用 2 500

 贷:待摊费用 21 500

6.分配其他费用。其他费用如办公费、保险费、劳动保护费、电话费、交通费等,在发生时分别记录到账上,其他费用汇总如表5-9所示。

表5-9 其他费用汇总表

应借账户 应贷账户	制造费用 基本生产车间	制造费用 机修车间	合计
银行存款	5 400	2 300	7 700

根据表5-9,编制如下会计分录:

借:制造费用——基本生产车间 5 400

 制造费用——机修车间 2 300

 贷:银行存款 7 700

7.归集、分配机修辅助生产车间的费用。机修车间为提供修理服务而发生的直接材料和直接人工,根据有关凭证直接记入"辅助生产"明细账;间接费用根据有关凭证记入"制造费用——辅助生产车间"明细账,期末按一定的标准在机修车间各收益对象之间分配。由于本例该车间只提供一项修理服务,因此,期末将"制造费用——辅助生产车间"账户的借方余额直接结转至"辅助生产"账户,然后按各个收益对象发生的修理工时比例分配辅助生产成本。具体分配情况如表5-10、表5-11和表5-12所示。

表 5-10　机修车间制造费用明细账

2005 年 5 月

摘　　要	折旧费	水电费	租　金	其　他	合　计
分配水电费		78 000			78 000
分配折旧费	40 000				40 000
分配租金			3 000		3 000
分配其他费用				2 300	2 300
本月合计	40 000	78 000	3 000	2 300	123 300
本月转出	40 000	78 000	3 000	2 300	123 300

根据表5-10,编制如下会计分录:

借:辅助生产——机修车间　　　　　　　　　　　　123 300

　贷:制造费用——机修车间　　　　　　　　　　　　　　　123 300

表 5-11　辅助机修车间生产成本明细账

摘　　要	直接材料	直接人工	制造费用	合　计
分配材料费用	64 000			64 000
分配人工费用		74 100		74 100
分配制造费用			123 300	123 300
本月合计	64 000	74 100	123 300	261 400
本月转出	64 000	74 100	123 300	261 400

表 5-12　辅助机修车间生产成本分配表

分配对象	修理工时	分配率	分配金额
制造费用——基本生产车间	300		196 050
管理费用——企业行政管理部门	100		65 350
合　　计	400	653.50	261 400

根据表5-12,编制如下会计分录:

借:制造费用——基本生产车间　　　　　　　　　196 050

　管理费用　　　　　　　　　　　　　　　　　　65 350

　贷:辅助生产——机修车间　　　　　　　　　　　　　　261 400

Accounting

8.归集、分配基本生产车间制造费用。基本生产车间发生的制造费用,应该根据有关凭证在发生当时记入"制造费用——基本生产车间"明细账,期末采用一定的方法和标准分配记入各收益对象的生产成本。在本例中,制造费用以产品本期的生产工时为基数进行分配,结果如表 5-13 和表 5-14 所示。

表 5-13　基本生产车间制造费用明细账

2005 年 5 月

摘　要	折旧费	工资及福利费	水电费	租　金	其　他	修理费	合　计
分配水电费			86 000				86 000
分配工资及福利费		66 120					66 120
分配折旧费	120 000						120 000
分配租金				16 000			16 000
分配其他费用					5 400		5 400
分配修理费						196 050	196 050
本月合计	120 000	66 120	86 000	16 000	5 400	196 050	489 570
本月转出	120 000	66 120	86 000	16 000	5 400	196 050	489 570

表 5-14　基本生产车间制造费用分配表

分配对象	生产工时	分配率	分配金额
盒装鲜奶	24 000		84 530
罐装奶粉	115 000		405 040
合　　计	139 000	3.52208	489 570

根据表 5-14,编制如下会计分录:

借:基本生产——盒装鲜奶　　　　　　　　　　　　　　　 84 530

　　基本生产——罐装奶粉　　　　　　　　　　　　　 405 040

　　贷:制造费用　　　　　　　　　　　　　　　　　　　　　　 489 570

9.计算本期完工产品与月末在产品成本,编制成本计算单。本期盒装鲜奶没有在产品,罐装奶粉有在产品 2 000 公斤。罐装奶粉完工产品与月末在产品成本分配表如表 5-15 所示。

表 5-15　完工产品与月末在产品成本分配表

产品名称:罐装奶粉　2005 年 5 月　　在产品数量:2 000 公斤　　　　　单位:元

项　目	直接材料		其他项目				合　计
	分配标准	分配金额	分配标准	分配金额			
				直接人工	燃料及动力	制造费用	
完工产品	产量	1 847 529	约当产量	786 547	133 924	404 481	3 172 481
月末在产品	87 000公斤	43 471	86 000公斤	9 253	1 576	4 759	59 059

　　10. 根据各项生产费用分配表的资料登记有关产品成本明细账如表 5-16 和表 5-17 所示。

表 5-16　产品成本明细账

产品名称:盒装鲜奶　2005 年 5 月　　本月完工:5 000 000 盒,月末在产品:0 盒　　单位:元

日期		凭证编号	摘　要	直接材料	直接人工	燃料及动力	制造费用	合　计
月	日							
5	1		期初在产品					
5	31		根据表 5-3	550 000				550 000
	31		根据表 5-4			60 000		60 000
	31		根据表 5-5 和表 5-6		164 160			164 160
	31		根据表 5-14				84 530	84 530
			合　计	550 000	164 160	60 000	84 530	858 690
			结转完工产品成本	550 000	164 160	60 000	84 530	858 690

　　根据表 5-16,编制如下会计分录:

　　借:库存商品——盒装鲜奶　　　　　　　　　　　　　858 690

　　　贷:基本生产——盒装鲜奶　　　　　　　　　　　　　　858 690

表 5-17　产品成本明细账

产品名称:罐装奶粉　2005 年 5 月　本月完工:85 000 公斤,月末在产品:2 000 公斤

单位:元

日期 月	日	凭证编号	摘 要	直接材料	直接人工	燃料及动力	制造费用	合 计
5	1		期初在产品	22 000	9 200	1 500	4 200	36 900
5	31		根据表 5-3	1 869 000				1 869 000
	31		根据表 5-4			134 000		134 000
	31		根据表 5-5 和表 5-6		786 600			786 600
	31		根据表 5-14				405 040	405 040
			合 计	1 891 000	795 800	135 500	409 240	3 231 540
			结转完工产品成本	1 847 529	786 547	133 924	404 481	3 172 481
			期末在产品成本	43 471	9 253	1 576	4 759	59 059

根据表 5-17,编制如下会计分录:

借:库存商品——罐装奶粉　　　　　　　　　　　　　3 172 481

　贷:基本生产——罐装奶粉　　　　　　　　　　　　　　　　3 172 481

思考题

1. 品种法有哪些特点? 其适用范围如何?

2. 简述品种法的成本计算程序。

3. 如何理解品种法的基本原理?

第六章

分批法

在成本费用归集与分配的基础上,本章阐述分批法的基本原理及其运用。

▲ 第一节 分批法概述

在单件、小批生产企业里,企业按照购货者的订货要求组织生产。各订单所定产品往往种类不同或规格不一,所用的原料和制造方法各异,因此,一份订单的成本,必须与其他各份订单的成本分开计算。如前所述,产品成本计算的分批法,是按照产品批别作为成本核算对象,设置明细账,用以归集生产费用,计算产品成本的一种方法。

一、分批法的适用范围

分批法适用于小批生产和单件生产,例如精密仪器、专用设备、重型机械和船舶的制造,某些特殊或精密铸件的熔铸,新产品的试制和机器设备的修理,以及辅助生产的工具模具制造等。适用分批法计算成本的企业包括如下几类:

1.按产品批别组织生产的企业。有些企业需要根据订货者的要求,生产特殊规格、规定数量的产品;有些小型企业经常需要变换产品种类,因而需要分批计算产品成本。

2.提供机械设备修理业务的工厂或企业的修理车间、分厂。由于修理业务多种多样,因此要根据承接的各种修理工作分别计算成本,在生产成本基础上加上约定利润,向顾客收取货款。

3.新产品试制、自制设备、自制工具、磨具等生产任务车间、分厂,要按新产品的种类分别计算成本。

如果一份订单规定的产品不止一种,为了分析和考核各种产品成本计划的执行情况,并便于生产管理,还要按照产品的品种划分批别组织生产,计算成本。如果一份订单只规定一种产品,但这种产品数量较大,不便于集中一次投产,或者订货者要求分批交货,也可以分为数批组织生产,计算成本。如果一份订单只规定一件产品,但这件产品属于大型复杂的产品,价值较大,生产周期较长(如大型船舶的制造),也可以按产品的组成部分分批组织生产,计算成本。如果同一时期内,几份订单规定有相同的产品,为了更加经济、合理地组织生产,也可以将相同产品合为一批组织生产,计算成本。对于同一种产品也可能进行分批轮番生产,这也要求分批计算产品成本。

二、分批法的特点

分批法的基本特点包括:

1.按照产品批别作为成本计算对象。按照产品批别组织生产时,生产计划部门要签发生产通知单下达车间,并通知会计部门。生产通知单应对该批生产任务进行编号,称为产品批号。会计部门应根据生产计划部门下达的产品批号,也就是产品批别,设立产品成本明细账。产品成本明细账的设立和结账,应与生产通知单的签发和结束密切配合,协调一致,以保证各批产品成本计算的合理性。

2.成本计算期通常与生产周期相同。采用分批法,企业要按月汇集各批产品的实际生产费用,但只有该批产品全部完工,才能计算其实际成本。因此,分批法的成本计算期与会计报告期不一致,而与该批产品的生产周期一致。分批法的成本计算期是不定期的。

3.生产费用一般不需要在完工产品与在产品之间分配。如果企业是单件生产,产品完工以前,产品成本明细账所记录的生产费用都是在产品成本;如果产品完工,产品成本明细账所记录的生产费用就是完工产品的成本。因而,在月末计算产品成本时,不存在生产费用在完工产品与在产品之间分配的问题。

如果企业是小批生产,批内产品一般都能同时完工。在月末计算产品成本时,或是全部已经完工,或是全部没有完工,一般也不存在生产费用在完工产品与在产品之间分配的问题。但在批内产品跨月陆续完工的情况下,月末计算产品成本时,一部分产品已完工,另一部分尚未完工,这时生产费用就要在完工产品与在产品之间分配,以便计算完工产品成本与月末在产品成本。由于小批生产的批量不大,批内产品跨月陆续完工的情况不多,因而可以采用简便的分配方法。例如,企业可以按计划单位成本、定额单位成本或最近一期相同产品的实际单位成本计算完工产品成本;从产品成本明细账转出完工产品成本后,各项费用余额之和即为在产品成本。为了正确地分析和考核该批产品成本计划的执行情况,在该批产品全部完工时,还应计算该批产品的实际总成本和实际单位成本,但对已经转账的完工产品成本不作账面调整。如果批内产品跨月完工的情况较多,月末批内完工产品的数量占全部批量的比重较大,为了增强成本计算的合理性,则应根据具体条件采用适当的分配方法,在完工产品和月末在产品之间分配生产费用,计算完工产品成本与月末在产品成本。

为了减少生产费用在完工产品与月末在产品之间分配的工作量,提高成本计算的及时性,在合理组织生产的前提下,也可以适当缩小产品批量,以较小的批量分批投产,尽量使同一批产品能够同时完工,避免跨月陆续完工的情况。但是,缩小产品批量应有一定的限度,如果批量过小,不仅会使生产组织不合理、不经济,而且会使设立的产品成本明细账过多,加大核算工作量。

在实际工作中,还可以一种按产品所用零件的批别计算成本的零件分批法。即先按零件生产的批别计算各批零件的成本,然后按照各批产品所耗各种零件的成本,加上装配成本,计算各该批产品的成本。采用这种分批法,由于一批零件通常都能同时完工,因而也能减少生产费用在完工产品与月末在产品之间分配的工作量,而且还能及时、深入地进行成本分析,还便于根据各个购买单位在订购产品时对于某些零部件的不同要求,组合计算不同订货的成本,拟定不同订货价格。但是,这种方法的计算工作量较大,因而只能在自制零件种类不多或者成本计算工作已经实现计算机辅助管理的企业采用。

此外,在同一月份内投产的产品批数很多的企业,还可以采用一种简化的不分批计算在产品成本的分批法(后面述及)。

三、分批法的计算程序

分批法的计算程序可以分为如下六个步骤:

1. 按产品批别设置生产成本明细账(产品成本计算单);
2. 按产品批别归结和分配本月发生的各种费用;
3. 分配辅助生产费用;
4. 分配基本生产单位制造费用;
5. 计算完工产品成本;
6. 结转完工产品成本。

第二节 分批法例解

现以小批生产的某工业企业的产品成本计算为例,说明分批法的计算程序。

大华公司根据顾客订单的要求,小批生产玩具遥控汽车、小汽车模型等玩具产品,采用分批法计算各批产品成本。该公司2005年5月份投产玩具遥控汽车5 000件,批号为070501,6月份(本月)尚未完工。5月份投产小汽车模型3 000件,批号为070502,6月份完工2 000件,验收入库,未完工1 000件,其完工产品与月末在产品的原材料费用按完工产品与月末在产品实际数量分配,其他费用都按约当产量比例分配。

1.按产品批次070501、070502开设成本计算单(5月份投产时开设),并对各种费用的原始凭证加以归类、整理,编制各种"费用分配明细表"(本例省略),据以登记有关费用明细账和产品成本明细账。该两批产品的成本明细账和有关资料如表6-1和表6-2所示。

表6-1 产品成本明细账

产品名称:玩具遥控汽车批次:070501　　　　开工日期 2005 年 5 月　　　　单位:元

日期 月	日	凭证编号	摘　要	直接材料	直接人工	制造费用	合　计
6	1		期初在产品	40 000	30 500	25 000	95 500
6	30		本月发生额 (根据各费用分配表)	86 000	78 000	43 080①	207 080
			合计	126 000	108 500	68 080	302 580

注:①见表6-4。

表6-2 产品成本明细账

产品名称:小汽车模型批次:070502　　　　开工日期 2005 年 5 月
本月完工:2 000 件,月末在产品:1 000 件　　　　单位:元

日期 月	日	凭证编号	摘　要	直接材料	直接人工	制造费用	合　计
6	1		期初在产品	16 000	9 000	13 000	38 000
6	30		本月发生额 (根据各费用分配表)	20 000	15 000	28 720②	63 720

续表

日期		凭证编号	摘　要	直接材料	直接人工	制造费用	合　计
月	日						
			合计	36 000	24 000	41 720	101 720
			结转完工产品成本③	24 000	17 647	30 676	72 323
			期末在产品成本④	12 000	6 353	11 044	29 397

注:②见表6-4;③、④见表6-6。

2.根据有关的原始凭证、各种费用分配表等资料(本例省略)登记"基本生产车间制造费用明细账"如表6-3所示。

表6-3　制造费用明细账

车间:基本生产车间　　　　　　　　2005年6月　　　　　　　　单位:元

摘　要	借　方						贷方	余额
	工资及福利费	材料费	折旧费	修理费	办公费	其他		
本月发生额	6 000	3 000	60 000	2 000	500	300		
月末转出额							71 800	0

3.根据"制造费用明细账"汇集的费用,按照各批产品实际工时进行分配(即当月实际分配率法),编制"制造费用分配表"如表6-4所示。

表6-4　制造费用分配表

2005年6月

分配对象	实际工时	分配率(元/工时)	分配金额
070501 批次	3 000		43 080
070502 批次	2 000	14.36	28 720
合　计	5 000		71 800

根据表6-4,编制如下会计分录:

借:基本生产——070501 批次　　　　　　　　　　　43 080

　　基本生产——070502 批次　　　　　　　　　　　28 720

　　贷:制造费用　　　　　　　　　　　　　　　　　　　　71 800

4.计算完工产品成本。由于 070501 批次 6 月份尚未完工,因此,不需要计算其完工产品成本。070502 批次 6 月份月完工 2 000 件,月末在产品 1 000 件,因此,070502 批次产品的生产费用需要在完工产品与月末在产品之间进行分配。假设该产品分制模、金工及装配三个步骤生产,月末在产品约当产量计算及产品成本计算单所归集的生产费用如表6-5和表6-6所示。

表6-5　070502批产品月末在产品约当产量计算表

工序	完工率	盘存数	约当产量
1	30%	200	30%×200=60
2	70%	300	70%×300=210
3	90%	500	90%×500=450
合　计		1 000	720

表6-6　070502批产品成本分配计算单

项　目	直接材料		其他项目			合　计
	分配标准	分配金额	分配标准	分配金额		
				直接人工	制造费用	
完工产品	产量 3 000	24 000	约当产量 2 720	17 647	30 676	72 323
月末在产品		12 000		6 353	11 044	29 397
		36 000		24 000	41 720	101 720

根据表6-6,编制如下会计分录:

借:库存商品——小汽车模型　　　　　　　　　　72 323
　　贷:基本生产——070502批次　　　　　　　　　　　　72 323

▲ 第三节　简化分批法例解

在小批单件生产的企业或车间中,同一月份内投产的产品批数往往很多,有的多达几十批,甚至几百批。在这种情况下,各种间接费用在各批产品之间按月进行分配的工作就极为繁重。因此,在投产批数繁多而且月末未完工批数较多的企业(如机械修配厂)中,还可以采用一种简化的分批法,也就是不分批计算在产品成本的分批法。

一、简化分批法的成本计算程序

简化分批法的成本计算程序包括:

1.采用这种方法,仍应按照产品批别设立产品成本明细账,但在各批产品完工以前,账内只需按月登记直接费用(如原材料费用)和生产工时,不必按月分配、登记各项间接分配计入费用,计算各批在产品的成本;

2.在有完工产品的那个月份,分配间接计入费用,计算、登记各批完工产品的成本。

3.各批全部产品的在产品成本只分成本项目并以总数登记在专设的基本生产二级账中。从计算产品实际成本的角度来说,采用其他的成本计算方法,可以不设立基本生产二级账,但采用简化的分批法,则必须设立这种二级账。

二、简化分批法的特点

简化分批法的特点包括:

1.每月发生的各项间接计入费用,不是按月在各批产品之间进行分配,而是将这些间接计入费用先分别累计起来,到产品完工时,再按照完工产品累计生产工时的比例,在各批完工产品之间进行分配。其计算公式如下:

$$\frac{\text{全部产品某项累计}}{\text{间接费用分配率}} = \frac{\text{全部产品该项累计间接费用}}{\text{全部产品累计生产工时}}$$

$$\frac{\text{某项完工产品应负}}{\text{担的某项间接费用}} = \frac{\text{该批完工产品}}{\text{的累计工时数}} \times \frac{\text{全部产品某项累计}}{\text{间接费用分配率}}$$

2.设立"基本生产"二级账(如表6-8所示),不仅按成本项目登记全部产品的月初在产品费用、本月生产费用和累计生产费用,而且还要登记全部产品的月初在产品生产工时、本月生产工时和累计生产工时。"基本生产"二级账户的登记方法如下:

(1)"期初余额"根据上月期末余额转入;

(2)"本月发生费用、工时",根据各项费用汇总表不分产品批别汇总登记,其中,工时根据工时记录汇总登记;

(3)"累计费用、工时",根据"期初余额"加计"本月发生费用、工时"累计登记;

(4)"累计间接费用分配率"根据前述公式计算登记;

(5)"转出完工产品成本"根据各批产品成本计算单计算的完工产品成本汇总登记;

(6)"期末在产品余额"根据计算登记,计算公式为:

期末余额＝期初余额＋本期发生－转出完工产品成本

3.在有产品完工的月份,按照上列公式计算登记全部产品累计间接计入费用分配率,以及完工产品总成本和月末在产品总成本。

Accounting

三、简化分批法例解

恒升机械修配厂是提供各种设备修理和维护及设备加工服务的企业,产品批数多。为了简化产品成本计算工作,采用简化分批法计算成本。该公司 2005 年 8 月份各批产品的情况如表 6-7 所示。

表 6-7　各批产品生产情况表

订单号(批号)	产品名称	投产量	本月完工	月末在产品
070705 批	A 产品	上月投产 12 件	10 件	2 件(完工 50%)
070803 批	C 产品	本月投产 5 件	—	5 件(完工 30%)
070804 批	D 产品	本月投产 4 件	4 件	—

该公司设立的"基本生产"二级账如表 6-8 所示。

表 6-8　"基本生产"二级账

2005 年 月	日	摘　要	直接材料	工时	直接人工	制造费用	合　计
8	1	期初余额	3 500	100	5 400	4 000	12 900
8	31	本月发生费用、工时	12 000	600	24 000	10 000	46 000
8	31	累计费用、工时	15 500	700	29 400	14 000	58 900
8	31	累计间接费用分配率			42	20	
8	31	转出完工产品成本	9 917	520	21 840	10 400	42 157
8	31	期末在产品余额	5 583	180	7 560	3 600	16 743

1. 根据表 6-8,累计间接费用分配率计算如下:

$$累计工资及福利费分配率 = \frac{29\ 400}{700} = 42$$

$$累计制造费用分配率 = \frac{14\ 000}{700} = 20$$

2. 编制各种"产品成本计算单"如表 6-9、表 6-10 和表 6-11 所示。其中,A产品耗用的直接材料是生产开始时一次投料。

表 6-9　产品成本计算单

产品批号：070705　　　　　　产品名称：A 产品　　　　　　7月投产 12 件，本月完工 10 件

2005 年		摘　　要	直接材料	工时	直接人工	制造费用	合　　计
月	日						
8	1	期初余额	3 500	100			
8	31	本月发生费用、工时		200			
8	31	累计费用、工时	3 500	300			
8	31	累计间接费用分配率			42	20	
8	31	转出完工产品成本	2 917	270	11 340	5 400	19 657
8	31	期末在产品余额	583	30			

表 6-10　产品成本计算单

产品批号：070804　　　　　　产品名称：D 产品　　　　　　7月投产 4 件，本月完工 4 件

2005 年		摘　　要	直接材料	工时	直接人工	制造费用	合　　计
月	日						
8	1	期初余额					
8	31	本月发生费用、工时	7 000	250			
8	31	累计费用、工时	7 000	250			
8	31	累计间接费用分配率			42	20	
8	31	转出完工产品成本	7 000	250	10 500	5 000	22 500
8	31	单位产品成本	1 750		2 625	1 250	5 625

表 6-11　产品成本计算单

产品批号：070803　　　　　　产品名称：C 产品　　　　　　本月投产 5 件，月末在产品 5 件

2005 年		摘　　要	直接材料	工时	直接人工	制造费用	合　　计
月	日						
8	1	期初余额					
8	31	本月发生费用、工时	5 000	150			
8	31	累计费用、工时	5 000	150			

在"基本生产"二级账中，完工产品的原材料费用和生产工时，应根据后列

Accounting

各批产品成本明细账完工产品的原材料费用和生产工时汇总登记。完工产品的各项间接计入费用,可以根据完工产品生产工时分别乘以该累计费用分配率计算登记,也可以根据各批产品成本明细账完工产品的该费用分别汇总登记。"基本生产"二级账月末在产品的原材料费用和生产工时,可以根据账中累计的原材料费用和生产工时分别减去本月完工产品的原材料费用和生产工时计算登记,也可以根据各批产品成本明细账本月末在产品的原材料费用和生产工时分别汇总登记,两者计算结果应该相符。

在上述各批产品成本明细账中,对于有完工产品(包括全批完工或批内部分完工)的月份,除了登记原材料费用和生产工时,以及各累计数以外,还应根据"基本生产"二级账登记各项累计间接费用分配率。

070804批产品,月末全部完工,因而其累计的原材料费用和生产工时就是完工产品的原材料费用和生产工时,以其生产工时分别乘以各项累计间接费用分配率,即为完工产品的各项间接计入费用。

070705批产品,月末部分完工、部分在产品,因而还应在完工产品与月末在产品之间分配费用。该种产品所耗原材料在生产开始时一次投入,因而原材料费用按完工产品与月末在产品的数量比例分配:

$$原材料费用分配率=\frac{3\ 500}{12}=291.7$$

完工产品原材料费用$=10\times291.7=2\ 917(元)$

月末在产品原材料费用$=3\ 500-2\ 917=583(元)$

假定该批产品的月末在产品工时按工时定额计算,单位产品工时30小时,月末在产品完工程度为50%,则:

完工产品的工时$=300-2\times30\times50\%=270(小时)$

完工产品直接人工费用$=270\times42=11\ 340(元)$

完工产品制造费用$=270\times20=5\ 400(元)$

各批产品成本明细账登记完毕,其中完工产品的原材料费用和生产工时应分别汇总记入"基本生产"二级账,并据以计算、登记各批全部完工产品的总成本。

四、简化分批法的适用性

采用简化分批法,由于生产费用的横向分配工作和纵向分配工作,利用累计间接费用分配率,到产品完工时合并一次完成,因而大大简化了生产费用的分配和登记工作。月末未完工产品的批数越多,核算工作就越简化。但是,这种方法只宜在各月间接计入费用的水平相差不大的情况下采用,否则就会影响各月产品成本的合理性。

思考题

1.分批法有哪些特点？其适用范围如何？

2.简述分批法成本计算的程序。

3.简化分批法如何建立"基本生产"二级账？

4.如何理解分批法的基本原理？

Accounting

第七章

分步法

在成本费用归集与分配的基础上,本章阐述分步法的基本原理及其运用。

▲ 第一节 分步法概述

分步法是指按各种产品的生产步骤归集和分配生产费用,计算产品成本的一种方法。采用这种方法时,应该以每一种产品的生产步骤作为成本计算对象,设置产品成本计算单,并借以归集和分配各项生产费用,按月计算产品成本。

一、分步法的适用范围

分步法主要适用于大量大批多步骤生产,并且管理上要求分步骤核算产品成本的企业。这些企业主要包括:大量大批的多步骤连续式生产的企业,如纺织印染、冶金、化工等企业;大量大批的多步骤装配式生产的企业,如电冰箱、电视、收音机、音响、机械制造等企业。

在这些企业中,从原材料投入生产到产成品验收入库,需要经过多个生产步骤,在产品未达到预定可使用状态或可按原定用途加以使用之前,处于各步骤或工序的产品均为在产品。其中有些产品还可能随着各步骤或工序的加工完毕,需要经过仓库验收保管,这时的在产品就转化为自制半成品。企业的自制半成品通常需要由本企业进一步加工,但是,它可以为本企业多种产品的生产所耗用,有时也可以直接对外出售(如纺织企业的棉纱、钢铁企业的生铁和钢锭、汽车企业的许多零部件等)。因此,自制半成品往往具有独立的经济意义。为了加强各生产步骤的成本信息反馈和成本控制,为考核和分析各种产品及其生产步骤的成本计划的执行情况,需要分步核算产品各生产步骤的半成品成本和最终产成品成本。

二、分步法的特点

与前述的品种法、分批法相比,分步法的主要特点表现在以下三个方面:

1. 以各种产品及其生产步骤的半成品作为成本计算对象,设置产品成本计算单。采用分步法时,成本计算对象不仅包括各种产品,而且还包括各产品生产步骤的半成品。凡是各产品生产步骤直接耗用的原材料、工资及福利费,直接记入各有关步骤半成品成本计算单;对于产品生产的多步骤共同耗用的原材料、工资及福利费,应采用适当的分配标准在有关产品生产步骤之间进行分配,然后根据分配结果记入各有关步骤半成品成本计算单。

2. 产品成本计算期与会计报告期一致,但是与产品生产周期不一致。采用分步法时,需要按月定期地进行产品成本计算,归集各种产品及其各生产步骤的半成品所发生的各项产品费用,计算各种产品及其各生产步骤的半成品的完工产品成本与月末在产品成本(但是,不同的分步法,其在产品的含义还有所不同)。

3. 各月月末需要将产品成本计算单所归集的产品费用在各步骤的完工产品与月末在产品之间进行分配。

三、分步法的成本计算程序

与品种法和分批法相比,采用分步法计算产品成本较为复杂。不同的分步法,产品成本计算的程序和方法也有较大的差异。采用分步法计算产品成本时,其一般计算程序是:

1. 按各产品的生产步骤设置产品成本计算单,并在产品成本计算单内按成本项目设置专栏,用以归集各步骤发生的各项产品费用。

如果一个生产步骤只生产一种产品,就直接按生产步骤设置成本计算单;如果一个生产步骤生产多种产品,就应按各种产品的生产步骤分别设置成本计算单(即按生产步骤和产品品种分别设置成本计算单,不应将不同产品的生产步骤合并设置成本计算单)。但是,产品成本计算的分步与实际的生产步骤不一定完全一致。为了简化成本计算的工作量,应该只对管理上要求分步计算产品成本的生产步骤单独设置产品成本计算单,而对管理上不要求单独计算产品成本的生产步骤,可与其他生产步骤合并设立产品成本计算单。

在按生产步骤设置车间的企业中,分步计算产品成本通常就是分车间计算产品成本。但是,分步计算产品成本不一定却是分车间计算产品成本。如果企业生产规模较小,管理上不要求分车间计算产品成本,可以将多个车间的成本计算步骤合并,合并设置产品成本计算单;相反,如果企业生产规模较大,管理上要求按车间内的产品加工工序计算产品成本,就可以按车间内的各主要产品加工工序分别设置产品成本计算单。

2.分成本项目将各生产步骤的生产费用(即产品费用),分别归集在各步骤的产品成本计算单内。

四、分步法的种类

采用分步法计算产品成本时,需要分步计算和结转各种产品成本。但是,分步计算产品成本并不意味着需要分步计算各步骤半成品的成本。按半成品成本是否需要从上步骤产品成本计算单结转到下一步骤产品成本计算单,分步法可以分为逐步结转分步法和平行结转分步法。

逐步结转分步法(即顺序结转分步法,或计算半成品成本分步法)是指按产品加工步骤的顺序,逐步计算并结转半成品成本,前一步骤的半成品成本随着半成品实物的转移而结转到后一步骤的产品成本计算单,直到最后步骤累计计算出产成品成本的一种成本计算方法。由于这种成本计算方法能随时为企业提供各个生产步骤的半成品成本资料,因此,它适用于大量大批多步骤生产且管理上要求提供半成品成本资料的企业,尤其是各步骤所生产的半成品具有多种用途且可直接作为商品对外出售的企业,如纺织、钢铁、家用电器等企业。

平行结转分步法是指半成品成本不随半成品实物在各步骤之间的转移而结转,各步骤不计算半成品成本,不归集前面步骤半成品成本,只归集本步骤发生的其他各项费用,并于月末计算这些费用应计入产成品成本的份额,然后,在平行结转和汇总相同产品的各步骤份额的基础上,计算产成品成本的一种成本计算方法。采用平行结转分步法,自制半成品不在各加工步骤之间结转,而在月末将应由产成品负担的各步骤的费用平行地加以汇总,从而计算出当月产成品成本。这种成本计算方法适用于不需要提供各生产步骤的半成品成本的大量大批多步骤生产的企业,尤其是大量大批装配式多步骤生产的企业,如某些机械制造企业。在这些企业中,各生产步骤的半成品种类较多,但其用途主要是为下一生产步骤提供劳动对象,并且通常不能直接对外出售,因此,管理上通常不要求单独计算半成品成本。为了简化和加速产品成本计算工作,可以不计算各步骤所生产的半成品成本,不归集各步骤前面的半成品成本,而只归集各步骤本身所耗费的其他产品费用,只在月末才计算这些费用应计入产成品成本的份额。

▲ 第二节　逐步结转分步法例解

采用逐步结转分步法,各生产步骤都需要计算所耗用的前一步骤转来的半成品成本,并在此基础上累计算出本步骤半成品或产成品成本。为此,需要先了解逐步结转分步法下的半成品成本的结转程序、半成品成本的价值结转形式和半成品成本的结转价格等问题。

一、产品成本计算程序及半成品成本的结转程序

逐步结转分步法是按照产品的生产加工顺序,先计算第一个加工步骤的半成品成本,然后将其结转到第二个加工步骤。这时,第二步骤将第一步骤转来的半成品成本加上该步骤耗用的材料和其他加工费用,即可计算得出第二个加工步骤的半成品成本。如此逐步结转累计,直到最后一个加工步骤才能计算出产成品成本。可见,逐步结转分步法主要是为了分步计算半成品成本而采取的一种成本计算方法。

与平行结转分步法相比,逐步结转分步法具有三个特点:(1)各加工步骤完工转出的半成品成本,应该从各步骤的产品成本计算单转出;(2)各加工步骤从仓库领用的或从上步骤直接转来的半成品的成本,构成该加工步骤的一项费用(即半成品费用),并记入该加工步骤的产品成本计算单;(3)每月月末,各项产品费用(包括所耗上步骤的半成品费用)在各步骤产品成本计算单归集之后,应采用适当的分配方法将其在本步骤完工产品(即半成品或产成品)与月末加工中的在产品(即狭义的在产品)之间进行分配,从而计算出各加工步骤的完工产品(最后步骤的完工产品就是产成品)的成本。

按半成品实物是否需要经过仓库管理,可将半成品成本的结转程序分为半成品不入库管理和半成品需要入库管理两种情况。

(一)半成品不入库管理时的产品成本计算程序

由于每一生产步骤各月发生的产品费用并不都是完工产品成本,通常还有未完工的在产品成本。因此,需要将各步骤产品成本计算单所归集的生产费用(包括月初在产品成本和本月发生的产品费用)在该步骤的完工产品(半成品或产成品)与月末在产品之间进行分配。被分配的生产费用不仅包括该步骤发生的材料费用和其他各项加工费用(燃料及动力费用、工资及福利费用、制造费用等),而且还包括上步骤转来的半成品成本。在半成品不需要入库管理的情况下,产品成本计算程序(包括半成品成本的结转程序)如图 7-1

所示(假设产品需要经过三个生产步骤完成)。

材料费用分配表	工资及福利费分配表	其他费用分配表等
要　素　费　用　分　配　表		

第一步骤	制造费用明细账		第二步骤	制造费用明细账		第三步骤	制造费用明细账
	制造费用分配表			制造费用分配表			制造费用分配表

第一步骤成品计算单	第二步骤成品计算单	第三步骤成品计算单
原材料费用　6 700 工资及福利费 2 000 制造费用　　400	半成品成本　7 900 工资及福利费 2 000 制造费用　　600	半成品成本　9 600 工资及福利费 2 000 制造费用　　500
半成品成本　7 900 在产品成本　1 200	半成品成本　9 600 在产品成本　900	产成品成本 11 000 在产品成本　1 100

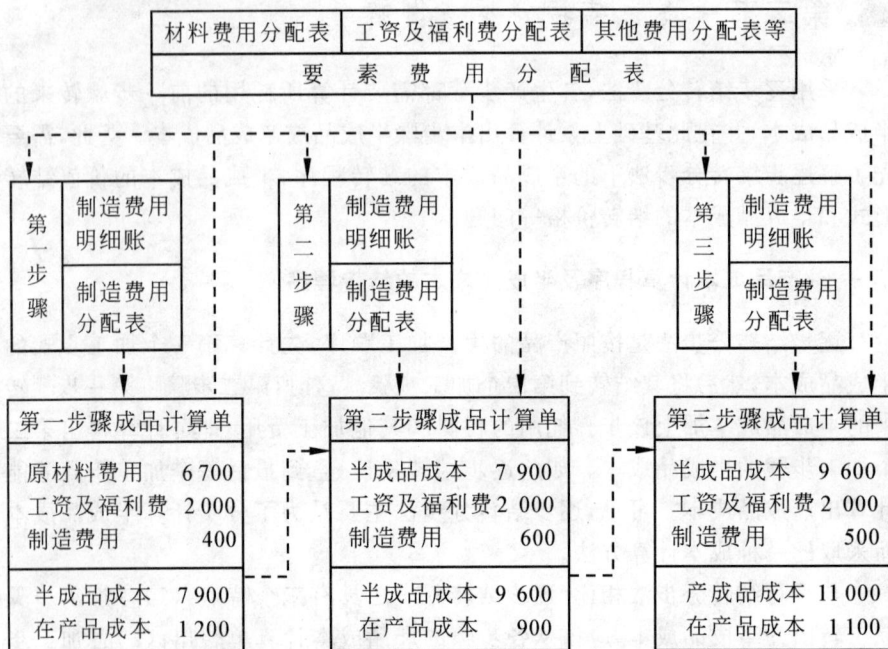

图7-1　半成品不入库管理时的产品成本计算程序

(二)半成品需要入库管理时的产品成本计算程序

由于各生产步骤已经加工完毕的半成品并不一定需要全部直接转入下一生产步骤,而是把已经加工完毕的半成品先交送半成品仓库进行管理。这时,需要通过"自制半成品"账户进行核算。在半成品需要入库管理的情况下,产品成本计算程序(包括半成品成本的结转程序)如图7-2所示(假设产品需要经过三个生产步骤完成)。

二、半成品成本的结转方式和结转价格

按半成品成本在下一步骤产品成本计算单的反映形式,逐步结转分步法分为综合逐步结转分步法(简称综合结转)和分项逐步结转分步法(简称分项结转)。

(一)综合结转

综合结转是指将各步骤所耗用上一步骤的半成品成本,以总额的形式结转到各步骤产品成本计算单的"自制半成品"成本项目。"自制半成品"成本项

Accounting

第七章 分步法

材料费用分配表	工资及福利费分配表	其他费用分配表等
要 素 费 用 分 配 表		

第一步骤	制造费用明细账	第二步骤	制造费用明细账	第三步骤	制造费用明细账
	制造费用分配表		制造费用分配表		制造费用分配表

第一步骤成品计算单	第二步骤成品计算单	第三步骤成品计算单
原材料费用　　6 700 工资及福利费 2 000 制造费用　　　 400	半成品成本　　7 900 工资及福利费 2 000 制造费用　　　 600	半成品成本　　9 600 工资及福利费 2 000 制造费用　　　 500
半成品成本　　7 900 在产品成本　　1 200	半成品成本　　9 600 在产品成本　　 900	产成品成本　11 000 在产品成本　　1 100

第一步骤 自制半成品明细账	第二步骤 自制半成品明细账	第三步骤 产成品明细账

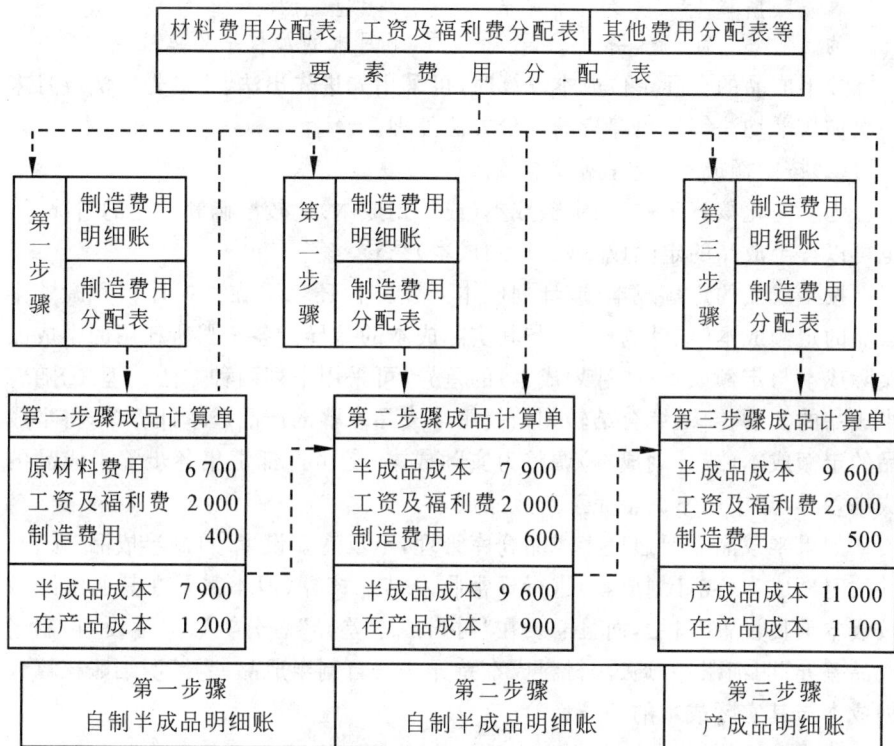

图 7-2　半成品需要入库管理时的产品成本计算程序

目综合了上步骤生产该半成品所消耗的各项产品费用。

1.半成品成本的结转价格

半成品成本的综合结转价格,既可以是半成品的实际成本,也可以是半成品的定额成本(或计划成本)。

(1)按实际成本结转

按实际成本结转时,应该将各步骤完工半成品的实际成本在该步骤的产品成本计算单内按成本项目转销,并随着半成品实物的转移将其登记在后一步骤的产品成本计算单的"自制半成品"的成本项目内。

如果半成品需要通过半成品仓库管理,不需要在"自制半成品"明细账户按成本项目设置专栏,"自制半成品"账户只需按实际总成本进行收发结存的核算。

各步骤所耗上一步骤半成品的实际成本的计算公式为:

Accounting

$$\frac{各步骤所耗上一步骤}{的半成品费用} = \frac{所耗半成品}{数量} \times \frac{半成品的实际单位成本或}{上月末的加权平均单位成本}$$

按半成品的实际单位成本计算时,可采用先进先出法、后进先出法或月末一次加权平均法等发出存货的计价方法处理。

(2)按定额成本(或计划成本)结转

为了简化核算工作,在定额成本(或计划成本)比较准确和稳定的情况下,也可以按半成品的定额成本(或计划成本)结转。

按半成品的定额成本(或计划成本)结转时,还需要在月末计算和调整半成品的定额成本(或计划成本)与其实际成本的差异。各步骤所耗用的半成品实际成本与定额成本(或计划成本)的差异,可采用下列两种方法处理:①随着半成品的实物转移,综合结转到该使用半成品步骤的产品成本计算单,将半成品的定额成本(或计划成本)调整为实际成本;②由厂部汇集各步骤半成品的成本差异,集中用来调整完工产成品成本。

如果半成品需要通过半成品仓库管理,不仅需要设置"自制半成品"账户,并按定额成本(或计划成本)进行日常收发结存核算(但不需要在其明细账内按成本项目设置专栏),而且需要在"材料成本差异"总分类账户增设"自制半成品差异"明细账,并通过"材料成本差异——自制半成品差异"明细账核算计划成本与其实际成本的差异。

2.成本还原

综合结转方式,虽然核算简便,但是不能反映出产成品的原始成本结构,不便于分析产成品成本的升降原因。因此,最后生产步骤计算出本月完工产品(即产成品)成本之后,需要对产成品成本的"自制半成品"费用进行成本还原。成本还原是指将产成品所耗自制半成品的综合成本,逐步分解还原为以原始成本项目(即原材料、工资及福利费、制造费用等)反映的费用。

通常采用"上一步骤完工产品的成本项目比重还原法"进行成本还原。即先从最后生产步骤开始,按上一步骤完工产品各成本项目的构成比重,逐步分解还原,直到第一个生产步骤为止,然后,将各步骤还原后的相同成本相加,即可得到按原始成本项目反映的产品成本。其计算公式为:

$$还原分配率 = \frac{待还原的综合成本}{本月上一步骤完工半成品总成本}$$

$$= \frac{综合成本中本步骤耗用上一步骤的半成品成本}{本月上一步骤完工半产品总成本}$$

$$\frac{综合成本中本步骤半成品成本}{还原为上一步骤某成本项目的金额} = \frac{本月上一步骤完工半产品}{成本中该成本项目的金额} \times \frac{还\quad 原}{分配率}$$

Accounting

如果企业的半成品定额成本(或计划成本)比较准确,为了简化成本还原工作,也可采用"半成品定额成本比例还原法"(或"半成品计划成本比例还原法")进行成本还原。

【例7-1】甲产品的生产分两个步骤并分别由两个车间完成,第一车间为第二车间提供半成品。2005年6月,第二车间的产成品500件,成本总额为21 320元,其中自制半成品成本16 200元,工资及福利费2 030元,制造费用3 090元。本月第一车间入库的半成品的总成本为10 800元,其中原材料5 000元,工资及福利费2 600元,制造费用3 200元。

根据上述资料,编制产成品成本还原计算表如表7-1所示。

表7-1 产成品成本还原计算表
2005年6月
单位:元

行 次	项 目	产量(件)	还原分配率	半成品	原材料	工资及福利费	制造费用	成本合计
①	还原前产成品成本	500		16 200		2 030	3 090	21 320
②	本月上步骤完工半成品成本				5 000	2 600	3 200	10 800
③	综合成本还原		1.5	−16 200	7 500	3 900	4 800	/
④=①+③	还原后产成品总成本			/	7 500	5 930	7 890	21 320
⑤=④/500	还原后产成品单位成本				15	11.86	15.78	42.64

其中:

还原分配率＝16 200÷10 800＝1.5

综合成本的还原为原材料的费用＝5 000×1.5＝7 500(元)

综合成本的还原为工资及福利费＝2 600×1.5＝3 900(元)

综合成本的还原为制造费用＝3 200×1.5＝4 800(元)

如果生产步骤不是两步,而是三步(或四步),那么,还需要再进行一次(或两次)还原,直到"半成品"项目栏的综合成本分解、还原为原始成本项目为止。

上述成本还原法(即"上一步骤完工产品的成本项目比重还原法"),没有考虑以前月份所生产半成品的成本结构对本月产成品所耗半成品的成本结构的影响。因此,在各月半成品成本结构变动较大时采用这种还原方法,对还原结果的合理性存在较大的影响。为了解决这个问题,应该将产品成本计算单所反映的月初在产品费用、本月发生的费用、月末在产品费用中所耗上一步骤

Accounting

半成品的综合成本,全部按原始的成本项目进行分解,并按下列公式计算按原始成本项目反映的完工产品成本:

完工产品成本＝月初在产品费用＋本月发生的费用－月末在产品费用

（二）分项结转

分项结转是指将各步骤所耗用的前一步骤的半成品成本,按成本项目分项从前一步骤产品成本计算单结转到该步骤产品成本计算单之中的一种半成品成本结转方法。采用分项结转方法能够直接提供按原始成本项目反映的产成品成本资料,不需要进行成本还原。但是,结转半成品成本的工作要复杂一些。

其半成品成本的结转价格既可以是半成品的实际成本,也可以是半成品的定额成本(或计划成本)。分项结转的处理方法与综合结转的处理方法基本相同,其主要区别在于:

1.按实际成本结转时,应该将各步骤完工半成品的实际成本在该步骤的产品成本计算单内按成本项目转销,并随着半成品实物的转移分成本项目登记在后一步骤的产品成本计算单,而不是将其登记在后一步骤的产品成本计算单的"自制半成品"的成本项目内。

2.如果半成品需要通过半成品仓库管理,需要在"自制半成品"明细账户按成本项目设置专栏,仓库收发自制半成品时应该按成本项目分项登记,而不是按实际总成本进行自制半成品的收发结存核算。

3.按半成品的定额成本(或计划成本)结转时,还需要按照成本项目分项调整成本差异,而不是综合调整成本差异。

三、逐步结转分步法例解

为了更好地理解逐步结转分步法的基本原理,下面举例说明之。

【例7-2】某企业大量生产甲产品,该产品顺序经过一、二、三基本生产车间连续加工,最后形成产成品。企业按车间(即产品生产步骤)设置产品成本计算单。原材料是在生产开始时一次性投入。第一车间完成第一生产步骤,其完工产品称为A半成品;第二车间完成第二生产步骤,其完工产品称为B半成品;第三车间完成第三生产步骤,其完工产品就是甲产成品。半成品按加工步骤直接转移,半成品成本按实际成本综合结转。各车间在产品成本采用约当产量法计算。该企业2005年6月份有关成本计算资料(即产量记录和费用资料)整理如表7-2和表7-3所示(其中,表7-3的"月初在产品成本"根据上月各产品成本计算单的"月末在产品成本"数额填列,"本月发生的费用"根据本月各种费用分配表整理取得)。

表7-2　产量记录

在产品完工率:50%　　　　　　　　　　　　　　　　　单位:件

项目＼车间	第一车间	第二车间	第三车间
月初在产品	100	70	120
本月投产	400	350	300
本月完工	350	300	350
月末在产品	150	120	70

表7-3　费用资料

投料方式:一次投料　　　　　　　　　　　　　　　　　单位:元

成本项目＼车间	第一车间 月初在产品成本	第一车间 本月发生的费用	第二车间 月初在产品成本	第二车间 本月发生的费用	第三车间 月初在产品成本	第三车间 本月发生的费用
原材料	6 500	28 500	/	/	/	/
自制半成品	/	/	4 550	待定	41 820	待定
工资及福利费	700	9 925	360	14 040	6 000	40 200
制造费用	1 000	11 750	640	17 360	2 365	26 510
合　计	8 200	50 175	5 550	31 400	50 185	66 710

　　根据上述资料,可按下列方法计算各步骤完工产品成本,并将产成品成本中"自制半成品"成本项目进行成本还原:

　　1.在各生产步骤的产品成本计算单中,逐步计算完工产品(最后步骤的完工产品即为产成品)成本。由于该企业按产品生产步骤设置了三个产品成本计算单,故应分三步计算完工产品成本。

　　(1)第一步骤完工产品成本的计算如表7-4所示。

成本会计

表 7-4　产品成本计算单

车间名称：第一车间　　　　完工产量：350 件　　　　投料方式：一次投料
产品名称：A 半成品　　　　在产品：150 件　　　　在产品完工率：50%

2005 年		凭 证		摘　　要	原材料	工资及福利费	制造费用	合　计
月	日	字	号					
5	31			在产品成本(100 件)	6 500	700	1 000	8 200
6	30	转	×	原材料费用	28 500			28 500
	30	转	×	工资、福利费		9 925		9 925
	30	转	×	制造费用			11 750	11 750
	30			本月费用合计	28 500	9 925	11 750	50 175
	30			生产费用累计	35 000	10 625	12 750	58 375
	30			单位产品费用	70	25	30	125
	30	转	×	转出完工产品成本	24 500	8 750	10 500	43 750
	30			月末在产品成本	10 500	1 875	2 250	14 625

其中：

原材料费用分配率(即单位产品原材料费用)＝35 000÷(350＋150)＝70

工资及福利费分配率＝10 625÷(350＋150×50%)＝25

制造费用分配率＝12 750÷(350＋150×50%)＝30

完工产品成本＝350×(70＋25＋30)＝43 750(元)

月末在产品成本＝(35 000－24 500)＋(10 625－8 750)＋(12 750－10 500)＝14 625(元)

　　根据第一车间完工产品转移单和表 7-4 计算的完工产品成本，编制如下会计分录并登记有关总账和明细账(略)：

借：基本生产——第二车间　　　　　　　　　　　　　43 750

　贷：基本生产——第一车间　　　　　　　　　　　　　　　43 750

　　(2)第二步骤完工产品成本的计算如表 7-5 所示。

106

表7-5　产品成本计算单

车间名称:第二车间　　　　完工产量:300件　　　　投料方式:一次投料
产品名称:B半成品　　　　在产品:120件　　　　在产品完工率:50%

2005年		凭证		摘　要	自制半成品	工资及福利费	制造费用	合　计
月	日	字	号					
5	31			在产品成本	4 550	360	640	5 550
6	30	转	×	自制半成品费用	43 750			43 750
	30	转	×	工资、福利费		14 040		14 040
	30	转	×	制造费用			17 360	17 360
	30			本月费用合计	43 750	14 040	17 360	75 150
	30			生产费用累计	48 300	14 400	18 000	80 700
	30			单位产品费用	115	40	50	205
	30	转	×	转出完工产品成本	34 500	12 000	15 000	61 500
	30			月末在产品成本	13 800	2 400	3 000	19 200

其中:

自制半成品费用分配率(即单位产品原材料费用)=48 300÷(300+120)=115

工资及福利费分配率=14 400÷(300+120×50%)=40

制造费用分配率=18 000÷(300+120×50%)=50

完工产品成本=300×(115+40+50)=61 500(元)

月末在产品成本=(48 300−34 500)+(14 400−12 000)+(18 000−15 000)=19 200(元)

　　根据第二车间完工产品转移单和表7-5计算的完工产品成本,编制如下会计分录并登记有关总账和明细账(略):

　　借:基本生产——第三车间　　　　　　　　　　61 500

　　　贷:基本生产——第二车间　　　　　　　　　　　　61 500

(3)第三步骤完工产品成本的计算如表7-6所示。

成本会计

表7-6 产品成本计算单

车间名称:第三车间　　　　完工产量:350件　　　　投料方式:一次投料
产品名称:甲产成品　　　　在产品:70件　　　　在产品完工率:50%

2005年		凭证		摘　要	自制半成品	工资及福利费	制造费用	合　计
月	日	字	号					
5	31			在产品成本	41 820	6 000	2 365	50 185
6	30	转	×	自制半成品费用	61 500			61 500
	30	转	×	工资、福利费		40 200		40 200
	30	转	×	制造费用			26 510	26 510
	30			本月费用合计	61 500	40 200	26 510	128 210
	30			生产费用累计	103 320	46 200	28 875	178 395
	30			单位产品费用	246	120	75	441
	30	转	×	转出完工产品成本	86 100	42 000	26 250	154 350
	30			月末在产品成本	17 220	4 200	2 625	24 045

其中:

自制半成品费用分配率(即单位产品原材料费用)=103 320÷(350+70)=246

工资及福利费分配率=46 200÷(350+70×50%)=120

制造费用分配率=28 875÷(350+70×50%)=75

完工产品成本=350×(246+120+75)=154 350(元)

月末在产品成本=(103 320-86 100)+(46 200-42 000)+(28 875-26 250)
　　　　　　　　=24 045(元)

根据第三车间产成品交库单和表7-6计算的完工产品成本,编制如下会计分录并登记有关总账和明细账(略):

借:库存商品——甲产品　　　　　　　　　　　　　　154 350
　　贷:基本生产——第三车间　　　　　　　　　　　　　　154 350

2.编制"产成品成本还原计算表",将产成品成本的"自制半成品"成本还原为原始的成本项目。根据产成品成本汇总表(略)和上述各车间产品成本计算单的完工产品成本资料,编制产成品成本还原计算表如表7-7所示。

Accounting

表 7-7 产成品成本还原计算表
2005 年 6 月

行　次	项　目	还原分配率	B 半成品	A 半成品	原材料	工资及福利费	制造费用	成本合计
①	还原前产成品成本		86 100	/	/	42 000	26 250	154 350
②	本月二车间完工半产品成本			34 500	/	12 000	15 000	61 500
③	第一次成本还原	1.4	-86 100	48 300	/	16 800	21 000	/
④	本月一车间完工半产品成本				24 500	8 750	10 500	43 750
⑤	第二次成本还原	1.104		-48 300	27 048	9 660	11 592	/
⑥=①+③+⑤	还原后产成品总成本		/	/	27 048	68 460	58 842	154 350

其中:

第一次还原分配率＝86 100÷61 500＝1.4

还原为 A 半成品的费用＝34 500×1.4＝48 300(元)

第一次还原的工资及福利费＝12 000×1.4＝16 800(元)

第一次还原的制造费用＝15 000×1.4＝21 000(元)

第二次还原分配率＝48 300÷43 750＝1.104

还原为原材料费用＝24 500×1.104＝27 048(元)

第二次还原的工资及福利费＝8 750×1.104＝9 660(元)

第二次还原的制造费用＝10 500×1.104＝11 592(元)

【例 7-3】某企业大量生产乙产品,该产品需要经过三个步骤连续加工制成。原材料是在开始生产时一次性投入的。第一步骤由第一车间完成,其完工产品称为 A 半成品;第二步骤由第二车间完成,其完工产品称为 B 半成品;第三步骤由第三车间完成,其完工产品就是乙产成品。该企业半成品按加工步骤直接转移。半成品成本按实际成本分项结转,各步骤月末在产品按定额成本计算。

该企业 2005 年 6 月份有关成本计算资料(即产量记录、月末在产品单位定额资料和费用资料)整理如表 7-8、表 7-9、表 7-10 所示(其中:表 7-10 的"月初在产品成本"根据上月各产品成本计算单"月末在产品成本"数额填列,"本月发生的费用"根据本月各种费用分配表整理取得)。

表7-8 产量记录

在产品完工率:50% 单位:件

项目 \ 车间	第一车间	第二车间	第三车间
月初在产品	50	100	80
本月投产	500	480	540
本月完工	480	540	600
月末在产品	70	40	20

表7-9 月末在产品单位定额资料

单位:元

车间名称	原材料	工资及福利费	制造费用	合计
第一车间	20	8	8	36
第二车间	20	12.30	11.70	44
第三车间	20	17	13	50

表7-10 费用资料

投料方式:一次投料 单位:元

项目 \ 车间 \ 成本项目	第一车间 月初在产品成本	第一车间 本月发生费用	第二车间 月初在产品成本	第二车间 半成品费用	第二车间 本月发生费用	第三车间 月初在产品成本	第三车间 半成品费用	第三车间 本月发生费用
原材料	1 000	10 000	2 000	待定	/	1 600	待定	/
工资及福利费	400	7 600	1 230	待定	4 816	1 360	待定	6 386
制造费用	400	7 552	1 170	待定	4 144	1 040	待定	2 582
合计	1 800	25 152	4 400		8 960	4 000		8 968

根据上述资料,可在各生产步骤的产品成本计算单分三个步骤计算各步骤完工产品(最后步骤的完工产品即为产成品)成本。

(1)第一步骤完工产品成本的计算如表7-11所示。

成
本
会
计

表 7-11　产品成本计算单

车间名称:第一车间　　　　　　　　　　　　　　　　完工产量:480 件
产品名称:A 半成品　　　　　投料方式:一次投料　　　在产品:70 件

2005 年		凭证		摘要	原材料	工资及福利费	制造费用	合计
月	日	字	号					
5	31			在产品成本（定额成本）	1 000	400	400	1 800
6	30	转	×	原材料费用	10 000			10 000
	30	转	×	工资、福利费		7 600		7 600
	30	转	×	制造费用			7 552	7 552
	30			本月费用合计	10 000	7 600	7 552	25 152
	30			生产费用累计	11 000	8 000	7 952	26 952
	30	转	×	转出完工产品成本	9 600	7 440	7 392	24 432
	30			单位完工产品费用	20	15.5	15.4	50.9
	30			月末在产品成本（定额成本）	1 400	560	560	2 520

其中:

月末在产品成本(定额成本)＝70×(20＋8＋8)＝2 520(元)

完工产品成本＝(11 000－1 400)＋(8 000－560)＋(7 952－560)

　　　　　　＝9 600＋7 440＋7 392＝24 432(元)

单位完工产品费用＝24 432÷480＝50.9(元)

据第一车间完工产品转移单和表 7-11 计算的完工产品成本,编制如下会计分录并登记有关总账和明细账(略):

　　借:基本生产——第二车间　　　　　　　　　　24 432

　　　　贷:基本生产——第一车间　　　　　　　　　　24 432

(2)第二步骤完工产品成本的计算如表 7-12 所示。

表 7-12 产品成本计算单

车间名称:第二车间　　　　　　　　　　　　　　　　完工产量:540 件
产品名称:B 半成品　　　　　　投料方式:一次投料　　　　　在产品:40 件

2005 年		凭 证		摘　要	原材料	工资及福利费	制造费用	合　计
月	日	字	号					
5	31			在产品成本（定额成本）	2 000	1 230	1 170	4 400
6	30	转	×	自制半成品费用	9 600	7 440	7 392	24 432
	30	转	×	工资、福利费		4 816		4 816
	30	转	×	制造费用			4 144	4 144
	30			本月费用合计	9 600	12 256	11 536	33 392
	30			生产费用累计	11 600	13 486	12 706	37 792
	30	转	×	转出完工产品成本	10 800	12 994	12 238	36 032
	30			单位完工产品费用	20	24.06	22.66	66.72
	30			月末在产品成本（定额成本）	800	492	468	1 760

其中:

月末在产品成本(定额成本)＝40×(20＋12.30＋11.70)＝1 760(元)

完工产品成本＝(11 600－800)＋(13 486－492)＋(12 706－468)

　　　　　　＝10 800＋12 994＋12 238

　　　　　　＝36 032(元)

单位完工产品费用＝36 032÷540＝66.72(元)

　　根据第二车间完工产品转移单和表 7-12 计算的完工产品成本,编制如下会计分录并登记有关总账和明细账(略):

　　借:基本生产——第三车间　　　　　　　　　　　　　　36 032

　　　贷:基本生产——第二车间　　　　　　　　　　　　　　　　36 032

　　(3)第三步骤完工产品成本的计算如表 7-13 所示。

・ 112 ・

表 7-13 产品成本计算单

车间名称:第三车间　　　　　　　　　　　　　　　　完工产量:600 件
产品名称:乙产品　　　　　　投料方式:一次投料　　　　　在产品:20 件

2005年 月	日	凭证 字	号	摘　要	原材料	工资及福利费	制造费用	合　计
5	31			在产品成本（定额成本）	1 600	1 360	1 040	4 000
6	30	转	×	自制半成品费用	10 800	12 994	12 238	36 032
	30	转	×	工资、福利费		6 386		6 386
	30	转	×	制造费用			2 582	2 582
	30			本月费用合计	10 800	19 380	14 820	45 000
	30			生产费用累计	12 400	20 740	15 860	49 000
	30			单位产品费用	20	34	26	80
	30	转	×	转出完工产品成本	12 000	20 400	15 600	48 000
	30			月末在产品成本（定额成本）	400	340	260	1 000

其中:

月末在产品成本(定额成本)＝20×(20＋17＋13)＝1 000(元)

完工产品成本＝(12 400－400)＋(20 740－340)＋(15 860－260)

　　　　　　＝12 000＋20 400＋15 600

　　　　　　＝48 000(元)

单位完工产品费用＝48 000÷600＝80(元)

根据第三车间产成品交库单和表 7-13 计算的产成品成本,编制如下会计分录并登记有关总账和明细账(略):

借:库存商品——乙产品　　　　　　　　　　　　　　　　48 000

　　贷:基本生产——第三车间　　　　　　　　　　　　　　　　48 000

【例 7-4】某企业设有两个基本生产车间,连续加工甲产品。第一基本生产车间生产的 A 半成品需要验收入库(半成品库);第二基本生产车间再根据生产需要从半成品库中领用半成品,并将半成品加工成甲产品。该企业采用综合结转分步法计算产品成本。其他有关资料如下:

本月基本生产车间产量记录如表 7-14 所示。

Accounting

表7-14　产量记录

项　　目	第一车间	第二车间
月初结存量	160	240
本月投入量	240	240
本月完工量	300	438
月末结存量	100	42

各车间月初在产品成本如表 7-15 所示。月初库存自制半成品如表 7-16 所示。

表7-15　费用资料

投料方式:一次投料　　　　　　　　　　　　　　　　　　　　单位:元

车间 成本项目	第一车间		第二车间	
	月初在产品成本	本月发生的费用	月初在产品成本	本月发生的费用
原材料	15 840	23 760	/	/
自制半成品	/	/	36 480	待定
工资及福利费	888	3 328	1 348	2 507.6
制造费用	1 532	5 744	2 408	4 477
合　　计	18 260	32 832	40 236	

表7-16　自制半成品明细账

产品名称:A 半成品　　　　　　　　　　　　　2005 年6 月

项　目	收　入			发　出			结　存		
	数量	单位成本	总成本	数量	单位成本	总成本	数量	单位成本	总成本
月初结存							800	153.7	122 960
收　入	300								
发　出				240					

第一基本生产车间的生产费用按"定额比例法"分配。有关单位产品定额资料如表 7-17 所示。

表 7-17　产品定额资料

项目	原材料定额耗用量（公斤）	定额工时（小时）
完工半成品	90	40
月末在产品	90	16

第二基本生产车间的生产费用按"约当产量法"分配，月末在产品的完工程度平均为 50%。

根据上述资料，可在各生产步骤的产品成本计算单，分两个步骤计算各步骤完工产品（最后步骤的完工产品即为产成品）成本，并进行成本还原的计算。

（1）第一步骤完工产品成本的计算如表 7-18 所示。

表 7-18　产品成本计算单

车间名称：第一车间　　　　　　　　　　　　　　　　完工产量：300 件
产品名称：A 半成品　　　　2005 年 6 月　　　　在产品数量：100 件

项　目	原材料	工资及福利费	制造费用	合　计
月初在产品成本	15 840	888	1 532	18 260
本月生产费用	23 760	3 328	5 744	32 832
合　计	39 600	4 216	7 276	51 092
费用分配率	1.1	0.31	0.535	/
完工产品成本	29 700	3 720	6 420	39 840
月末在产品成本	9 900	496	856	11 252

根据第一车间完工产品转移单和表 7-18 计算的完工产品成本，编制如下会计分录并登记有关总账和明细账（略）：

借：基本生产——第二车间　　　　　　　　39 840
　　贷：基本生产——第一车间　　　　　　　　39 840

（2）登记自制半成品明细账如表 7-19 所示。其中，发出半成品成本按加权平均法计算。

Accounting

表 7-19　自制半成品明细账

产品名称:A 半成品　　　　　　　　　2005 年 6 月

项　目	收　入			发　出			结　存		
	数量	单位成本	总成本	数量	单位成本	总成本	数量	单位成本	总成本
月初结存							800	153.7	122 960
收　入	300	132.8	39 840				1 100	148	162 800
发　出				240	148	35 520	860	148	127 280

(3)第二步骤完工产品成本的计算如表 7-20 所示。

表 7-20　产品成本计算单

车间名称:第二车间　　　　　　　　　　　　　　完工产量:438 件
产品名称:甲产品　　　　　　2005 年 6 月　　　在产品数量:42 件

项　　目	自制半成品	工资及福利费	制造费用	合　　计
月初在产品成本	36 480	1 348	2 408	40 236
本月生产费用	35 520	2 507.6	4 477	42 504.6
合　　计	72 000	3 855.6	6 885	82 740.6
费用分配率	150	8.4	15	173.4
完工产品成本	65 700	3 679.2	6 570	75 949.2
月末在产品成本	6 300	176.4	315	6 791.4

　　根据第二车间产成品交库单和表 7-20 计算的产成品成本,编制如下会计分录并登记有关总账和明细账(略):

　　　　借:库存商品——甲产品　　　　　　　　　　　　　75 949.2
　　　　　　贷:基本生产——第二车间　　　　　　　　　　　　　　75 949.2

　　(4)编制产成品成本还原计算表如表 7-21 所示,将产成品成本的"自制半成品"成本还原为原始的成本项目。

Accounting

表 7-21 产品成本还原计算表

2005 年 6 月

项 目	还原 分配率	半成品	直接材料	直接人工	制造费用	合 计
还原前产成品成本		65 700		3 679.2	6 570	75 949.2
本月上步骤完工半成品成本			29 700	3 720	6 420	39 840
半成品成本还原	1.649	65 700	48 975.3	6 134.28	10 590.42	/
还原后产成品总成本			48 975.3	9 813.48	17 160.42	75 949.2

其中:还原分配率=65 700÷39 840=1.649

▲ 第三节 平行结转分步法例解

如前所述,平行结转分步法(也称为不计列半成品成本的分步法)是指自制半成品成本不在各加工步骤之间结转,而在月终将应由产成品负担的各步骤的产品费用平行地计算,以求得产成品成本的一种成本计算方法。采用这种方法时,自制半成品成本不随着半成品实物在各步骤之间的转移而结转(即各步骤不归集所耗用的以前步骤生产的半成品成本),各步骤只归集该步骤发生的其他各项费用(包括原材料费用和其他加工费用),并计算这些费用应计入产成品成本的"份额",然后,在平行结转和汇总相同产品各步骤份额的基础上,计算出该种产品的产成品成本。

一、平行结转分步法的成本计算程序

平行结转分步法的产品成本计算程序包括:

1.按各产品的生产步骤设置产品成本计算单,并据以归集各步骤发生的除自制半成品成本以外的各项费用。也就是说,各产品成本计算单分成本项目归集各步骤所发生的原材料费用和各项加工费用,但不包括耗用的以前步骤的半成品成本。

2.月末,将各步骤的产品成本计算单归集的各项费用,在产成品(即最后步骤的完工产品)和该步骤的广义在产品之间进行分配,计算出各步骤费用中应计入产成品成本的份额。各步骤的广义在产品包括:尚在该步骤加工的在

Accounting

产品(即狭义在产品);该步骤已加工完毕,并已转入半成品库的半成品;从该步骤直接转入(或已从半成品库转入)其后各步骤进一步加工、尚未最后完成的在产品。各步骤的广义在产品数量,可用下列公式表示:

$$\begin{array}{l}\text{某步骤的}\\\text{广义在产品}\end{array} = \begin{array}{l}\text{正在该步骤}\\\text{加工的在产品}\end{array} + \begin{array}{l}\text{该步骤已经加工完毕并已}\\\text{转入半成品库的自制半成品}\end{array} +$$

$$\begin{array}{l}\text{该步骤已经加工完毕并已转入}\\\text{其后各步骤加工中的半成品}\end{array}$$

3.将各步骤应计入产成品成本的份额,按成本项目平行结转和汇总,从而计算出产成品的总成本和单位成本。

平行结转分步法的成本计算程序可用图7-3表示。

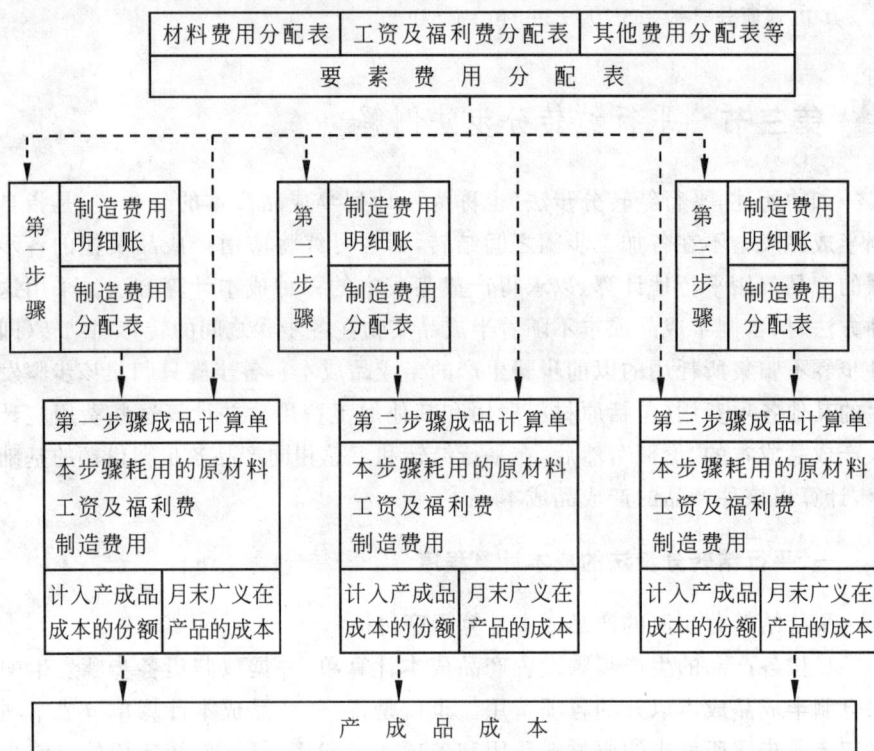

图7-3 平行结转分步法的成本计算程序

二、应计入产成品成本份额的计算

月末,各步骤应将其生产费用直接在产成品和该步骤广义在产品之间进行分配。因此,在月末各步骤应先分成本项目计算其单位完工产品(最后步骤为产成品,其前步骤为半成品)费用,然后,将这些单位完工产品费用分别乘以产成品所耗用的该步骤半成品的数量,其乘积就是产成品应负担的各该步骤的成本。最后,将这些成本平行汇总,就是产成品的总成本。以约当产量法为例,其计算公式为:

$$\text{某步骤单位产品费用}=\left(\text{该步骤月初广义在产品费用}+\text{该步骤本月发生的费用}\right)\div\left[\left(\text{产成品数量}\times\text{单位产成品耗用该步骤的半成品数量}\right)+\right.$$

$$\left.\left(\text{正在其后各步骤加工的和半成品仓库的该步骤的半成品数量}+\text{正在该步骤加工的在产品的约当产量}\right)\right]$$

$$\text{某步骤费用应计入产成品成本的份额}=\left(\text{产成品数量}\times\text{单位产成品耗用该步骤的半成品数量}\right)\times\text{该步骤单位产品费用}$$

$$\text{某步骤月末广义在产品费用}=\left(\text{该步骤月初广义在产品费用}+\text{该步骤本月发生的费用}\right)-\text{该步骤费用应计入产成品成本的份额}$$

三、平行结转分步法例解

为了便于平行结转分步法与逐步结转分步法的对比,仍以前述【例7-2】的产品产量和有关成本资料来说明平行结转分步法的运用。但是,由于根据平行结转分步法,各步骤月末在产品成本是广义在产品成本,因此,月初在产品费用资料有所不同。需要说明的是,虽然连续式多步骤生产可以采用平行结转分步法计算产品成本,但是平行结转分步法更适用于装配式多步骤生产。

【例7-5】某企业大量生产甲产品,该产品顺序经过第一、二、三基本生产车间连续加工,最后形成产成品(计算各步骤单位产品费用时,单位产成品耗用各步骤的半成品数量均按100%计算)。原材料是在第一步骤生产开始时一次性投入,第二、三步骤不再投料。半成品按加工步骤直接转移。各步骤正在加工中的产品的完工率一律按该步骤完工产品的50%计算,采用约当产量法计算在产品成本。该企业2005年6月份有关成本计算资料(即产量记录和费用资料)整理如表7-22和表7-23所示(其中,表7-23的"月初广义在产品成本"根据上月各产品成本计算单"月末广义在产品成本"数额填列,"本月发生的费用"根据本月各种费用分配表整理取得)。

Accounting

表 7-22 产量记录

在产品完工率:50%   单位:件

项　目 \ 车　间	第一车间	第二车间	第三车间
月初在产品(指正在各步骤加工中的狭义在产品)	100	70	120
本月投产	400	350	300
本月完工	350	300	350
月末在产品(指正在各步骤加工中的狭义在产品)	150	120	70

表 7-23 费用资料

投料方式:一次投料   单位:元

车　间 \ 项　目	第一车间		第二车间		第三车间	
成本项目	月初广义在产品成本	本月发生的费用	月初广义在产品成本	本月发生的费用	月初广义在产品成本	本月发生的费用
原材料	12 900	28 500	/	/	/	/
工资及福利费	5 450	9 925	2 760	14 040	7 925	40 200
制造费用	6 700	11 750	6 640	17 360	8 140	26 510
合　计	25 050	50 175	9 400	31 400	16 065	66 710

　　根据上述资料,可按下列方法先计算各步骤产品成本计算单所归集的费用应计入产成品成本的"份额",然后计算产成品的总成本和单位成本。

　　(1)第一步骤成本的计算如表 7-24 所示。

表 7-24 产品成本计算单

车间名称:第一车间　　　　　　完工产量:350 件　　　　　　(狭义)在产品:150 件
产品名称:甲产品　　　　　　投料方式:一次投料　　　　　　(狭义)在产品完工率:50%

2005 年		凭　证		摘　要	原材料	工资及福利费	制造费用	合　计
月	日	字	号					
5	31			在(广义)产品成本	12 900	5 450	6 700	25 050
6	30	转	×	原材料费用	28 500			28 500
	30	转	×	工资、福利费		9 925		9 925
	30	转	×	制造费用			11 750	11 750
	30			本月费用合计	28 500	9 925	11 750	50 175
	30			生产费用累计	41 400	15 375	18 450	75 225

续表

2005 年		凭 证		摘 要	原材料	工资及福利费	制造费用	合 计
月	日	字	号					
	30			单位产品费用	60	25	30	115
	30	转	×	计入产成品成本的份额	21 000	8 750	10 500	40 250
	30			月末(广义)在产品成本	20 400	6 625	7 950	34 975

其中:

约当总产量＝产成品数量＋(本步骤月末在产品的约当产量＋以后各步骤月末在产品数量＋仓库中本步骤和以后各步骤的自制半成品数量之和)

投料约当总产量＝350＋(150＋120＋70)＝350＋340＝690(件)

加工约当总产量＝350＋(150×50%＋120＋70)＝350＋265＝615(件)

原材料费用分配率(即单位产品原材料费用)＝41 400÷(350＋340)＝60

工资及福利费分配率＝15 375÷(350＋265)＝25

制造费用分配率＝18 450÷(350＋265)＝30

产品费用中应计入产成品成本的份额＝350×(60＋25＋30)＝40 250(元)

月末(广义)在产品成本＝(41 400－21 000)＋(15 375－8 750)＋(18 450－10 500)

＝34 975(元)

(2)第二步骤成本的计算如表 7-25 所示。

表 7-25 产品成本计算单

车间名称:第二车间   完工产量:350 件   (狭义)在产品:120 件
产品名称:甲产品   投料方式:一次投料   (狭义)在产品完工率:50%

2005 年		凭 证		摘 要	工资及福利费	制造费用	合 计
月	日	字	号				
6	30			在(广义)产品成本	2 760	6 640	9 400
	30	转	×	工资、福利费	14 040		14 040
	30	转	×	制造费用		17 360	17 360
	30			本月费用合计	14 040	17 360	31 400
	30			生产费用累计	16 800	24 000	40 800
	30			单位产品费用	35	50	85
	30	转	×	计入产成品成本的份额	12 250	17 500	29 750
	30			月末(广义)在产品成本	4 550	6 500	11 050

Accounting

其中：

加工约当总产量＝350＋(120×50％＋70)＝350＋130＝480(件)

工资及福利费分配率＝16 800÷(350＋130)＝35

制造费用分配率＝24 000÷(350＋130)＝50

产品费用应计入产成品成本的份额＝350×(35＋50)＝29 750(元)

月末(广义)在产品成本＝(16 800－12 250)＋(24 000－17 500)＝11 050(元)

(3)第三步骤成本的计算如表 7-26 所示。

表 7-26　产品成本计算单

车间名称：第三车间　　　　完工产量：350 件　　　　(狭义)在产品：70 件

产品名称：甲产品　　　　投料方式：一次投料　　　(狭义)在产品完工率：50％

2005 年		凭 证		摘　　要	工资及福利费	制造费用	合　计
月	日	字	号				
6	30			在(广义)产品成本	7 925	8 140	16 065
	30	转	×	工资、福利费	40 200		40 200
	30	转	×	制造费用		26 510	26 510
	30			本月费用合计	40 200	26 510	66 710
	30			生产费用累计	48 125	34 650	82 775
	30			单位产品费用	125	90	215
	30	转	×	计入产成品成本的份额	43 750	31 500	75 250
	30			月末(广义)在产品成本	4 375	3 150	7 525

其中：

加工约当总产量＝350＋70×50％＝350＋35＝385(件)

工资及福利费分配率＝48 125÷(350＋35)＝125

制造费用分配率＝34 650÷(350＋35)＝90

产品费用中应计入产成品成本的份额＝350×(125＋90)＝75 250(元)

月末(广义)在产品成本＝(48 125－43 750)＋(34 650－31 500)＝7 525(元)

(4)根据上述各步骤(即各车间)产品成本计算单所计算的应计入产成品成本的份额,汇总产成品成本,编制"产成品成本汇总计算表"如表 7-27 所示。

表 7-27　产成品成本汇总计算表

产品名称:甲产品　　　　　　　　　　2005 年 6 月份　　　　　　　　完工产成品:350 件

	原材料	工资及福利费	制造费用	合　计
第一车间份额	21 000	8 750	10 500	40 250
第二车间份额	/	12 250	17 500	29 750
第三车间份额	/	43 750	31 500	75 250
产成品的总成本	21 000	64 750	59 500	145 250
产成品的单位成本	60	185	170	415

根据产成品验收入库单和表 7-27,结转入库产成品成本,编制如下会计分录:

借:库存商品——甲产品　　　　　　　　　　　　　　　　145 250
　　贷:基本生产——第一生产步骤(或第一车间)　　　　　　　　40 250
　　　　基本生产——第二生产步骤(或第二车间)　　　　　　　　29 750
　　　　基本生产——第三生产步骤(或第三车间)　　　　　　　　75 250

从例 7-5 可见,由于各步骤不计算半成品成本,半成品成本不随着半成品实物转移而结转,因而导致下列两个不相符合(或脱节):(1)各步骤在产品的实际价值与账面价值不符。即前面各步骤在产品的实际价值可能小于其账面价值,而最后步骤在产品的实际价值大于其账面价值。(2)在产品实物与在产品账面成本脱节。各步骤在产品实物是狭义在产品数量(即正在本步骤加工中的在产品数量),而该步骤在产品的账面成本却是按广义在产品数量计算的。

思考题

1.简述分步法的主要特点及其适用范围。

2.简述分步法的成本计算程序与种类。

3.简述逐步结转分步法的基本原理。

4.采用哪种逐步结转分步法需要进行成本还原?为什么?如何进行成本还原?

5.简述平行结转分步法的基本原理。

6.比较逐步结转分步法与平行结转分步法之异同。

Accounting

第八章

定额法

在成本费用归集与分配的基础上,本章阐述定额法的基本原理及其运用。

▲ 第一节 定额法概述

如前所述,定额法是一种成本计算的辅助方法。

一、定额法的含义

产品成本计算的定额法,又称为定额成本法,它是以产品定额成本为基础,加上(或减去)脱离定额的差异、材料成本差异和定额变动差异,来计算产品实际成本的方法。采用定额法计算产品成本,实际成本的计算公式为:

实际成本=定额成本±脱离定额差异±材料成本差异±定额变动差异

下面简述公式各个部分的计算原理。

(一)定额成本

采用定额法,必须先制定单位产品的消耗定额、费用定额,并据以制定单位产品的定额成本。产品定额成本的制定过程,也是对产品成本进行事前控制的过程。产品的消耗定额、费用定额和定额成本确定以后,它们既是对生产耗费、生产费用进行事中控制的依据,也是月末计算产品实际成本的基础,更是产品成本事后分析和考核的标准。

定额成本是指根据企业现行材料消耗定额、工时定额、费用定额以及其他有关资料计算的一种成本。有关计算公式为:

原材料费用定额=产品原材料消耗定额×原材料计划单价

直接人工费用定额=产品生产工时定额×直接人工每小时单价

制造费用定额=产品生产工时定额×制造费用预算单价

不同产品由于其生产工艺过程和要求不同,产品定额成本的计算也不尽相同。以机械产品为例,机械产品由其零件和部件组成。产品的定额成本一般由企业的计划、技术、会计等部门共同制定。如果产品的零、部件不多,一般先计算零件定额成本,然后再汇总计算部件和产成品的定额成本。零部件定额成本还可以作为在产品和报废零部件计价的根据。如果产品的零部件较多,为了简化成本计算工作,也可以不计算零件定额成本,而根据列有零件原材料消耗定额、工序计划和工时消耗定额的零件定额卡,以及原材料计划单价、计划工资率和其他费用率,计算部件定额成本,然后汇总计算产成品定额成本。

为了便于企业的成本分析和考核,定额成本包括的成本项目和计算方法应该与计划成本、实际成本包括的成本项目和计算方法一致。

【例 8-1】假定某种机械产品的零部件较多,只计算编制零件定额卡、部件定额成本计算表和产品定额成本计算表。其格式如表 8-1、表 8-2 和表 8-3 所示。

表 8-1　W 零件定额卡

零件编号:W011　　　零件名称:铸铁件　　　执行日期　　　年至　　　年

材料编号	材料名称	计量单位	材料消耗定额
4321	铁锭	公斤	8

工序	工时定额	累计工时定额
1	5	5
2	2	7
3	3	10

表 8-2　Q 部件定额成本计算表

部件编号:Q001　　　零件名称:汽车底盘　　　执行日期　　　年至　　　年

所用零件编号或名称	部件材料消耗定额			部件工时定额
	消耗定额	计划单价	金　额	
W011	2	50	100	5
Y007	10	30	300	3
X023	10	2	20	4
装　配				3
合　计			420	15

定额成本项目					
原材料	工资及福利费		制造费用		定额成本合计
	工时单价	金　额	工时单价	金　额	
420	40	600	20	300	1 320

成
本
会
计

表8-3　Z产品定额成本计算表

产品编号：Q001　　　　　　　　产品名称：汽车　　　　　执行日期　　年至　　年

所用部件编号或名称	部件材料消耗定额			产品工时定额
	消耗定额	计划单价	金　额	
Q001	1	1 320	1 320	15
H004	1	6 500	6 500	30
F008	4	300	1 200	12
……①			……	……
装　配				15
合　计			34 000	200

定额成本项目					
原材料	工资及福利费		制造费用		定额成本合计
	工时单价	金　额	工时单价	金　额	
34 000	40	8 000	20	4 000	46 000

注①：其他部件省略。

（二）脱离定额差异

脱离定额差异是指产品生产过程中各项实际发生的生产费用脱离现行定额的差异。脱离定额差异反映了企业各项生产费用支出的合理程度和执行现行定额的工作质量。

1.原材料脱离定额差异的计算

在各成本项目中，原材料费用，包括自制半成品费用，一般比重比较大，而且属于直接计入费用，因而更有必要和可能在费用发生的当时就按产品计算定额费用和脱离定额差异，加强控制。原材料脱离定额差异的计算方法，通常包括限额法、切割核算法和盘存法三种。

（1）限额法

这种方法，也称为差异凭证法。为了控制材料领用，在采用定额成本法时，必须实行限额领料（或定额发料）制度，符合定额的原材料应根据限额领料单（或定额发料单）等定额凭证领发。如果企业增加产品产量，需要增加用料，必须办理追加限额手续，然后根据定额凭证领发。在有关差异凭证中，应该填明差异的数量、金额以及发生差异的原因。差异凭证的签发，必须经过一定的审批手续,其中因采用代用材料、利用废料和材料质量低劣等原因而引起的脱离定额差异,通常由技术部门计算、审批。对于材料代用和废料利用,还应在有关的限额领料单注明,并且从原定的限额内扣除。

原材料定额消耗量＝产品投产数量×原材料消耗定额

原材料实际消耗量＝本期领用数量＋期初余额数量－期末余额数量

原材料脱离定额差异＝原材料实际消耗量－原材料定额消耗量

从上述公式可见,要控制用料不超支,不仅要控制领料不超过限额,而且还要控制产品的投产数量不少于计划规定的产品数量。此外,还要注意车间有无余料和余料的数量。

(2)切割核算法

为了核算用料差异,更好地控制用料,对于经过切割(下料)才能使用的材料如板材、棒材等,除了采用限额法以外,还应采用切割核算法,即通过材料切割核算单,核算用料差异,控制用料。这种核算单应按切割材料的批别开立,填明发交切割材料的种类、数量、消耗定额和应切割成的毛坯数量(即定额消耗)。切割完毕,再填写实际切割成的毛坯数量和材料的实际消耗量。根据实际切割成的毛坯数量和消耗定额,即可计算求得材料定额消耗量,以此与材料实际消耗量相比较,即可确定用料脱离定额的差异。

(3)盘存法

对于不能采用切割核算法的原材料,为了更好地控制用料,除了采用限额法外,还应按期(按工作班、工作日或按周、旬等)通过盘存的方法核算用料差异。即根据完工产品数量和在产品盘存(实地盘存或账面结存)数量算出投产产品数量,乘以原材料消耗定额,计算原材料定额消耗量。根据限额领料单和超额领料单等领、退料凭证和车间余料的盘存数量,计算原材料实际消耗量,然后将原材料的实际消耗量与定额消耗量相比较,计算原材料脱离定额差异。用公式表示如下:

$$\frac{\text{期 初 在}}{\text{产品数量}} + \frac{\text{本期投产}}{\text{产品数量}} = \frac{\text{本期完工}}{\text{产品数量}} + \frac{\text{期 末 在}}{\text{产品数量}}$$

移项:

$$\frac{\text{本期投产}}{\text{产品数量}} = \frac{\text{本期完工}}{\text{产品数量}} + \frac{\text{期 末 在}}{\text{产品数量}} - \frac{\text{期 初 在}}{\text{产品数量}}$$

$$\frac{\text{本期完工}}{\text{产品数量}} = \frac{\text{本期投产}}{\text{产品数量}} + \frac{\text{期 初 在}}{\text{产品数量}} - \frac{\text{期 末 在}}{\text{产品数量}}$$

但是,按照上述公式计算本期投产产品数量,必须具备如下条件:原材料在生产开始时一次投入,期初和期末在产品都不再耗用原材料。如果原材料随着生产进度连续投入,在产品还要耗用原材料,那么上述公式的期初和期末在产品数量应改为按原材料消耗定额计算的期初和期末在产品的约当产量。

2.直接人工定额差异的核算

直接人工定额差异的核算,因工资的形式不同而有所差别。

在直接计件工资形式下,如果直接人工定额不变,则生产工人劳动生产率的提高,并不会影响单位产品成本的工资额。单位产品成本中工资额的变动,可能是由于变更工作条件或支付了补加工资,以及加班加点津贴而造成的。在这些情况下符合定额的生产工人工资可以反映在产量记录中。对于脱离定额的差异,应经过一定的手续,反映在专设的工资差异凭证,并填明差异原因,以便根据工资差异凭证进行分析。

在计时工资形式下,不能随时按产品直接计算工资差异。为此,可以把工资差异分为工时差异和工资率差异两部分进行核算。在日常核算中,主要核算工时差异,月末实际生产工人工资总额确定以后,再核算工资率差异。

工时差异,主要反映因劳动效率提高或下降而影响工资的节约或浪费,它以实际产量的定额工时与实际工时相比之差乘上计划小时工资率求得。为了及时核算工时差异,产量记录应正确反映产品的定额工时与实际工时及其差异原因。班组应根据产量记录,每天汇集实际产量的定额工时与实际工时以及工时差异,用以计算和考核班组劳动效率。

工资率差异,主要反映因实际小时工资率脱离计划小时工资率而形成的工资差异,它是在月终实际工资总额计算出来以后,按下列公式计算的:

$$实际小时工资率 = \frac{实际生产工人工资总额}{实际生产工时}$$

$$工资率差异 = \frac{该产品实际}{生产工时} \times \left(\frac{实际小时}{工资率} - \frac{计划小时}{工资率} \right)$$

3.制造费用脱离定额差异的计算

制造费用通常与计时工资一样,属于间接计入费用,在日常核算中不能按照产品直接计算脱离定额的差异,而只能根据月份的费用计划,按照费用发生的车间、部门和费用的项目计算脱离计划的差异,据以控制和监督费用的发生。对于其中材料费用,也可以采用前述限额领料单、超额领料单等定额凭证和差异凭证进行控制。领用生产工具、办公用品和发生零星费用,则可采用领用手册和费用限额卡等凭证进行控制。在这些凭证中,先要填明领用的计划数,然后再登记实际发生数和脱离计划的差异数。对于超过计划领用,也要经过一定的审批手续。因此,制造费用差异的日常核算,通常是指脱离制造费用计划的差异核算。各种产品所应负担的定额制造费用和脱离定额的差异,只有在月末时才能比照上述计时工资的计算公式确定。

由此可见,要控制产品的制造费用等间接计入费用不超过定额,不仅需要按照上述办法控制使这些间接费用的总额不超过计划,同时还需要与控制生产工人计时工资一样,使生产工时总额不低于计划,使单位产品的工时不超过定额。

在定额成本法下,产品的生产费用既然是按照定额费用和脱离定额差异分别计算的,那么,产品的实际成本可以根据产品的定额成本加上或者减去脱离定额差异计算求得。其计算公式如下:

产品实际成本＝产品定额成本±脱离定额成本

（三）材料成本差异的分配

采用定额成本法,材料成本差异也是产品生产费用脱离定额差异的一部分。为了便于产品成本的分析和考核,原材料的日常核算必须按计划成本计价。正因如此,原材料的定额费用和脱离定额差异都按原材料的计划成本计算。前者是原材料的定额消耗量与其计划单位成本的乘积,后者是原材料消耗数量差异与其计划单位成本的乘积,即按原材料计划单位成本反映的原材料消耗的数量差异（量差）。两者之和,就是原材料的实际消耗数量与其计划单位成本的乘积,即原材料的计划价格费用。因此,在月末计算产品的实际原材料费用时,还必须乘以由材料核算提供的原材料成本差异率,计算应该分配负担的原材料成本差异,即所耗原材料的价格差异（价差）。其计算公式如下:

$$\begin{matrix} 某产品应负担的 \\ 原材料成本差异 \end{matrix} = \begin{pmatrix} 该产品直接 \\ 材料定额成本 \end{pmatrix} \pm \begin{matrix} 该产品直接材料 \\ 脱离定额差异 \end{matrix} \end{pmatrix} \times \begin{matrix} 材料成本 \\ 差\ 异\ 率 \end{matrix}$$

（四）定额变动差异

定额变动差异是指由于修订定额而产生的新旧定额之间的差异。它是定额自身变动的结果,与生产费用支出的节约与超支无关。

在消耗定额或计划价格修订以后,定额成本也应随之及时修订。定额成本一般在月初、季初或年初定期进行修订,但在定额变动的月份,月初在产品的定额成本并未修订,它仍然按照旧定额计算。为了将按旧定额计算的月初在产品定额成本和按新定额计算的本月投入产品的定额成本在新定额的同一基础上相加起来,以计算产品的实际成本,还应计算月初在产品的定额变动差异,用以调整月初在产品的定额成本。

月初在产品定额变动的差异,可以根据定额发生变动的在产品盘存数量或在产品账面结存数量和修订前后的消耗定额,计算月初在产品消耗定额修订前和修订后的定额消耗量,从而确定定额消耗量的差异和差异金额。这种计算要按照零部件和工序进行,工作量较大。为了简化计算工作,也可以按照单位产品采用下述系数折算的方法计算:

$$定额变动系数 = \frac{按新定额计算的单位产品费用}{按旧定额计算的单位产品费用}$$

$$\begin{matrix}月初在产品\\定额变动\end{matrix} = \begin{matrix}按旧定额计算的\\月初在产品费用\end{matrix} \times (1 - 定额变动系数)$$

消耗定额变动通常表现为不断降低的趋势,因而月初在产品定额变动差异,通常表现为月初在产品价值的降低,即贬值。这时,一方面应如上述从月初在产品定额费用中扣除该项差异;另一方面,还应将属于月初在产品生产费用实际支出的该项差异加入本月产品成本中。相反,如果消耗定额不是降低而是提高,月初在产品增值的差异则应加入月初在产品定额费用之中,同时从本月产品成本中予以扣除(因为实际上并未发生这部分支出)。这就是说,本月产品定额降低时,减少了定额成本,增加了定额变动差异;定额提高时,情况相反,否则账目就不平。

在修订定额成本的月份,产品的实际成本应按下列公式计算:

$$\begin{matrix}产品实\\际成本\end{matrix} = \begin{matrix}按现行定额计算\\的产品定额成本\end{matrix} \pm \begin{matrix}脱离现行\\定额差异\end{matrix} \pm \begin{matrix}原材料或半成\\品成本差异\end{matrix} \pm \begin{matrix}月初在产品\\定额变动差异\end{matrix}$$

二、定额法的特点与适用范围

定额法的特点包括:

1.事前制定产品的消耗定额、费用定额和定额成本作为降低成本的目标,对产品成本进行事前控制;

2.采用定额法,在生产费用发生的当时,分别核算符合定额的费用和脱离定额的差异,加强对成本差异的日常核算、分析和控制。

3.在定额法下,完工产品的实际成本是以完工产品的定额为基础,加上(或减去)完工产品应负担的脱离定额差异、材料成本差异、定额变动差异等成本差异来求得。

4.定额法是为了加强成本管理,进行成本控制而采用的一种成本计算与成本管理相结合的方法。它不是成本计算的基本方法,与企业生产类型没有直接联系。

因此,定额法主要适用于定额管理制度比较健全,定额管理基础工作比较好,产品生产已经定型,各项消耗定额比较准确、稳定的企业。定额法最早应用于大量大批生产的机器制造企业,后来逐渐扩大到具备上述条件的其他企业。

三、定额法的成本计算程序

定额法的成本计算程序包括:

1. 制定定额成本;

2. 核算脱离定额差异;

3. 在完工产品与月末在产品之间分配成本差异;

4. 计算完工产品的实际总成本和单位成本。

▲ 第二节 定额法例解

为了更好地理解和把握定额法的基本原理,下面仍然采用例解的方式说明定额法的成本计算程序。

（一）制定产品定额成本

【例 8-2】某厂大量生产甲产品,采用定额法计算产品成本,产品定额成本根据零部件定额卡计算产品消耗定额,产品定额成本计算汇总表如表 8-4 所示。

表 8-4 产品定额成本计算汇总表

2005 年 6 月　　　　　　　　　　投产量:500 件　　　　　　单位:元

产品名称	直接材料定额成本	工时消耗定额	直接人工		制造费用		定额成本合计
			计划工资率	定额成本	计划费用率	定额成本	
甲产品	15 000	1 000	10	10 000	45	45 000	70 000

（二）计算脱离定额差异

1. 直接材料费用脱离定额差异的计算

$$\text{直接材料脱离定额差异} = \left(\text{材料实际耗用量} - \text{材料定额耗用量}\right) \times \text{该材料计划单价}$$

承例 8-2,假设实际投产量不变,材料实际耗用量为 2 800 千克,计划耗用量为 3 000 千克,材料计划单价为 5 元/千克,则:

直接材料脱离定额差异＝（2 800－3 000）×5＝－1 000（元）

2. 直接人工脱离差异的计算

承例 8-2,该厂生产甲产品,根据本月实际生产工时和实际人工成本及定额资料,编制直接人工费用定额和脱离定额差异表如表 8-5 所示。

成
本
会
计

表 8-5　直接人工费用定额和脱离定额差异表

2005 年 6 月　　　　　　　　　　　　　　　单位:元

产品名称	人工费用定额			实际人工费用			脱离定额差异
	定额工时	计划费用率	定额人工费用	实际工时	实际费用率	实际人工费用	
甲产品	1 000	10	10 000	1 050	9.8	10 290	+290

3.制造费用脱离定额的计算

月末确定实际制造费用总额后,可以比照计时工资制下直接人工费用的计算公式确定。

承例 8-2,该厂生产的甲产品,本月各种产品定额生产工时和实际完成定额工时如上;本月实际制造费用总额为 4 300 元,根据上述有关资料,编制制造费用定额和脱离定额差异汇总表如表 8-6 所示。

表 8-6　制造费用定额和脱离定额差异表

2005 年 6 月　　　　　　　　　　　　　　　单位:元

产品名称	制造费用定额			实际制造费用			脱离定额差异
	定额工时	计划费用率	定额制造费用	实际工时	实际费用率	实际制造费用	
甲产品	1 000	45	45 000	1 050	44	46 200	+1 200

（三）材料成本差异的计算

材料成本差异,即所耗原材料的价格差异（价差）:

$$\text{某产品应分配的} \atop \text{材料成本差异额} = \left(\text{该产品材料} \atop \text{定额成本} \pm \text{材料脱离} \atop \text{定额差异} \right) \times \text{材料成本} \atop \text{差异率}$$

承例 8-2,某企业生产的甲产品本月材料成本差异率为节约 1.3%。甲产品本月应负担的材料成本差异可计算如下:

(15 000−1 000)×(−1.3%)=14 000×(−1.3%)=−182(元)

（四）计算定额变动差异

承例 8-2,该厂生产的甲产品从本月 1 日开始实行新的材料消耗定额,直接人工和制造费定额不变。单位产品新的直接材料费用定额为 30 元,旧的直接材料定额为 33 元。甲产品月初在产品按旧定额计算的直接材料费用为 1 980元。根据资料,月初在产品定额成本调整的数额与计入产品实际成本的定额变动差异之和等于零。

定额变动系数=30÷33=0.909

月初在产品定额变动差异=1 980×(1−0.909)=180(元)

（五）产品实际成本计算

根据上述资料，计算、填制产品实际成本计算表如表8-7所示。

表8-7 产品实际成本计算表

产品名称：甲产品　　月初在产品60件　　本月投产产量：500件　　月末在产品100件

单位：元

项　　目	行　　次	直接材料	直接人工	制造费用	合　　计
一、月初在产品成本					
定额成本	(1)	1 980	1 200	5 400	8 580
脱离定额差异	(2)	−176	+18	+60	−98
二、月初在产品定额调整					
定额成本调整	(3)	−180	0	0	−180
定额变动差异	(4)	+180	0	0	+180
三、本月发生生产费用					
定额成本	(5)	15 000	10 000	45 000	70 000
脱离定额差异	(6)	−1 000	+290	+1 200	+490
材料成本差异	(7)	−182			−182
四、生产费用合计					
定额成本	(8)=(1)+(3)+(5)	16 800	11 200	50 400	78 400
脱离定额差异	(9)=(2)+(6)	−1 176	+308	+1 260	+392
材料成本差异	(10)=(7)	−182			−182
定额变动差异	(11)=(4)	+180			+180
五、差异分配率	(12)=(9)÷(8)	−7%	+2.75%	2.5%	—
六、完工产品成本					
定额成本	(13)	13 800	9 200	41 400	64 400
脱离定额差异	(14)=(13)×(12)	−966	253	1 035	322
材料成本差异	(15)=(10)	−182			−182
定额变动差异	(16)=(11)	+180			+180
实际成本	(17)=(13)+(14)+(15)+(16)	12 832	9 453	42 435	64 720
七、月末在产品					
定额成本	(18)	3 000	2 000	9 000	14 000
脱离定额差异	(19)=(18)×(12)	−210	55	225	70

成
本
会
计

表 8-7 填表说明:

1.月初在产品成本资料,应根据上月末在产品成本资料登记。由于材料成本差异和定额变动差异均由完工产品成本负担,因而月初在产品成本不包括这两种成本差异。

2.月初在产品定额变动资料,应根据前列月初在产品定额变动差异计算表登记:其中定额成本调整数用来调整按旧定额计算的月初在产品定额成本(定额降低时为负数,定额提高时为正数),定额变动差异数是应由本月产品成本负担的月初在产品定额变动差异(定额降低时为正数,定额提高时为负数)。两者数额相等,但正负方向相反。

3.本月生产费用的原材料定额费用和脱离定额差异,应根据原材料定额费用和脱离定额差异汇总表登记。本月生产费用的材料成本差异应根据原材料成本差异分配表登记。本月生产费用的工资及福利费以及制造费用的定额费用和脱离定额差异应根据各费用的分配表(本例略)登记。如果材料成本差异和定额变动差异也由完工产品与月末在产品成本共同负担,上述产品成本计算表的差异率也应包括这两种成本的差异率。

4.本月产成品的定额成本应根据入库产成品数量乘以产品单位定额成本计算登记。根据例 8-2,甲种产品的单位定额成本为:原材料费用 30 元,单位产品工时定额 2 小时,工资及福利费 20 元,制造费用 90 元,合计 140 元。

5.月末在产品的定额成本,根据该种产品各工序各种在产品的盘存数量或账面结存数量乘以各自新的费用定额计算登记,也可以根据定额成本累计数(表 8-7 第 8 栏)减去本月产成品定额成本(表 8-7 第 13 栏)即按照倒推的方法计算登记。两者计算结果应该相等。月末在产品的脱离定额差异可以根据其定额成本乘以脱离定额差异率计算登记,也可以根据脱离定额差异的累计数减去产成品脱离定额差异计算登记。两者计算结果也应相等。

思考题

1.简述定额法的基本原理。

2.定额法有哪些特点? 其适用范围是什么?

3.简述定额法的成本计算程序。

4.采用定额成本法计算实际成本需计算哪些项目差异? 如何调整?

Accounting

第九章

分类法

在成本费用归集与分配的基础上,本章阐述分类法以及与此相联系的副产品和等级品的成本计算问题。

▲ 第一节 分类法概述

如前所述,分类法是一种成本计算的辅助方法。

一、分类法的特点

有些制造业企业,其生产的产品品种或规格繁多,如果按照产品的品种归集费用、计算成本,成本计算工作量就极为繁重。产品成本计算的分类法,就是在产品品种繁多,但可以按照一定标准分类的情况下,为了简化计算工作而采用的一种成本计算方法。

产品成本计算分类法,是指先按产品类别归集生产费用,计算各类完工产品的总成本,然后采用一定标准分配计算类内各种或各规格产品成本的一种成本计算方法。相对于品种法、分步法和分批法三种主要方法而言,作为成本计算的一种辅助方法,分类法主要满足了简化产品成本计算的需要。

分类法的特点包括:

1.先要根据产品的结构、所用原材料和工艺过程的不同,将产品划分为若干类,按照产品的类别设立产品成本明细账,归集产品的生产费用,计算各类产品成本。

2.选择合理的分配标准,在每类产品的各种产品之间分配费用,计算每类产品内各种产品的成本。同类产品内各种产品之间分配费用的标准,包括定额消耗量、定额费用、售价,以及产品的体积、长度和重量等。选择分配标准时,应考虑分配标准是否与产品成本的高低关系密切。各成本项目可以采用

Accounting

同一分配标准分配,也可以按照成本项目的性质分别采用不同的分配标准分配,以使分配结果更加合理。

为了简化分配工作,也可以将分配标准折算成相对固定的系数,按照固定的系数分配同类产品内各种产品的成本。在确定系数时,具体步骤包括:(1)在同类产品中,选择一种产量较大、生产比较稳定或规格折中的产品作为标准产品。(2)把这种产品的分配标准系数定为"1"。(3)用其他各种产品的分配标准额与标准产品的分配标准相比,求出其他产品的分配标准与标准产品的分配标准的比率即系数。系数一经确定,应相对稳定,不应任意变更。(4)用各种产品实际产量乘以各产品分配标准的系数,将各种产品的实际产量折合成标准产品产量,或称为总系数、标准产品产量总数。(5)以标准产品产量总数与各项费用总额的比率作为各项费用的分配率,并以此分配率乘以各种产品的标准产量,计算确定类内各品种或各规格产品的成本。

在分类法中,按照系数分配同类产品内各种产品成本的方法也叫系数法。因此,系数法是分类法的一种,也可称为简化的分类法。

这里的系数有单项系数和综合系数两种形式。前者指用于分配不同成本项目的系数,后者则指适用于各成本项目的分配系数。系数的有关计算公式为:

单项系数的计算公式:

$$\frac{直接材料}{成本系数} = \frac{某品种(规格)产品的分配标准(如定额成本或产品重量)}{标准产品的分配标准(如定额成本)}$$

$$\frac{直接人工(制造)}{费用成本系数} = \frac{某品种(规格)产品的分配标准(如定额费用或定额工时)}{标准产品的分配标准(如定额费用或定额工时)}$$

综合系数的计算公式:

$$单位成本(售价)系数 = \frac{某品种或规格产品的定额成本(或售价)或规格}{标准产品的定额成本(或售价)}$$

$$\frac{总\quad 系\quad 数}{(标准品产量)} = \sum \left(\begin{array}{c} 各品种或各规格 \\ 产品实际产量 \end{array} \times \begin{array}{c} 该产品单项 \\ (或综合)系数 \end{array} \right)$$

值得注意的是:在分类法下用系数进行类内成本分配的可能是所有成本项目,也可能是某个成本项目。另外,不能无视具体情况而将分类法与系数法相提并论。只有当分类法以系数为分配工具计算同类产品中各种产品的实际成本时,分类法才可以称为系数法。

成
本
会
计

二、分类法的适用范围

分类法与产品生产的类型没有直接联系,因而可以在各种类型的生产运用。例如,钢铁企业生产的各种牌号和规格的生铁、钢锭和钢材,食品企业的各种糖果、饼干、面包的生产,针织生产企业各种不同种类和规格的针织品的生产,照明生产企业不同类别和瓦数灯泡的生产,无线电元件生产企业各种不同类别和规格的无线电元件的生产等。它们的生产类型虽然不同,但都可以采用分类法计算其产品成本。

分类法对于一般的可以分类的产品来说,可以采用,也可以不采用。采用这种方法只是为了简化各种产品成本的计算工作。但要注意区分以下这几种情况下是否适用分类法:

1.联产品所用的原料和工艺过程相同,因而最宜于也只能够归为一类,采用分类法计算成本。有些制造企业,特别是化工企业,在生产过程中对同一原料进行加工,可以生产出几种主要产品。例如,原油经过提炼,可以炼出各种汽油、煤油和柴油等产品。这些产品称为联产品。对于联产品来说,由于其生产费用都是间接计入费用,各种产品的各项费用都必须通过间接分配的方法分配确定,因而必须采用分类法计算各种产品的成本。

2.某些企业生产除了生产主要产品以外,还可能生产一些零星产品,虽然内部结构、所耗原材料和工艺过程不一定完全相近,但是它们的品种、规格多,而且数量少,费用比重小。为了简化成本计算工作,这些零星产品也可以归为几类,采用分类法计算成本。

3.等级产品的结构、所用的原材料和工艺过程完全相同,产品质量的差别是由于工人操作而造成的。有些企业,特别是轻工业企业,常常生产出品种相同但质量不同的产品。这些不同等级产品的单位成本应该是相同的,因而不能将分类法的原理应用到这些产品的成本计算中去。也就是说,不能按照等级产品的不同售价或者以售价为依据确定的系数分配费用,为不同等级的产品确定不同的单位成本。次级产品由于售价较低造成的损失,正能说明企业在提高产品质量方面还存在着需要改进的缺点。如果不同质量的产品是由于内部结构、所用原材料的质量或工艺技术上的要求不同而产生的,那么,这些产品应视为同一品种不同规格的产品,也可以归为一类,采用分类法计算成本。

采用分类法计算产品成本,每类产品内各种产品的生产费用不论是间接计入费用还是直接计入费用,都采用分配方法分配计算,因而领料凭证、工时记录和各种费用分配表都可以按照产品类别填列,产品成本明细账也可以按照产品类别设立。这样,分类法可以简化成本计算工作,而且还能够在产品品种、规格繁多的情况下,分类掌握产品成本的水平。但是,由于同类产品内各种产品的成本都是按照一定比例分配计算的,计算结果就有一定的假定性。因此,产品的分类和分配标准(或系数)的确定是否适当,是分类法能否做到既简化成本计算工作又使成本计算相对合理的关键。在进行产品分类时,类距既不宜定得过小,使成本计算工作复杂,也不能定得过大,造成成本计算的"大锅烩"。在分配标准的选择上,要选择与成本水平高低具有密切联系的分配标准。

▲ 第二节　分类法例解

　　宏达股份有限公司生产各种运动鞋,品种较多。按各种产品所耗用原材料和工艺过程的相同或相近程度,将全部产品划分为篮球鞋、足球鞋、网球鞋、跑步鞋、登山鞋等五大类,按类别组织成本核算。各类产品的完工产品成本在类内各品种之间分别采用系数和定额比例分配。其中,直接材料费用按系数分配,直接人工费用、制造费用则均按定额工时比例分配。直接材料费用的系数按原材料定额成本确定。

　　以篮球鞋为例,产品包括 40、41、42、43、44 五种不同号码的产品,42 号产品为标准产品。2005 年 6 月份篮球鞋完工产品成本资料如表 9-1 所示。本月产量资料如表 9-2 所示。有关定额资料如表 9-3 和表 9-4 所示。

表 9-1　分类产品生产明细账

产品类别:篮球鞋　　　　　　　　　2005 年 6 月　　　　　　　　　单位:元

2005 年		凭证号	摘　要	直接材料	直接人工	制造费用	合　计
月	日						
6	1		月初在产品成本	15 000	22 000	14 000	51 000
6	30		本月生产费用	91 000	134 000	87 000	312 000
6	30		合　计	106 000	156 000	101 000	363 000
6	30		完工产品成本	99 000	144 000	90 000	333 000
			月末在产品成本	7 000	12 000	11 000	30 000

表 9-2 产量资料

产品类别:篮球鞋   2005 年 6 月

产品品种	计量单位	实际产量	工时定额
40 码	双	1 000	18
41 码	双	2 000	19
42 码	双	3 000	20
43 码	双	2 000	21
44 码	双	1 000	22

表 9-3 材料消耗定额及单价

产品类别:篮球鞋   2005 年 6 月

产品类别	产品品种	原材料名称	消耗定额	计划单价
	40 码	M008	8	2
		D005	2	5
		J003	13	1
	41 码	M008	9	2
		D005	2	5
		J003	14	1
篮球鞋	42 码	M008	10	2
		D005	2	5
		J003	15	1
	43 码	M008	11	2
		D005	2	5
		J003	16	1
	44 码	M008	12	2
		D005	2	5
		J003	17	1

  根据上述资料,计算篮球鞋类内各种不同码数的产品成本。有关计算如表 9-4 和表 9-5 所示。

成本会计

表 9-4　直接材料费用系数计算表

产品类别:篮球鞋　　　　　　　　　　　　2005 年 6 月

产品类别	产品品种	单位产品直接材料定额费用(元)				原材料费用系数
		材料名称	消耗定额	计划单价	定额费用	
		①	②	③	④	⑤ = $\dfrac{\sum④}{标准产品定额费用}$
篮球鞋	40 码	M008	8	2	16	39÷45＝0.87
		D005	2	5	10	
		J003	13	1	13	
		合计			39	
	41 码	M008	9	2	18	42÷45＝0.93
		D005	2	5	10	
		J003	14	1	14	
		合计			42	
	42 码	M008	10	2	20	1
		D005	2	5	10	
		J003	15	1	15	
		合计			45	
	43 码	M008	11	2	22	48÷45＝1.07
		D005	2	5	10	
		J003	16	1	16	
		合计			48	
	44 码	M008	12	2	24	51÷45＝1.13
		D005	2	5	10	
		J003	17	1	17	
		合计			51	

表 9-5 类内完工产品成本计算表

产品类别:篮球鞋   2005 年 6 月   单位:元

产品名称	产量(双)	原材料系数	原材料总系数	单位产品定额工时	工时定额总量	总 成 本				单位成本
						直接材料	直接人工	制造费用	合计	
	①	②	③=①×②	④	⑤=①×④	⑥=③×11	⑦=⑤×0.8	⑧=⑤×0.5	⑨=⑥+⑦+⑧	⑩=⑨÷①
分配率						11①	0.8②	0.5③		
40 码	1 000	0.87	870	18	18 000	9 570	14 400	9 000	32 970	32.97
41 码	2 000	0.93	1 860	19	38 000	20 460	30 400	19 000	69 860	34.93
42 码	3 000	1	3 000	20	60 000	33 000	48 000	30 000	111 000	37
43 码	2 000	1.07	2 140	21	42 000	23 540	33 600	21 000	78 140	39.07
44 码	1 000	1.13	1 130	22	22 000	12 430	17 600	11 000	41 030	41.03
合计			9 000		180 000	99 000	144 000	90 000	333 000	

注:①直接材料分配率＝99 000÷9 000＝11(元/双);②直接人工分配率＝144 000÷180 000＝0.8(元/工时);③制造费用分配率＝90 000÷180 000＝0.5(元/工时)。

▲ 第三节   副产品和等级品的成本计算

与分类法相联系的问题是副产品和等级品的成本计算。本节简要地讨论副产品和等级品的成本计算。

一、副产品的成本计算特点与计价方法

副产品是企业在利用同种原材料生产主要产品的同时附带生产出来的一些非主要产品。例如,家具生产企业利用木材的边角碎料加工工艺品;炼铁生产过程中产生的高炉煤气,炼油厂在提炼原油过程中附带生产出来的渣油、石油焦等;油脂化工厂生产肥皂时生产出来的甘油水;制糖厂生产出来的蔗渣;炼焦厂生产出来的苯等等。

副产品通常具有以下四个特点:

1.副产品与主要产品在分离点之前,使用同样的原材料,经过同一生产过程。但是,副产品的价值较低。

2.无法单独归集副产品在分离点之前所发生的各项费用。副产品在与主

产品分离之前,通常不单独发生费用,因此,在分离点之前无法区分副产品的生产费用与主产品的生产费用。

3.虽然副产品价值较低,但是具有一定的使用价值,通常可以作为商品加以利用。

4.有些副产品在与主产品分离后可以直接对外出售,有些副产品则还需要经过进一步的加工后才能出售。

如果企业的副产品比重较大,为了正确计算主、副产品的成本,应该将主、副产品视同联产品采用分类法计算成本。但如果企业的副产品比重不大,为了简化成本计算工作,可以采用与分类法相类似的方法计算成本。即将副产品与主产品合为一类设立产品成本明细账,归集费用,计算成本,然后将副产品按照一定的方法计价,从总成本中扣除,以扣除后的成本作为主产品的成本。

副产品成本计算的关键就是副产品的成本计价问题,即副产品按什么标准作价,从而确定副产品应负担的分离点前的联合成本。如果副产品计价过高,就会将主产品成本转移到副产品成本中;相反,如果副产品计价过低,就会将副产品成本转移到主产品成本中。

副产品的计价方法,通常包括:

1.按照售价减去税金和按正常利润率计算的销售利润后的余额计价;

2.按照售价减去税金和按正常利润的基础上确定固定的或计划的单价,以固定的或计划的单价计价。

3.按计划单位成本计价而不计算副产品的实际成本。有些企业的副产品如果加工处理所需时间不长、费用不大,为了简化成本计算工作,也可以从主、副产品的生产费用总额扣除按计划单位成本计算的副产品成本以后的余额,作为主产品的成本。

二、主副产品分离前后的成本计算

副产品如果与主产品分离以后,还要进行加工,例如在家具生产中,正常切割裁剪后的木材边角料,还要根据副产品对工艺要求,挑选裁剪,再加入某些辅助材料,经过一定的加工处理,才能生产出其他产品(如相框)。这时,还应根据副产品加工生产的特点和管理要求,采用适当的方法单独计算副产品的成本。

【例9-1】宏大公司是一家生产家具为主的企业,同时也会利用在生产过程中产生的边角料加工一些工艺品,主、副产品的生产和加工,都在同一个车间内进行,都不分生产步骤计算成本。副产品工艺品原料按计划单价每公斤10元计价,从主产品的原材料费用中扣减。主、副产品的在产品均按原料的费用定额计价。该公司2005年6月份除了生产出一批家具外,还利用边角料生产了一些副产品相框,副产品所用的原材料重量为500公斤。根据各种费用分配表、月初和月末在产品定额成本(在产品的定额原料费用),以及产成品交库单等有关资料,分别登记主、副两种产品成本明细账如表9-6和表9-7所示。

表9-6　产品成本明细账

产品名称:HD03(主产品)　　　　完工产量:100　　　　月末在产品:10

2005年		摘　要	直接材料	直接人工	制造费用	合　计
月	日					
6	1	期初余额	16 000			16 000
6	30	本月生产费用	150 000	80 000	72 000	302 000
		减:副产品原材料	5 000			−5 000
		生产费用累计	161 000	80 000	72 000	313 000
6	30	结转完工产品成本	148 000	80 000	72 000	300 000
		月末在产品成本	13 000			13 000

表9-7　产品成本明细账

产品名称:Fx02(副产品)　　　　完工产量1 000套　　　　月末在产品:0

2005年		摘　要	直接材料	直接人工	制造费用	合　计
月	日					
6	1	期初余额	0			0
6	30	本月生产费用	5 000	4 000	3 600	12 600
		加:其他材料	800			800
		生产费用累计	5 800	4 000	3 600	13 400
6	30	结转完工产品成本	5 800	4 000	3 600	13 400
		月末在产品成本	0			0

143

Accounting

表 9-8　直接人工及制造费用分配表

车间名称:第一生产车间　　　　　　　2005 年 6 月

项　　目	生产工时	直接人工	制造费用
本月分配数		84 000	78 000
分配率		40	36
HD03(主产品)	2 000	80 000	72 000
Fx02(副产品)	100	4 000	3 600
合　　计	2 100	84 000	75 600

在主产品成本明细账中,本月生产费用为主、副产品分离前共同发生的费用。其中,原材料费用为直接计入费用应根据领料凭证按照材料类别和用途汇总编制的材料费用分配表(本例略)登记,工资及福利费和制造费用应根据工资和制造费用分配表登记。应扣减的副产品原料价值 5 000 元,根据副产品领用原料的数量(500 公斤)和计划单价(10 元)求得的乘积,应根据副产品成本的结转凭证登记。生产费用累计数减去月末在产品定额成本,即为主产品的产成品成本。由于在产品定额成本只计算原材料费用,因而在产品原料成本差异和其他各项费用均由产成品成本负担。

在副产品成本明细账中,本月生产费用为本月副产品与主产品分离以后为加工副产品所发生的费用。其中,原材料费用应根据副产品成本的结转凭证登记,工资及福利费和制造费用应根据表 9-8"直接人工及制造费用分配表"登记。生产费用累计数减去按定额原料费用计算的在产品成本,即为副产品分离后加工制成的副产品成本。

三、等级品成本计算

等级品是指用相同的原材料、经过相同的生产过程、品种亦相同,但品级和质量不同的产品。如搪瓷器皿、电子元件、针纺织品等生产,经常会出现一等品、二等品、三等品甚至等外品。产生等级品的原因是多方面的,常见原因包括:技术操作不当、管理不善和原材料质量或生产技术条件的影响。虽然不同的等级品品级和质量不同,使用功能上可能也有分别,销售价格也不同,但在成本计算上要区分以下两种情况:

1.由于技术操作不当或管理不善导致的不同等级的产品,在成本计算上不应有所区别,等级品售价的不同导致的利润不同正说明企业有必要改善经营管理,工人有必要精心操作。

2.原材料质量或生产技术条件的影响导致的等级品,如果各等级品售价相差很大,则可按单位售价作为分配标准,采用系数法分配计算各等级产品的成本。

【例9-2】某公司2005年6月份生产毛料制品。在生产过程中,特意在同一批羊毛中挑选出三个不同品质的原材料,分别制成一等品500件、二等品300件和三等品200件。该公司以售价作为分配标准,以一等品作为标准产品,采用系数法分配共同成本。有关成本计算如表9-9和表9-10所示。

表9-9 产品成本明细账

产品名称:羊毛制品　　　　　　本月完工1 000件　　　　　　月末在产品:0件

2005年		摘　要	直接材料	直接人工	制造费用	合　计
月	日					
6	1	期初余额	0			0
6	30	本月生产费用	51 120	24 000	33 000	108 120
		生产费用累计	51 120	24 000	33 000	108 120
6	30	结转完工产品成本	51 120	24 000	33 000	108 120
		月末在产品成本	0			0

表9-10 等级产品成本计算表

产品等级	产量(件) ①	单价 ②	系数 ③	标准产量(总系数) ④=①×③	分配率 ⑤=Σ⑥÷Σ④	总成本 ⑥=⑤×④	单位成本 ⑦=⑥÷①
一等品	500	180	1.2	600		61 200	122.4
二等品	300	150	1	300		30 600	102
三等品	200	120	0.8	160		16 320	81.6
	1 000			1 060	102	108 120	

思考题

1.分类法有哪些特点?其适用范围如何?

2.类内分配标准如何选择?如何计算分配系数?

3.简述分类法的成本计算程序。

4.联产品、等级品的成本计算与分类法有何区别与联系?如何计算?

Accounting

第十章

期间费用的核算

如前所述,企业在一定时期内发生的成本,按其时间归属可分为产品成本和期间费用两类。从第二章到第九章主要讨论产品成本的发生、归集与计算。本章简要地讨论期间费用的核算,以期对企业生产经营过程中所发生的成本费用有一个完整的认识。

▲ 第一节 营业费用的核算

营业费用是指企业在销售商品的过程中发生的各项费用,以及商品流通企业在采购商品过程中发生的各项进货费用(它属于商品流通费用)。在市场经济环境下,企业不仅应该以市场需求为导向组织商品的生产或商品采购,而且还必须及时将生产出来的商品或采购的商品销售出去,以实现商品价值。否则,企业就无法达到其经营目的。因此,企业必然会发生各项营业费用。

营业费用是企业的一项期间费用,不能计入产品成本,应作为当期损益处理,直接抵减企业的当期营业利润。

一、营业费用的内容

企业的营业费用包括企业在销售商品、提供劳务等日常经营过程中发生的各项费用,以及专设销售机构的各项经费。按其性质的不同,营业费用通常包括六个方面的内容:

(一)日常商品自销费用

日常商品自销费用包括:运输费、装卸费、包装费、运输保险费、经营性固定资产租赁费等。

(二)专项商品促销费用

专项商品促销费用包括展览费、广告费、质量担保费用、售后服务费等。

(三)专设销售机构的正常经费

专设销售机构的正常经费包括为销售本企业商品而专设的销售部门(如

销售网点、售后服务网点)的职工工资、职工福利费、办公费、物料消耗、固定资产折旧费、修理费、差旅费、低值易耗品摊销和其他业务费等。

(四)委托外单位代销费用

委托外单位代销费用是指企业委托其他单位代销商品时按代销合同规定支付给受托方的代销手续费。

(五)商品流通企业的进货费用

商品流通企业的进货费用是指商品流通企业在进货过程中发生的运输费、装卸费、包装费、运输途中的合理损耗、入库前的挑选整理费等。

(六)其他营业费用

其他营业费用是指除上述五个方面以外的需要由企业负担的营业费用，如按销售百分比、使用量为依据计算的融资租入固定资产的或有租金等。

二、营业费用的归集

企业发生的各项营业费用是通过"营业费用"账户及其明细账户进行归集与结转的。营业费用明细账(如果企业自行设计和印制账簿，可将营业费用总账和明细账合二为一，设计成联合账簿的格式)应该按主要费用项目设置专栏，进行明细分类核算。主要营业费用项目通常包括运输费、装卸费、包装费、保险费、租赁费、展览费、广告费、工资及福利费、办公费、折旧费、修理费、差旅费、低值易耗品摊销等。对于这些费用项目，企业还可以根据具体情况，适当地加以合并或分解，然后，应根据各项费用比重的大小和管理要求，确定需要单列专栏加以反映的费用项目。为了使各期的费用资料可比，需要设置专栏的费用项目一经确定，不应随意变更。

营业费用明细账的基本格式如表 10-1 所示(这种格式称为"单方细数多栏式明细账"，平时用蓝黑字登记，表示借方；期末结转账户余额时用红字登记，表示贷方。期末结账后，通常没有余额)。

表 10-1　营业费用明细账

第　　页

2005 年		凭证		摘　　要	运输费	装卸费	包装费	展览费	广告费	工资及福利费	…	合　计
月	日	字	号									
6	5			运费	1 000							1 000
6	18			广告费					2 500			2 500
6	30			结转费用	1 000				2 500			3 500

成
本
会
计

企业发生营业费用时,应根据有关原始凭证,按实际发生的金额借记"营业费用"账户,贷记"银行存款"、"现金"、"原材料"、"应付职工薪酬"、"累计折旧"等账户,并逐日或于月末根据有关付款凭证、转账凭证及其所附的要素费用分配表(或原始凭证、原始凭证汇总表等)全面、系统地将本期发生的各项营业费用归集在"营业费用"账户的借方。其中,如果登记依据是付款凭证,应逐日登记(即归集);如果是转账凭证,则可以平时分散登记,也可以于月末汇总登记。

【例10-1】大华公司2005年6月发生两笔与营业费用有关的业务:(1)6月5日通过银行存款支付运输费用1 000元;(2)6月18日通过银行存款支付广告费2 500元。

6月5日根据付款凭证,编制如下会计分录:

借:营业费用——运输费   1 000

  贷:银行存款   1 000

6月18日根据付款凭证,编制如下会计分录:

借:营业费用——广告费   2 500

  贷:银行存款   2500

根据上述会计分录登记"营业费用"明细账如表10-1所示。

如果企业专设的销售机构规模较大,每月发生的营业费用额较高,为了加强监督与控制,也可以单独另设明细账加以反映和核算。

三、营业费用的结转

期末,"营业费用"账户余额应全额结转到"本年利润"账户。因此,期末应根据"营业费用"账户的借方所归集的本期营业费用总额,借记"本年利润"账户,贷记"营业费用"账户。期末结账后,"营业费用"账户应没有余额。

承例10-1,大华公司2005年6月30日结转本月营业费用,编制如下会计分录:

借:本年利润   3 500

  贷:营业费用——运输费   1 000

   营业费用——广告费   2 500

根据上述会计分录登记"营业费用"明细账如表10-1所示。

具体的结账周期和方法,有"账结法"和"表结法"两种,由企业自行选定。选用"账结法"时,需要每月结一次账;选用"表结法"时,则每年结一次账。

▲ **第二节　管理费用的核算**

管理费用是指企业行政管理部门为组织和管理生产经营活动而发生的各项费用。从理论上说,制造企业的管理费用大部分与产品生产有关,它是企业在产品生产过程中必须支付的代价,是一项生产费用(广义生产费用)。因此,应将管理费用分摊到有关产品成本中去。但是,1997 年 7 月 1 日开始实施的《企业会计准则》,改变了过去长期采用的完全成本法,采用了国际通行的制造成本法,只有在产品生产过程中发生的直接材料费用、直接人工费用和应分摊的制造费用才计入产品成本,行政管理部门发生的各项管理费用不再计入产品成本,而是作为期间费用处理,并于发生的会计期间直接计入当期损益,抵减企业的当期营业利润。

一、管理费用的内容

企业的管理费用项目较多,且比较复杂。按其性质和用途的不同,管理费用主要包括七个方面的内容:

(一)企业日常行政管理事务费

企业日常行政事务费包括企业经费、董事会费、业务招待费、咨询费、排污费、绿化费等。

1.公司经费。公司经费是指企业行政管理部门人员的工资、职工福利费、差旅费、办公费、折旧费、修理费、物料消耗、低值易耗品摊销等。

2.董事会费。董事会费是指企业最高权力机构及其成员为执行其职能而发生的各项费用,如董事会成员的津贴、差旅费和会议费等。

3.业务招待费。业务招待费是指企业为业务经营的合理需要而支付的餐费、接送费等。

4.咨询费。咨询费是指企业向有关单位或机构进行生产技术、经营管理等方面的咨询所支付的费用,或支付给企业的经济、法律、技术顾问的费用。

5.排污费。排污费是指企业根据环保部门的规定所交纳的排污费用。

6.绿化费。绿化费是指企业为了创造一个良好的工作、生活环境而在企业区域内零星绿化所支付的费用。

(二)企业为职工支付的有关费用

企业为职工支付的有关费用包括工会经费、职工教育经费、劳动保护费、待业保险费等。

1.工会经费。工会经费是指企业按职工工资总额(扣除按规定标准发放的住房补贴,下同)的2%计提并拨交给工会使用的经费。

2.职工教育经费。职工教育经费是指企业按职工工资总额的1.5%计提,用于职工培训、学习的费用。

3.劳动保险费。劳动保险费是指企业支付离退休职工的退休金(包括按规定交纳地方统筹退休金)、价格补贴、医药费(包括支付离退休人员参加医疗保险的费用)、异地安家费、职工退职金、长期(6个月以上)病假人员的工资、职工死亡丧葬补助费、抚恤费、按规定支付给离休人员的其他费用。

4.待业保险费。待业保险费是指企业按照国家规定交纳的待业保险基金。

(三)企业依法支付的税费

企业依法支付的税费主要包括房产税、车船使用税、土地使用税、印花税、矿产资源补偿费、诉讼费、聘请中介机构费等。

1.房产税。房产税是国家对在城市、县城、建制镇和工矿区征收的由产权所有人缴纳的一种税。

2.车船使用税。车船使用税是国家向拥有并且使用车船的单位和个人征收的一种税。

3.土地使用税。土地使用税是国家为了合理利用城镇土地,调节土地级差收入,提高土地使用效益,加强土地管理而开征的一种税。

4.印花税。印花税是国家对书立、领受购销合同等凭证行为征收的一种税。

5.矿产资源补偿费。矿产资源补偿税是指企业在中华人民共和国领域和其他管辖海域开采矿产资源,按照主营业务收入的一定比例缴纳的资源补偿费。

6.诉讼费。诉讼费是指企业向法院起诉或应诉而支付的费用。

7.聘请中介机构费。聘请中介机构费是指企业聘请会计师事务所、资产评估机构进行查账、验资、资产评估、清账等发生的费用。

(四)企业发展费

企业发展费包括研究与开发费、技术转让费等。

1.研究与开发费。研究与开发费是指企业开发新产品、新技术所发生的新产品设计费、工艺规程制定费、设备调试费、原材料和半成品的试验费、技术图书资料费、未纳入国家计划的中间试验费、研究人员的工资、研究设备的折旧费、与新产品新技术研究有关的其他经费、委托其他单位进行的科研试制费、试制失败损失等。

2.技术转让费。技术转让费是指企业使用专利技术而支付的费用。

（五）企业长期资产摊销费

企业长期资产摊销费包括无形资产摊销、长期待摊费用摊销等。

1.无形资产摊销。无形资产摊销是指企业分期摊销的无形资产（包括专利权、商标权、著作权、土地使用权、非专利技术、商誉）价值。

2.长期待摊费用摊销。长期待摊费用摊销是指企业以前会计期间支付的但按规定应摊入当期损益的费用。

（六）企业计提的流动资产减值损失准备和盘亏净损失

企业计提的流动资产减值损失准备包括计提的坏账准备和存货跌价准备。盘亏净损失是指存货盘亏损失减盘盈收益之差（但不包括按规定应计入营业外支出的存货损失）。

（七）其他管理费用

其他管理费用是指除上述六个方面以外的需要由企业负担的管理费用，如融资租入固定资产时的初始直接费用（除印花税和差旅费外，还包括佣金、律师费、谈判费等）和履约成本（即租赁期内支付的各种使用费用，包括技术咨询费、服务费、人员培训费、租赁资产维修费和保险费等）。

二、管理费用的归集

企业发生的各项管理费用是通过"管理费用"账户及其明细账户进行归集和结转的。管理费用明细账也应该按主要费用项目设置专栏或专户，进行明细分类核算。主要管理费用项目通常包括工资及福利费、办公费、水电费、差旅费、折旧费、修理费、物料消耗、保险费、低值易耗品摊销、租赁费、劳动保险费、业务招待费、工会经费、职工教育经费、税金（包括房产税、车船使用税、土地使用税、印花税）等。对于这些费用项目，企业还可以根据具体情况，适当地加以合并或分解，然后，根据各项费用所占比重的大小和管理要求，确定需要单独设置专栏加以反映的费用项目。为了使各期的费用资料可比，需要设置专栏的费用项目一经确定，不应随意变更。

如果企业某些行政管理部门发生的管理费用金额和占整个管理费用的比重较大，为了反映这些部门各项费用的支出情况，也可以按某些管理部门设置专户，并在专户中再按企业确定的主要费用项目设置专栏。

管理费用明细账的基本格式如表10-2所示。

表 10-2　管理费用明细账

部门名称：　　　　　　　　　　　　　　　　　　　　　　　　　　　　　　　第　　页

2005年		凭证		摘　要	工资及福利费	办公费	水电费	差旅费	折旧费	修理费	…	合　计
月	日	字	号									
6	8			支付工资及福利费	5 700							5 700
6	18			支付水电费			3 500					3 500
6	30			结转费用	5 700		3 500					9 200

　　企业发生管理费用时,应根据有关原始凭证,按实际发生的金额借记"管理费用"账户,贷记"银行存款"、"现金"、"原材料"、"应付职工薪酬"、"累计折旧"、"其他应交款"、"其他应付款"、"应交税金"、"无形资产"、"长期待摊费用"、"坏账准备"、"存货跌价准备"等账户,并逐日或于月末根据有关付款凭证、转账凭证及其所附的要素费用分配表(或原始凭证、原始凭证汇总表等)全面、系统地将本期发生的各项管理费用归集在"管理费用"账户的借方。其中,对于有关管理费用的付款凭证,应逐日登记(即归集);对于有关管理费用的转账凭证,则可以平时分散登记,也可以于月末汇总登记。

　　【例10-2】大华公司2005年6月发生两笔与管理费用有关的业务:(1)6月8日通过银行存款支付管理部门职工工资5 000元,并计提职工福利费700元;(2)6月18日通过银行存款支付水电费3 500元。

　　6月8日根据付款凭证及计提职工福利费分配表,编制如下会计分录:

借:管理费用——工资及福利费　　　　　　　　　　　　　5 700
　　贷:银行存款　　　　　　　　　　　　　　　　　　　　　　5 000
　　　　应付职工薪酬　　　　　　　　　　　　　　　　　　　　　700

　　6月18日根据付款凭证,编制如下会计分录:

借:管理费用——水电费　　　　　　　　　　　　　　　　3 500
　　贷:银行存款　　　　　　　　　　　　　　　　　　　　　　3 500

　　根据上述会计分录登记"管理费用"明细账如表10-2所示。

　　在表10-2中,如果不需要按管理部门设置专户,将其中的"部门名称"删除即可。

三、管理费用的结转

　　期末,"管理费用"账户余额应全额结转到"本年利润"账户。因此,期末应根据"管理费用"账户的借方所归集的本期管理费用总额,填制转账凭证,将本期发生的各项管理费用直接从当期损益中扣除(即借记"本年利润"账户,贷记"管理费用"账户)。期末结账后,"管理费用"账户应没有余额。

承例 10-2,大华公司 2005 年 6 月 30 日结转本月管理费用,编制如下会计分录:

借:本年利润　　　　　　　　　　　　　　　　　　　　　　　9 200

　　贷:管理费用——工资及福利费　　　　　　　　　　　　　　　5 700

　　　管理费用——水电费　　　　　　　　　　　　　　　　　　3 500

根据上述会计分录登记"管理费用"明细账如表 10-2 所示。

具体的结账周期和方法,有"账结法"和"表结法"两种,由企业自行选定。选用"账结法"时,需要每月结一次账;选用"表结法"时,则每年结一次账。

▲ 第三节　财务费用的核算

财务费用是指企业为了筹集生产经营所需资金而发生的费用。在市场经济条件下,任何一个企业,为了从事生产经营活动并达成其经营目的,首要条件就是必须筹集到其生产经营所必要的资金,否则,"巧妇难为无米之炊"。然而,在企业筹集资金的活动中,必然会发生筹资成本,支付筹资费用。

一、财务费用的内容

企业的财务费用包括利息净支出、汇兑净损失、金融机构手续费以及筹集生产经营资金所发生的其他费用。

(一)利息净支出

利息净支出是指利息支出减利息收入之差额。利息支出包括企业短期借款利息、长期借款利息、应付票据利息、票据贴现利息、应付债券利息、应付引进设备款利息等。但是,为购建固定资产的专门借款所发生的借款利息,在固定资产达到预定可使用状态前按规定应予以资本化的部分,不作为财务费用处理。

(二)汇兑净损失

汇兑净损失是指汇兑损失减汇兑收益之差额。汇兑差额(汇兑损失或汇兑收益)是指企业向银行兑换外币(包括结售或购入外汇)时所产生的银行买入价、卖出价与记账所采用的汇率之间的差额,以及期末根据各外币账户的外币余额和期末汇率计算的记账本位币金额与原外币账户的记账本位币金额之差额等。但是,为购建固定资产的专门借款所发生的汇兑差额,在固定资产达到预定可使用状态前按规定应予以资本化的部分,不作为财务费用处理。

(三)金融机构手续费

金融机构手续费是指企业发行债券所需支付的手续费(不包括为购建固定资产而专门发行债券时所发生的手续费,在固定资产达到预定可使用状态前按规定应予以资本化的部分)、支付给银行的银行承兑汇票的承兑手续费等。但是,不包括发行股票所支付的手续费。

(四)筹集生产经营资金所发生的其他财务费用

其他财务费用是指除上述三个方面以外需要由企业负担的财务费用,如分期摊销的未确认融资费用、以物价指数为依据计算的融资租入固定资产的或有租金等。

二、财务费用的归集

企业发生的各项财务费用是通过"财务费用"账户及其明细账户进行归集和结转的。财务费用明细账应该按主要费用项目设置专栏,进行明细分类核算。主要财务费用项目包括利息支出、汇兑损失、金融机构手续费等。企业可以按这些费用项目单列专栏加以反映。

财务费用的基本格式如表 10-3 所示。

表 10-3 财务费用明细账

第　页

2005 年		凭证		摘　要	利息支出	汇兑损失	金融机构手续费	其他	合计
月	日	字	号						
6	6			支付手续费			500		500
6	16			支付利息费用	1 500				1 500
6	30			结转费用	1 500		500		2 000

企业发生财务费用时,应根据有关原始凭证,按实际发生的金额借记"财务费用"账户,贷记"预提费用"、"银行存款"、"长期借款"、"未确认融资费用"、"应付债券"、"长期应付款"、"应收票据"等账户,并逐日或于月末根据有关付款凭证、转账凭证及其所附的要素费用分配表(或原始凭证、原始凭证汇总表等)全面、系统地将本期发生的各项财务费用归集在"财务费用"账户的借方。其中,如果登记依据是付款凭证,应逐日登记(即归集);如果是转账凭证,则可以平时分散登记,也可以于月末汇总登记。

【例10-3】大华公司2005年6月发生两笔与财务费用有关的业务:(1)6月6日通过银行存款支付中国工商银行手续费500元;(2)6月16日通过银行存款支付利息1 500元。

6月6日根据付款凭证,编制如下会计分录:

借:财务费用——金融机构手续费   500

  贷:银行存款   500

6月16日根据付款凭证,编制如下会计分录:

借:财务费用——利息支出   1 500

  贷:银行存款   1 500

根据上述会计分录登记"财务费用"明细账如表10-3所示。

三、财务费用的结转

期末,"财务费用"账户余额应全额结转到"本年利润"账户。因此,期末应根据"财务费用"账户的借方所归集的本期财务费用总额,填制转账凭证,借记"本年利润"账户,贷记"财务费用"账户。期末结账后,"财务费用"账户应没有余额。

承例10-3,大华公司2005年6月30日结转本月财务费用,编制如下会计分录:

借:本年利润   2 000

  贷:财务费用——金融机构手续费   500

      财务费用——利息支出   1 500

根据上述会计分录登记"管理费用"明细账如表10-3所示。

具体的结账周期和方法有"账结法"和"表结法"两种,由企业自行选定。选用"账结法"时,需要每月结一次账;选用"表结法"时,则每年结一次账。

思考题

1.企业的营业费用主要包括哪些内容?如何核算?

2.企业的管理费用主要包括哪些内容?如何核算?

3.企业的财务费用主要包括哪些内容?如何核算?

4.期末,企业的"营业费用"、"管理费用"和"财务费用"账户为何通常没有余额?

Accounting

第十一章

成本报表

成本报表（cost statement）是根据企业产品成本和期间费用的核算资料以及其他相关资料编制，用于反映企业一定期间内产品成本和期间费用水平及其构成情况的报告。本章主要阐述成本报表的特点及其编制方法。

▲ 第一节　成本报表概述

与资产负债表、收益表和现金流量表不同，成本报表主要是向企业管理层提供成本信息的内部管理报表。通过编制和分析成本报表，可以考核企业成本计划和费用预算的执行情况，为企业的成本决策提供相关信息。因此，成本报表及其编制与分析是成本会计的重要内容。

一、成本报表的特点

如前所述，成本报表是侧重于服务企业内部经营管理的内部管理报表，不对外报送或公布。与财务报告中的资产负债表、收益表和现金流量表等对外报表相比，成本报表具有如下特点：

（一）成本报表基于企业内部经营管理需要而编制

尽管企业成本报表无需对外报告，但是，在企业内部经营管理过程中，成本费用水平及其构成等成本信息非常重要。有效地编制和及时报送成本报表，对于考核企业成本费用计划的执行情况，分析成本管理工作的成效和问题，挖掘降低成本、节约费用的潜力，及时做出成本决策，指导企业生产经营活动等方面，都具有重要作用。因此，成本报表基于企业内部经营管理需要而编制。

（二）成本报表的种类、格式、项目和内容视企业经营管理需要而定

在企业的经营管理决策过程中，强调"不同目的，不同成本"的信条，强调成本信息的相关性。企业的成本信息，与企业的生产技术特点和组织特点以及管理要求密切相关，不同企业获取成本信息的侧重点自然有所不同。与对外报告

成
本
会
计

的社会化特征不同,成本报表的种类、格式、项目和内容视企业经营管理需要而定。企业可以根据需要自行设计和编制成本报表,具有较大的灵活性和多样性。

(三)成本报表提供的成本信息反映了企业经营管理效率

成本是企业生产经营过程的效率指标。企业产品的产量多少,产品质量高低,原材料、燃料及动力消耗的节约与浪费,工人劳动生产率和平均工资的高低,固定资产的利用程度,废品率的变动,生产单位和企业管理部门费用的节约与浪费,以及生产经营管理工作的好坏等等,都会或多或少、直接间接地反映到企业的成本或费用指标上来。因此,成本报表提供的成本信息反映了企业经营管理效率。

二、设置成本报表的基本要求

尽管企业成本报表的种类、格式、项目和内容可以视企业经营管理需要而定,但是,企业在设置成本报表时,也必须符合企业内部管理报表设置的一般原则与要求。

通常,企业在设置成本报表时,应当注意成本报表指标的实用性与报表内容的针对性两个基本要求。

(一)报表指标的实用性

成本报表指标的实用性是指企业设置的成本报表,要符合企业生产经营的特点,满足企业成本管理的要求。成本报表的种类要能够满足企业自身的需要,成本报表的各项指标应当体现实用性原则。因此,企业应该从自身生产经营的特点出发,设计成本报表的种类和每一份成本报表的内容。成本报表的指标应当简明实用,不要搞烦琐的计算和没有经济意义的数字罗列,要注重指标的内容,而不拘泥于形式。

(二)报表内容的针对性

成本报表内容的针对性是指企业设置的成本报表,其种类、格式、项目和内容要有针对性。企业既要有反映成本全貌的报表,又要有反映成本管理某个专门问题,或针对企业某个具体业务特点而设计的报表和报表项目。成本报表的指标内容只有具有针对性,才能突出成本管理工作的重点,满足成本管理各个方面的专门需要。这样,企业才能利用成本报表提供的成本信息,有针对性地采取措施,及时解决企业生产经营过程中出现的问题。

三、成本报表的种类

尽管成本报表具有灵活性和多样性特点,但是,就生产性企业而言,成本报表通常可以按以下标志分类。

（一）成本报表按反映的经济内容分类

成本报表按其反映的经济内容，通常可以分为反映企业费用水平及其构成情况的报表和反映企业产品成本水平及其构成情况的报表两大类。

1.反映企业经营过程中费用水平及其构成情况的报表，主要包括制造费用明细表、管理费用明细表、营业费用明细表和财务费用明细表等。

2.反映企业产品成本水平及其构成情况的报表，主要包括产品生产和销售成本表、产品生产成本表和主要产品单位成本表等。

（二）成本报表按编制时间分类

成本报表按其编制时间，可以分为年度报表、半年度报表、季度报表、月报以及旬报、周报、日报和班报。

企业对外财务报表主要是年度报表和中期报表（半年度报表、季度报表和月报），为了及时向企业经营管理层提供成本信息，以满足企业生产经营管理特别是成本控制和成本考核的需要，成本报表除了年度报表、半年度报表、季度报表和月报外，应更注重采用旬报、周报以至日报和班报等形式。

四、成本报表的编制与报送要求

成本报表的编制和报送必须做到数字真实、计算准确、内容完整、报送及时。

1.数字真实。数字真实是编制成本报表的基本要求，只有报表的数字真实可靠，如实反映企业成本、费用的水平和构成，才有利于企业管理层正确地进行成本分析和成本决策。

2.计算准确。计算准确是指成本报表的各项指标数据，必须按照企业在设置成本报表时规定的计算方法计算；报表的各种相关数据，如本期报表与上期报表之间，同一时期不同报表之间，同一报表不同项目之间具有勾稽关系的数据，应当核对相符。

3.内容完整。内容完整是指企业成本报表的种类应当完整，能够全面反映企业各种成本、费用的水平及其构成情况，同一报表的各个项目内容应当完整，必须填写齐全。只有内容完整的报表，才能满足企业经营管理层对成本信息的需求。

4.报送及时。报送及时是指企业必须及时编制和报送成本报表，以充分发挥成本报表在企业经营管理过程中的作用，体现"相关信息适时地提供给相关的人"。

总之，企业只有合理地设计成本报表的种类、格式、指标内容和编制方法，合理规定成本报表的编制和报送时间，及时提供内部管理所需要的、具有实用性和针对性的真实、完整、准确的成本信息,才能充分发挥成本报表的功效。

▲ 第二节　产品生产成本表及其编制

产品生产成本表是企业重要的成本报表。本节阐述其基本结构及其编制方法。

一、产品生产成本及销售成本表的结构与编制方法

理解产品生产成本及销售成本表的结构是把握其编制方法的基础。

（一）产品生产成本及销售成本表的结构

产品生产成本及销售成本表是反映企业在一定期间内各种产品生产成本和销售成本,以及期末结存产品成本的报表。该报表通常按月编制,其基本结构如表11-1所示。

表11-1　产品生产成本及销售成本表

编制单位:大华公司　　　　　　　2005 年 12 月　　　　　　　单位:元

产品名称	规格	计量单位	生产量			销售量			单位生产成本				生产总成本		销售总成本		期末结存	
			本年计划	本月实际	本年累计实际	本年计划	本月实际	本年累计实际	上年实际平均	本年计划	本月实际	本年累计实际平均	本月实际	本年累计实际	本月实际	本年累计实际	结存产品数量	生产成本总额
			(1)	(2)	(3)	(4)	(5)	(6)	(7)	(8)	(9)=(11)÷(2)	(10)=(12)÷(3)	(11)	(12)	(13)	(14)	(15)	(16)
主要产品													略	969 250	略	略	略	略
甲产品		件	600	55	625	550	60	600	1 200	1 164	1 175	1 158	64 625	723 750				
乙产品		件	250	25	250	250	20	245	1 000	980	980	982	24 500	245 500				
次要产品																		
丙产品		件	250	25	250	240	20	240		1 110	1 065	1 060	26 625	265 000				
合计														1 234 250				

从表 11-1 可以看出,产品生产成本及销售成本表将企业全部产品按主要产品和次要产品分别逐项反映,所设计的指标包括产品生产量和销售量、单位产品生产成本、产品生产总成本和销售总成本、期末结存产品数量和总成本等。为了便于比较和分析,产品生产量和销售量、单位产品生产成本等指标,可以同时反映本年计划、本月实际、本年累计实际等内容。

通过产品生产成本及销售成本表,可以反映企业在一定期间内全部产品的生产总成本和销售总成本,通过产品单位成本的比较,可以反映企业产品成本水平和升降情况,从而确定企业成本分析的重点,可以反映企业各种产品的生产量、销售量和期末结存量,据以考察企业产品是否适销对路、产销是否协调,是否存在超储积压的产品。

(二)产品生产成本及销售成本表的编制方法

根据表 11-1,产品生产成本及销售成本表的编制方法为:

1.生产量。表 11-1 的"生产量"栏中,本月实际和本年累计实际产量,根据企业的"产品产量统计表"提供的资料填列,也可以根据"产成品明细账"中有关完工入库产品数量资料填列;本年(或本月)计划产量根据企业本年(或本月)产品生产计划资料填列。

2.销售量。表 11-1 的"销售量"栏中,本月实际和本年累计实际销售量根据企业"主营业务收入明细表"中记录的销售数量填列,本年(或本月)计划销售量根据企业本年(或本月)产品销售计划资料填列。

3.单位产品生产成本。表 11-1 的"单位产品生产成本"栏中,上年实际平均单位成本根据上年 12 月份本表中"本年累计实际平均单位成本"栏的数字填列,本年计划单位成本根据企业产品成本计划资料填列,本月实际单位成本根据本月"产品生产成本明细账"或"产品成本计算单"提供的资料填列,本年累计实际平均单位成本需要计算填列,有关计算公式为:

$$某种产品本年累计实际平均单位成本 = \frac{该产品本年累计实际总成本}{该产品本年累计实际总产量}$$

4.生产总成本。表 11-1 的"生产总成本"栏中,上年累计实际总成本根据上年 12 月份本表"本年累计实际总成本"栏的数字填列;本月实际生产总成本根据本月"产品生产成本明细账"或"产成品明细账"提供的资料填列,也可用本月实际生产总成本加上上月本表中的本年累计实际生产总成本后填列。

5.销售总成本。表 11-1 的"销售总成本"栏中,本月实际销售总成本和本月累计实际销售总成本根据"主营业务成本明细账"记录的本月合计数和本年累计数分别填列;本年累计实际销售总成本,也可以将本月实际销售总成本加上上月本表中的本年累计实际销售总成本后填列。

6.期末结存产品数量和总成本。表11-1的"期末结存"栏中,期末结存产品数量和总成本应根据"产成品明细账"记录的期末结存产品数量和生产成本总额分别填列。

二、产品生产成本表的结构及其编制

产品生产成本表是反映企业在一定期间生产产品所发生的生产费用总额和全部产品生产总成本的报表。

（一）产品生产成本表的结构

如前所述,企业一定期间的生产费用总额可以按照费用的经济性质反映,也可以按照费用的经济内容反映。企业一定期间全部产品的生产成本总额既可以按照产品种类和类别反映,也可以按照产品成本项目反映。因此,产品生产成本表既可以根据成本项目编制(其格式如表11-2所示),也可以根据产品种类和类别编制(其格式如表11-3所示)。①

表 11-2 产品生产成本表(按成本项目编制)

编制单位:大华公司　　　　　　　　2005 年 12 月　　　　　　　　　　单位:元

项　　　目	行次	上年实际	本月实际	本年累计实际
生产费用				
1.直接材料	1	415 550	44 000	475 475
其中:原材料	2	345 000	36 000	390 000
2.直接人工	3	330 300	36 500	395 200
3.制造费用	4	319 650	34 000	364 325
生产费用合计	5	1 065 500	114 500	1 235 000
加:在产品、自制半成品期初余额	6	62 500	60 000	58 000
减:在产品、自制半成品期末余额	7	58 000	58 750	58 750
产品生产成本合计	8	1 070 000	115 750	1 234 250

① 本例的基本素材取自鲁亮升主编:《成本会计》,东北财经大学出版社,2004 年版,第171～172页。

从表11-2可以看出,按成本项目编制的产品生产成本表,一般包括生产费用总额、产品生产成本、在产品和自制半成品成本等三部分。生产费用总额按照费用的经济内容或用途分为直接材料、直接人工和制造费用等成本项目。在产品和自制半成品成本按期初数、期末数分别反映。产品生产成本总额应等于本期生产费用总额加上在产品和自制半成品期初余额减去在产品和自制半成品期末余额。为了便于分析,按成本项目编制的产品生产成本表各个项目应该反映上年实际、本月实际和本年累计实际等指标。

表 11-3　产品生产成本表（按产品种类和类别编制）

编制单位:大华公司　　　　　　　　　2005 年 12 月　　　　　　　　　单位:元

产品	计量单位	实际产量		单位成本				本月总成本			本年累计总成本		
		本月	本年累计	上年实际平均	本年计划	本月实际	本年累计实际平均	按上年实际单位平均成本计算	按本年计划单位成本计算	本月实际	按上年实际平均单位成本计算	按本年计划单位成本计算	本年实际
		(1)	(2)	(3)	(4)	(5)=(9)/(1)	(6)=(12)/(2)	(7)=(1)×(3)	(8)=(1)×(4)	(9)	(10)=(2)×(3)	(11)=(2)×(4)	(12)
主要产品								91 000	88 520	89 125	1 000 000	972 500	969 250
甲产品	件	55	625	1 200	1 164	1 175	1 158	66 000	64 020	64 625	750 000	727 500	723 750
乙产品	件	25	250	1 000	980	980	982	25 000	24 500	24 500	250 000	245 000	245 500
次要产品								27 750	26 625			277 500	265 000
丙产品	件	25	250		1 110	1 065	1 060		27 750	26 625		277 500	265 000
合　计								/	116 270	115 750	/	1 250 000	1 234 250

从表11-3可以看出,按产品种类和类别编制的产品生产成本表,一般包括产量、单位成本、生产总成本等三部分。单位成本包括上年实际平均单位成本、本年计划单位成本、本月实际单位成本和本年累计实际平均单位成本等;产量包括本月实际产量和本年累计实际产量;总成本包括本月总成本和本年累计总成本。为了便于分析,实际产量的生产总成本应按不同单位成本分别计算。

值得指出的是:如果企业已经设置了"产品生产成本及销售成本表",就没有必要再按产品种类和类别再单独编制的产品生产成本表。因为产品生产成本及销售成本表已经包括了按产品种类和类别编制的产品生产成本表的基本内容。

(二)产品生产成本表的编制方法

产品生产成本表通常按月编制。如前所述,按产品种类和类别编制的产品生产成本表与产品成本及销售成本表的部分项目相同,因此,对其编制方法不再赘述。按成本项目编制的产品生产成本表中的"上年实际"栏应当根据上年12月份编制的"产品生产成本表"中的"本年累计实际"栏内的数据填列。"本月实际"栏和"本年累计"栏的填列方法如下:

1.生产费用总额。生产费用总额及各成本项目的金额中,"本月实际"栏根据本月"基本生产"二级账或明细账的资料分析计算填列;"本年累计实际"根据本月本表中"本月实际"栏的金额,加上上月本表中"本年累计实际"栏的金额填列,也可以根据"基本生产"二级账或明细账的资料分析计算填列。本表各成本项目的金额之和应当等于生产费用总额。

2.在产品、自制半成品期初余额。"在产品、自制半成品期初余额"中,"本月实际"根据"基本生产"和"自制半成品"两个账户的本月月初余额之和填列;"本年累计实际"指年初余额,应根据上年12月份本表中"在产品、自制半成品期末余额数"(本月实际数和本年累计实际数一致)填列。这个数字应与本年本表中的"上年实际"栏的"在产品、自制半成品期末余额数"数字一致。

3.在产品、自制半成品期末余额。"在产品、自制半成品期末余额"中,"本月实际"和"本年累计实际"两栏的数字一致,都根据"基本生产"和"自制半成品"两个账户的本月月末余额之和填列。

4.产品生产成本。产品生产成本的"本月实际"和"本年累计实际"数额,都可以由本月表的"生产费用总额",加上"在产品、自制半成品期初余额",减去"在产品、自制半成品期末余额"计算求得。本月本表中本月实际和本年累计实际产品生产成本总额,应与本月"产品生产成本及销售成本表"以及按产品种类和类别编制的"产品生产成本表"中的全部产品本月实际和本年累计实际产品生产成本总额分别对应相符。

三、主要产品单位成本表的结构与编制方法

主要产品单位成本表是反映企业一定期间内生产的各种主要产品的单位成本及其构成情况的报表。该表应该按企业主要产品按月分别编制,即每一

种主要产品每月编制一份报表,其格式如表 11-4 所示。

表 11-4　主要产品单位成本表

2005 年 12 月

编制单位:大华公司　　　　　　本月实际产量:55 件　　　　　单位销售价格:1 350 元
产品名称:甲产品　　　　　　　本年累计产量:625 件　　　　　金额单位:元

成本项目	历史先进水平 (2004 年)	上年实际平均	本年计划	本月实际	本年累计 实际平均
单位产品生产成本	1 080	1 200	1 164	1 175	1 158
其中:直接材料	420	470	439	450	445
直接人工	320	370	375	375	372
制造费用	340	360	350	350	341

从表 11-4 可以看出,主要产品单位成本表按照成本项目分别反映各种主要产品的历史先进水平单位成本、上年实际平均单位成本、本年计划单位成本、本月实际单位成本和本年累计实际平均单位成本等指标。为了便于分析,主要产品单位成本表还可以提供有关产量资料。通过主要产品单位成本表可以反映企业各种主要产品的单位成本水平及其变动趋势,以及主要产品单位成本的构成情况,为企业经营管理层进一步分析主要产品成本升降的原因,寻找降低产品成本的途径指明了方向。

在"主要产品单位成本表"中,产品单位成本的历史先进水平是指本企业生产该种产品在历史上单位生产成本最低年份的成本,应该根据该产品历史上成本最低年份的成本计算资料填列;上年实际平均单位成本、本年计划单位成本、本月实际单位成本和本年累计实际平均单位成本等指标的填列方法与"产品生产成本及销售成本表"中的单位生产成本的填列方法基本相同,主要产品单位成本表只是增加了分成本项目的资料。"产品生产成本及销售成本表"、"产品生产成本表"和"主要产品单位成本表"等三份报表中,相同产品对应的单位成本数额应当相符。

▲ 第三节　制造费用表及其编制

制造费用表是反映企业及其生产单位在一定期间内发生的制造费用总额及其构成情况的报表。制造费用的构成,除了按照费用明细项目反映外,还应按照生产单位反映。企业编制的各生产单位汇总的制造费用表只汇总基本生产单位的制造费用,不包括辅助生产单位的制造费用。

一、制造费用明细表的结构

为了加强费用管理,及时了解企业的制造费用发生情况,制造费用表通常按月编制。季节性生产企业,制造费用表也可以按年编制。制造费用表的一般格式如表 11-5 所示。

表 11-5　制造费用表

编制单位:大华公司　　　　　　　　2005 年 12 月　　　　　　　　单位:元

费用项目	上年实际	本年计划	本月实际	本年累计实际
1.工资	25 000	28 125	2 500	28 750
2.职工福利费	3 500	3 940	350	4 025
3.折旧费	198 400	225 000	17 500	218 750
4.租赁费	25 200	5 000	2 125	5 800
5.修理费	20 000	22 500	2 750	25 000
6.低值易耗品摊销	5 000	6 250	500	6 250
7.水电费	37 500	40 000	2 500	42 000
8.办公费	2 500	2 810	400	2 500
9.差旅费	2 500	3 500	1 378	3 755
10.运输费	1 500	3 000	125	2 500
11.保险费	15 000	18 750	1 500	18 750
12.设计制图费	12 500			
13.实验检验费	12 500	1 500	125	1 250
14.劳动保护费	3 752	5 000	1 250	5 000
15.停工损失				
16.在产品盘亏和毁损				
17.其他				
合　计	364 852	365 375	33 003	364 330

Accounting

从表11-5可以看出,制造费用表按费用的明细项目提供制造费用的上年实际数、本年计划数、本月实际数和本年累计实际数等指标。通过制造费用表可以分析企业制造费用的构成及其增减变动情况,考核制造费用预算的执行情况。

二、制造费用表的编制方法

在"制造费用表"中,上年实际数根据上年12月份编制的制造费用表"本年累计实际"栏数字填列;本年计划数根据本年制造费用预算资料填列;本月实际数根据制造费用明细账各费用项目本月发生额填列;本年累计实际数根据制造费用明细账各费用项目本年累计发生额填列,也可以将本月实际数加上上月本表中本年累计实际数后填列。

▲ 第四节 期间费用表及其编制

期间费用表是反映企业一定期间内各项期间费用发生额及其构成情况的报表。如前所述,期间费用包括营业费用、管理费用和财务费用。因此,期间费用表包括营业费用表、管理费用表和财务费用表。

一、期间费用表的结构

各种期间费用表都按照其费用项目分别反映该费用项目的上年实际数或上年同期实际数、本年(月)计划数、本月实际数和本年累计实际数。通过各种期间费用表可以分析企业各种期间费用的构成及其增减变动情况,考核各种期间费用计划的执行情况。

营业费用表、管理费用表和财务费用表的一般格式如表11-6、表11-7和表11-8所示。

表 11-6 营业费用表

编制单位:大华公司	2005 年 12 月		金额单位:元
费用项目	上年实际	本年计划	本月实际	本年累计实际
1.专设销售机构费用	46 025	56 000	8 090	68 045
其中:工资	20 000	28 000	2 400	30 000
职工福利费	2 800	3 920	336	4 200
差旅费	6 025	6 000	2 040	12 000
办公费	1 200	1 000	1 014	2 645
业务费	2 000	1 480	1 000	2 000
租赁费				
折旧费	8 000	10 000	1 000	12 000
修理费	2 000	2 000		1 600
低值易耗品摊销	4 000	3 600	300	3 600
2.运输费	20 000	24 000	2 200	23 600
3.装卸费	6 000	7 000	1 000	8 000
4.包装费	10 000	12 000	1 600	14 000
5.保险费	20 000	22 000	2 000	24 000
6.展览费				
7.广告费	10 000	16 000		12 000
8.其他				
合　　计	112 025	137 000	14 890	149 645

表 11-7 管理费用表

编制单位:大华公司	2005 年 12 月		金额单位:元
费用项目	上年实际	本年计划	本月实际	本年累计实际
1.公司经费	88 068	96 000	11 616	98 678
其中:工资	40 000	44 000	4 100	48 000
职工福利费	5 600	6 160	574	6 720
差旅费	8 468	10 000	2 268	10 178
办公费	9 800	10 000	1 900	9 900

Accounting

成本会计

续表

费用项目	上年实际	本年计划	本月实际	本年累计实际
折旧费	12 000	12 000	1 000	12 000
修理费	6 000	6 000	600	5 400
物料消耗	4 200	5 440	974	4 080
低值易耗品摊销	2 000	2 400	200	2 400
2.工会经费	180 000	200 000	18 000	210 000
3.职工教育经费	135 000	150 000	13 500	157 500
4.劳动保险费	180 000	200 000	18 000	210 000
5.待业保险费	90 000	100 000	9 000	105 000
6.董事会费				
7.咨询费				
8.审计费	10 000	10 000		10 500
9.诉讼费				
10.排污费	10 000	10 000		10 000
11.绿化费	40 000	50 000	10 000	60 000
12.税金	42 500	43 000	3 500	42 900
其中:房产税	24 000	24 000	2 000	24 000
城镇土地使用税	12 000	12 000	1 000	12 000
车船使用税	6 000	6 000	500	6 000
印花税	500	1 000		900
13.土地使用费				
14.技术转让费				
15.技术开发费				
16.无形资产摊销	10 000	8 000	600	8 000
17.开办费摊销				
18.业务招待费	8 000	10 000	800	10 600
19.坏账损失	1 000	2 000		1 200
20.存货盘亏和毁损	500	600	100	300
合　计	795 068	879 600	85 116	924 678

表 11-8 财务费用表

编制单位:大华公司　　　　　　　　　2005 年 12 月　　　　　　　　金额单位:元

费用项目	上年实际	本年计划	本月实际	本年累计实际
1.利息支出	120 115	150 000	12 025	120 035
减:利息收入	10 000	12 500	1 015	10 615
2.汇兑损失	1 005	1 000	1 025	1 045
减:汇兑收益				
3.金融机构手续费	1 005	1 200	125	1 815
4.其他筹资费用				
合　　计	112 125	139 700	12 160	112 280

二、期间费用表的编制方法

上述营业费用表、管理费用表和财务费用表中,上年实际数分别根据上年 12 月份各表中的本年累计实际数填列;本年计划数分别根据本年营业费用预算、管理费用预算和财务费用预算所确定的本年计划数填列;本月实际数分别根据营业费用明细账、管理费用明细账和财务费用明细账本月发生额合计数填列;本年累计数分别根据营业费用明细账、管理费用明细账和财务费用明细账本年累计发生额合计数填列,也可以根据上月该表的本年累计实际数与本月该表的本月实际数之和填列。

思考题

1.何谓成本报表? 与对外报告相比,成本报表有何特点?

2.简述设置成本报表的基本要求。

3.成本报表如何分类?

4.如何编制产品生产成本及销售成本表?

5.如何编制产品生产成本表?

6.如何编制主要产品单位成本表?

7.如何编制制造费用表?

8.如何编制期间费用表?

Accounting

第十二章

成本分析

　　成本分析是根据成本核算资料和成本计划资料以及其他相关资料,运用专门方法,揭示企业成本计划或费用预算的执行情况,溯本求源,寻找产生成本计划或费用预算差异的根源,发现降低成本或节约费用的途径,挖掘企业内部增产节约的一项专门工作。成本分析是成本核算工作的延续,也是成本会计的重要组成部分。

▲ 第一节　成本分析概述

　　抽象的成本数据没有什么信息含量。比如说,企业生产的 A 产品单位成本是 25 元,这能说明什么问题呢? 只有通过成本分析,企业管理层才能清楚 A 产品的单位成本为什么是 25 元? 与同行业先进水平相比,这样的成本水平是高还是低? 企业能否降低成本? 成本核算是为了成本管理,因此,只有通过成本分析才能使企业做到成本核算与成本管理相结合(即"管算相结合"),提高成本信息的管理内涵。

一、成本分析的意义

　　企业定期或不定期地进行成本分析,对于揭示企业成本计划或费用预算的执行情况,发现成本或费用管理工作中存在的问题,明确成本管理的责任,挖掘企业降低成本或节约费用的潜力,以及为企业编制成本计划、进行成本预测和决策提供相关信息等方面都具有重要的意义。

　　(一)揭示企业成本计划或费用预算的执行情况

　　企业通过成本分析可以揭示企业成本计划或费用预算的执行情况,找出影响成本计划或费用预算完成的原因,分析影响成本或费用预算完成的各种因素的影响程度和影响方向(有利因素或不利因素),评价企业成本计划或费用预算的先进性和可行性,从而总结企业成本管理工作的经验或教训,及时发现企业成本管理工作存在的问题。

（二）落实成本管理的责任制

企业通过成本分析可以明确企业内部各个部门和单位以及责任者在成本管理方面的责任,有利于考核和评价企业成本管理工作的绩效,落实企业成本管理的责任制,从而树立企业的"全员成本管理意识"。

（三）挖掘企业内部增产节约的潜力

企业通过成本分析可以挖掘企业内部扩大生产、降低成本、节约费用的潜力,从而促使企业改进生产经营管理和成本管理,提高经济效益。

二、成本分析的内容

从理论上说,企业的生产经营过程就是成本发生或费用形成的过程。成本分析应该贯穿于企业生产经营全过程。考虑到本系列教材的整体安排,为了避免不必要的重复,本书主要阐述基于成本报表和成本计划等资料的成本分析。其内容主要包括:(1)全部产品成本计划完成情况的分析;(2)可比产品(主要产品)成本计划完成情况的分析;(3)主要产品单位成本的分析;(4)制造费用预算执行情况的分析;(5)期间费用预算执行情况的分析;(6)技术经济指标对产品成本影响的分析。

三、成本分析的基本方法

成本分析方法很多,企业究竟应该采用哪种(些)方法取决于企业成本分析的目的、成本或费用形成的特点以及成本分析所依据的资料性质等方面。在实践中,常用的成本分析方法包括比较分析法、比率分析法和因素分析法。

（一）比较分析法

比较分析法是指将实际达到的数据与特定的各种标准相比较,从数量上确定差异,并进行差异分析的一种分析方法。所谓差异分析是指通过差异来揭示成绩或差距,做出评价,并找出产生差异的原因及其对差异的影响程度,为今后改进企业的经营管理指明方向的一种分析方法。

成本报表以及成本计划有关成本指标数量上的差异,反映企业成本管理工作的成绩或差距。运用比较分析法就可以揭示这种差距,分析产生差距的原因,以便研究解决问题的途径和方法,进而提高企业成本管理的水平。

既然比较分析法强调比较,自然存在比较数据的问题。在成本分析过程中,运用比较分析法,主要存在如下几种比较数据:

1.分析期的实际数据与计划或预算数据对比

Accounting

这是比较分析法的基本比较方式。这种方法可以发现分析期实际成本或费用与成本计划或费用预算之间的差异,揭示成本计划或费用预算的执行情况。

在具体比较分析时,企业可以计算以下指标:

(1)实际脱离计划的差异额

也就是实际与计划比较增加或减少的数额,其计算公式为:

实际较计划增减的数额＝分析期指标的实际数据－分析期指标的计划数据

上述公式计算结果为正值,表示成本或费用超支;反之,上述公式计算结果为负值,表示成本降低或费用节约。

在实践中,企业还经常计算成本降低额指标。实际单位成本小于计划单位成本时,形成成本的降低额;反之,实际单位成本大于计划单位成本时,形成成本的超支。因此,与计划成本比较的成本降低额是同一产量的计划成本总额减去实际成本总额后的差额。其计算公式为:

$$\text{与计划成本比较的成本降低额} = \text{实际产量按计划单位成本计算的总成本} - \text{实际总成本}$$

上述公式中的"计划总成本",是按实际产量进行调整以后的计划总成本(计划单位成本×实际产量),它与实际总成本(实际单位成本×实际产量)之差体现了成本降低或超支。这是实际脱离计划的差异额计算公式的另一种表现形式。

(2)实际脱离计划的差异率

也就是,实际较计划增加或减少的百分比。其计算公式为:

$$\text{实际较计划增减百分比} = \frac{\text{分析期指标的实际数据} - \text{分析期指标的计划数据}}{\text{分析期指标的计划数据}} \times 100\%$$

根据上述公式的基本原理,在成本计划完成情况的分析中,经常需要计算与计划成本比较的成本降低率。其计算公式为:

$$\text{与计划成本比较的成本降低率} = \frac{\text{实际产量按计划单位成本计算的总成本} - \text{实际总成本}}{\text{实际产量按计划单位成本计算的总成本}} \times 100\%$$

将分析期实际数据与计划或预算数据比较,如果实际数据与计划或预算数据的差异额较大,必须检查计划或预算的编制情况。如果将实际数据与存在问题或不切合实际的计划或预算数据比较,其结果不能说明任何问题。这样的比较分析就没有什么实际经济意义。

2.分析期的实际数据与前期实际数据对比

将分析期实际成本或费用与前期(上月、上季、上年、上年同期等)实际成本或费用比较,可以反映企业成本或费用的变动趋势。如果企业有关成本或费用的计划或预算资料不全或质量存在问题,这种比较就显得更为重要。

在成本分析中,将分析期实际数据与前期实际数据对比,除了可以计算出分析期实际数据较前期增加或减少的数额(差异额)和百分比(差异率)外,主要产品(可比产品)成本降低额和降低率也是这种对比方式的另一种表现形式。企业主要产品(可比产品)成本降低额和降低率,无论是计划降低额(率)还是实际降低额(率),都是与上年实际数据进行比较来计算的。其计算公式为:

$$\text{可比产品实际成本降低额} = \text{实际产量按上年实际平均单位成本计算的总成本} - \text{实际总成本}$$

$$\text{可比产品实际成本降低率} = \frac{\text{可比产品实际成本降低额}}{\text{实际产量按上年实际平均单位成本计算的总成本}} \times 100\%$$

$$\text{可比产品计划成本降低额} = \text{计划产量按上年实际平均单位成本计算的总成本} - \text{计划总成本}$$

$$\text{可比产品计划成本降低率} = \frac{\text{可比产品计划成本降低额}}{\text{计划产量按上年实际平均单位成本计算的总成本}} \times 100\%$$

在成本分析中,分析期实际数据除了与上月、上季、上年和上年同期等前期实际数据进行比较外,还应当与本企业历史先进水平的成本或费用指标比较。历史先进水平年份的成本或费用资料也是一种前期实际数据。

3.分析期的实际数据与本行业实际平均数据和本行业先进企业实际数据对比

将分析期实际数据与计划数据和前期实际数据进行对比,可以考察企业成本计划或费用预算的完成程度以及成本或费用水平的变动趋势,发现企业成本管理工作中取得的成绩或存在的问题。但是,这种企业内部的纵向比较还不能充分说明企业成本管理工作的水平和成本或费用的水平。只有将企业实际数据与行业实际平均数据和同行业先进企业的实际数据进行横向对比,才能找出本企业的差距,才能确定企业成本管理水平在同行业同类企业中的位置。

(二)比率分析法

比率是两数相比所得的值。任何两个数字都可以计算出比率,但要使比率具有意义,计算比率的两个数字就必须有联系。比如,一个工厂的产品年产量和职工人数有关系,通过年产量和职工人数这两个数字计算出来的比率,就可以说明这家工厂的劳动生产率。比率分析法是通过计算比率进行分析的方

Accounting

法。在成本分析中,常用的比率分析法包括相关比率分析法和结构比率分析法。

1. 相关比率分析法

相关比率是两个相互联系、相互依存(相关),但性质不同的指标计算出来的比率。例如,利润总额与成本费用总额的比率反映了企业一定期间内所得(利润总额)与所费(成本费用总额)之间的比例关系,即企业每百元成本费用的投入能够获得多少利润。这个反映成本效益的重要指标就是成本费用利润率。相关比率分析法就是通过计算两个性质不同而又相关的指标的比率进行分析的方法。借助于相关比率的计算,可以排除企业之间和同一企业不同期间的某些不可比因素,有利于企业经营管理层进行成本效益分析和决策。

在成本效益分析中,与成本指标性质不同而又相关的指标包括:

(1)产值成本率

产值成本率是产品生产成本与工业总产值或商品总产值的比率,反映了企业一定期间内生产耗费与生产成果的关系。其计算公式为:

$$产值成本率 = \frac{产品生产成本}{工业总产值或商品总产值} \times 100\%$$

(2)营业收入成本率

营业收入成本率是营业成本与营业收入的比率,反映了企业一定期间内生产耗费与销售成果的关系。其计算公式为:

$$营业收入成本率 = \frac{营业成本}{营业收入} \times 100\%$$

(3)成本费用利润率

成本费用利润率是利润与成本费用总额的比率,反映企业一定期间内的财务成果(利润总额或营业利润额)与生产耗费(成本费用总额或营业成本总额)的关系。其计算公式为:

$$成本费用利润率 = \frac{利润总额或营业利润额}{成本费用总额或营业成本} \times 100\%$$

2. 结构比率分析法

结构比率是局部数量(额)与总体数量(额)之比,即局部占总体的比重。例如,在单位产品成本或总成本中,各个成本项目所占的比重;在费用总额中,各个费用项目所占的比重。这些都是结构比率。结构比率分析法就是通过计算结构比率进行分析的方法。

在成本分析中,通过计算产品成本各个成本项目的比重,通过计算费用总额各个费用项目的比重,可以反映产品成本或费用总额的结构是否合理,从而为企业寻求降低成本、节约费用指明方向。

成本分析的相关结构比率计算公式如下:

$$产品成本结构比率=\frac{直接材料或直接人工或制造费用}{产品成本总额}\times100\%$$

$$期间费用结构比率=\frac{营业费用或管理费用或财务费用}{期间费用总额}\times100\%$$

$$制造费用结构比率=\frac{某项费用项目数额}{制造费用总额}\times100\%$$

各成本或费用项目的结构比率之和等于100%。

（三）因素分析法

如前所述,成本或费用是反映企业生产经营效率的综合指标。企业成本或费用的高低是多种因素共同影响的结果。因素分析法,它是一种分析经济因素的影响,测定各个因素影响程度的分析方法。在成本分析中,因素分析法通常包括连锁替代法和差额计算法。

1.连锁替代法

连锁替代法是将综合性指标分解成各个因素之后,以组成该指标的各个因素的实际数,按顺序替换比较的标准（如计划数、前期实际数）来计算各个因素变动对该指标影响程度的方法。

根据连锁替代法,有关因素的替代顺序如下:

（1）根据指标特征和分析目的,确定构成该指标的因素。例如,在分析单位产品成本的直接材料费用变动原因时,便可以确定分析材料消耗量和材料单位价格两个因素。

（2）根据各个因素的关系,按一定顺序排列各个因素。根据连锁替代法,改变各个因素的排列顺序,其计算结果会有所不同。为了便于比较和分析,应当确定各个因素的排列顺序。在实践中,一般数量因素在前,质量因素在后;实物量和劳动量因素在前,价值量因素在后。例如,影响单位产品成本中直接材料费用的因素包括单位产品材料消耗量和材料单位价格两个因素。一般材料消耗量因素排在前,材料单位价格因素排在后。

（3）确定比较的标准后,依次以各因素的本期实际数值替代该因素的标准数值（本期计划数值或前期实际数值）,每次替换都计算出新的数据。有几个因素就需替换几次,直至最后计算出该指标的实际数据。

（4）以每次替换后计算出的新数据,减去前一个数据,其差额即为该因素变动对该指标的影响程度。

(5)综合各个因素的影响程度,其代数和(正负数抵消后)应等于该指标的实际数据与标准数据(本期计划数值或前期实际数值)的差异。

【例12-1】某企业生产甲产品。单位产品消耗 A 材料的计划数为 11 公斤,实际消耗量为 10 公斤,A 材料的计划单位价格为 20 元/公斤,实际单位价格为 21 元/公斤。那么,单位产品 A 材料消耗的计划成本为 220 元(11×20),实际成本为 210 元(10×21)。实际成本与计划成本相比,节约了 10 元(220−210)。

采用连锁替代法分析各个因素变动的影响程度如下:

(1)根据指标特征和分析目的,确定构成该指标的因素。

产品单位成本＝单位产品材料消耗量×材料单位价格

(2)确定比较标准(计划数据):

11×20＝220(元)   ①

(3)第一次替换(以实际消耗量替换计划消耗量)

10×20＝200(元)   ②

(4)计算单位产品 A 材料消耗量变化对单位成本的影响:

②−①＝200−220＝−20(元)

(5)第二次替换(以实际单位价格替换计划单位价格)

10×21＝210(元)   ③

(6)计算 A 材料单位价格变化对单位成本的影响:

③−②＝210−200＝10(元)

(6)综合上述计算结果:A 材料实际成本比计划成本节约 10 元是因为单位产品材料消耗量减少 1 公斤(10−11)使单位成本降低 20 元,A 材料单位价格超支 1 元(21−20)使单位成本超支 10 元,是两个因素共同影响的结果。

上述分析可用表 12-1 表示如下。

表 12-1　甲产品 A 材料成本分析表

项目	计划	实际	差异	差异分析	
				单位消耗量影响	单位价格影响
单位产品 A 材料成本(元)	220	210	−10	−20	+10
单位产品材料消耗量(公斤)	11	10	−1		
单位材料价格(元)	20	21	+1		

2.差额计算法

差额计算法是连锁替代法的简化形式,它是根据各因素本期实际数值与标准数值(本期计划数值或前期实际数值)的差额,直接计算个因素变动对指标影响程度的方法。

承例12-1,运用差额计算法分析如下:

(1)计算单位产品 A 材料消耗量变化对单位成本的影响:

$$(10-11)\times20=-20(元)$$

(2)计算 A 材料单位价格变化对单位成本的影响:

$$(21-20)\times10=+10(元)$$

(3)综合计算各个因素的影响,其结果与连锁替代法相同:A 材料实际成本比计划成本节约 10 元是因为单位产品材料消耗量减少 1 公斤(10-11)使单位成本降低 20 元,A 材料单位价格超支 1 元(21-20)使单位成本超支 10 元,是两个因素共同影响的结果。

▲ 第二节　成本计划完成情况分析

企业的成本计划完成情况分析主要包括全部产品成本计划完成情况分析、主要产品成本计划完成情况分析和产品单位成本计划完成情况分析。

一、全部产品成本计划完成情况分析

如前所述,全部产品成本计划既可按产品种类和类别编制,也可按成本项目编制。这样,全部产品成本计划完成情况分析也应该分别按产品种类和类别与按成本项目进行分析。

(一)按产品种类和类别进行成本计划完成情况分析

这种分析的依据主要是产品生产成本表或产品生产成本及销售成本表和全部产品成本计划表(按产品种类和类别编制)。

【例12-2】假设大华公司 2005 年度产品实际生产成本数据如表 11-3 所示,2005 年产品成本计划数据如表 12-2 所示。[①]

---

① 本例的基本素材取自鲁亮升主编:《成本会计》,东北财经大学出版社,2004 年版,第 186 页。

表 12-2 产品成本计划表

编制单位:大华公司　　　　　　　　　2005 年度　　　　　　　　　金额单位:元

产品名称	计量单位	计划产量	单位成本		计划产量下的总成本		成本降低任务	
			上年实际	本年计划	按上年实际单位成本计算	本年计划	成本降低额	成本降低率
主要产品					900 000	875 520	24 480	2.72%
甲产品	件	540	1 200	1 164	648 000	628 560	19 440	3.00%
乙产品	件	252	1 000	980	252 000	246 960	5 040	2.00%
次要产品								
丙产品	件	240		1 110		266 400		
合　计						1 141 920		

根据表 11-3 和表 12-2,编制按产品种类和类别进行的"全部产品成本计划完成情况分析"如表 12-3 所示。

表 12-3 全部产品成本计划完成情况表(按产品种类和类别)

编制单位:大华公司　　　　　　　　　2005 年度　　　　　　　　　金额单位:元

产品名称	计量单位	实际产量	单位成本			计划产量下的总成本		成本降低任务	
			上年实际	本年计划	本年实际	按上年实际单位成本计算	按本年计划单位成本计算	本年实际	成本降低额	成本降低率(%)
主要产品						1 000 000	972 500	969 250	3 250	0.334 2
甲产品	件	625	1 200	1 164	1 158	750 000	727 500	723 750	3 750	0.515 5
乙产品	件	250	1 000	980	982	250 000	245 000	245 500	−500	−0.204 1
次要产品										
丙产品	件	250		1 110	1 060		277 500	265 000	12 500	4.504 5
合　计						1 250 000	1 234 250	15 750	1.26

根据表 12-3,总成本都是按实际产量计算的。因为只有同一个实物量的总成本才能够比较。在企业全部产品中,有些产品以前年度没有生产,没有上

年度资料。因而,企业全部产品成本计划完成情况分析,采用的比较基础是计划成本,通过实际成本与计划成本的比较,计算出全部产品的成本降低额和降低率,从而,揭示企业成本计划的完成情况。根据表 12-3,大华公司 2005 年度完成了全部产品总成本计划,实际成本与计划成本相比较,成本降低额为 15 750元,成本降低率为 1.26%。当然,次要产品的成本计划完成得更好,实际成本与计划成本相比,成本降低额为 12 500 元,成本降低率为 4.504 5%。大华公司的主要产品虽然也完成了成本计划,但是,其成本降低额只有 3 250元,成本降低率仅为 0.334 2%。如果进一步分析的话,可以看到大华公司的主要产品中,乙产品成本超支 500 元,成本超支率为 0.204 1%,大华公司应该进一步查明原因。

(二)按成本项目进行成本计划完成情况分析

这种分析的依据主要是企业按成本项目编制的产品生产成本表和产品成本计划表(按成本项目)。

【例 12-3】假设大华公司根据 2005 年度成本计划和成本报表(参见 11-2)编制全部产品成本计划完成情况表如表 12-4 所示。

表 12-4 全部产品成本计划完成情况表(按成本项目)

编制单位:大华公司　　　　　　2005 年度　　　　　　金额单位:元

成本项目	实际产量的总成本		与计划成本相比	
	按本年计划单位成本计算	本年实际	成本降低额	成本降低率(%)
直接材料	500 000	485 875	14 125	2.825
直接人工	362 500	363 625	−1 125	−0.310 3
制造费用	387 500	384 750	2 750	0.709 7
合　计	1 250 000	1 234 250	15 750	1.26

根据表 12-4,大华公司 2005 年度已经完成了按成本项目反映的全部产品成本计划,与计划成本相比,成本降低额为 15 750 元,成本降低率为 1.26%。这个结果与前述大华公司按产品种类和类别分析的结果一致。如果企业进一步分析,可以发现直接材料与制造费用项目完成了成本计划,与预计成本相比,其降低率分别为 2.825% 和 0.709 7%,但直接人工项目超支了 1 125 元,超支率为 0.310 3%。大华公司应该进一步分析直接人工项

目超支的原因。

总之,通过全部产品成本计划完成情况分析,企业可以揭示全部产品和各种产品成本计划的完成情况,明确全部产品总成本中各个成本项目的成本计划完成情况,有助于寻找成本超支或节约的原因。

二、主要产品成本计划完成情况分析

企业主要产品是指企业正常并大量生产的产品,其成本计划完成情况分析是成本分析的重点。由于企业的主要产品通常是以前年度已经生产过的,具有上年度成本数据,因此,有时主要产品也称为可比产品。

在企业的成本计划中,通常除了规定主要产品的计划总成本和计划单位成本之外,还规定了可比产品的成本降低额和降低率。因此,企业主要产品的成本计划完成情况分析主要是主要产品成本降低任务(成本降低额和成本降低率)的完成情况分析。

【例12-4】大华公司生产甲产品和乙产品两种主要产品(可比产品),有关资料参见表12-2和表12-3。

根据表12-2,大华公司2005年度主要产品计划产量按上年实际平均单位成本计算的总成本为900 000元,计划总成本为875 520元。大华公司2005年度计划成本降低额为24 480元(875 520-900 000),计划成本降低率为2.72%(24 480÷900 000)。大华公司2005年度主要产品的计划成本降低额和降低率都是与上年比较的。为了便于成本考核,主要产品实际成本降低额和降低率也应该与上年比较。

根据表12-3,大华公司主要产品实际产量按上年平均单位成本计算的总成本为1 000 000元,2005年度实际总成本为969 250元。与上年度相比,2005年度大华公司主要产品实际成本降低额为30 750元(969 250-1 000 000),实际成本降低率为3.075%(30 750÷1 000 000)。

上述计算结果显示:大华公司2005年度主要产品实际成本降低额超计划6 270元(30 750-24 480),实际成本降低率超计划0.355%(3.075%-2.72%)。这说明大华公司较好地完成了主要产品的成本降低目标。

那么,大华公司为什么会超计划完成主要产品的成本降低目标呢?这就是成本分析的对象。根据表12-2和表12-3,将成本分析对象汇总如表12-5所示。

表 12-5　主要产品成本降低计划完成情况表

编制单位:大华公司　　　　　　　　　2005 年度　　　　　　　　金额单位:元

产品名称	成本降低额			成本降低率(%)		
	计划数	实际数	差异数	计划数	实际数	差异数
甲产品	19 440	26 250	6 810	3%	3.5%	0.5%
乙产品	5 040	4 500	−540	2%	1.8%	−0.2%
合　计	24 480	30 750	6 270	2.72%	3.075%	0.355%

根据表 12-5,大华公司 2005 年度甲产品的成本降低额和降低率都完成了计划,而乙产品的成本降低额和降低率都没有完成计划。

究竟是哪些因素导致这种结局呢?下面进一步从产品单位成本、产品品种结构和产品产量等三个因素分析之。

1.产品单位成本对成本降低任务的影响

产品单位成本是影响产品成本降低任务完成情况最主要的因素。产品单位成本的降低或增加直接影响着成本的降低额或超支额。因此,产品单位成本对主要产品成本降低额和降低率计划完成情况的影响,可通过下列公式计算:

$$\begin{array}{l}\text{成本变动对成本} \\ \text{产品单位成本成} \\ \text{降低额的影响}\end{array} = \begin{array}{l}\text{主要产品实际产} \\ \text{量按计划单位成} \\ \text{本计算的总成本}\end{array} - \text{实际总成本}$$

$$\begin{array}{l}\text{产品单位成本变动对} \\ \text{成本降低率的影响}\end{array} = \frac{\text{产品单位成本变动影响的成本降低额}}{\begin{array}{c}\text{实际产量按上年} \\ \text{实际平均单位成本计算的总成本}\end{array}} \times 100\%$$

根据表 12-3,运用上述公式计算产品单位成本对成本降低额和降低率如下:

产品单位成本变动对成本降低额的影响＝972 500−969 250＝3 250(元)

产品单位成本变动对成本降低率的影响＝(3 250÷1 000 000)×100%
＝0.325%

2.产品结构对成本降低任务的影响

在生产多种产品的企业,产品结构是指各种产品在全部产品所占的比重。由于产品的实物量不能汇总,这里的"总产品"根据各种产品的实物量与该产品上年实际平均单位成本综合计算。根据表 12-2 和表 12-3,大华公司的产品结构计算过程如表 12-6 所示。

Accounting

表 12-6　产品结构计算表

编制单位:大华公司　　　　　　　　　　2005 年度　　　　　　　　金额单位:元

产品名称	计划产量	实际产量	上年单位成本	计划产量按上年实际成本计算的总成本	计划品种结构	实际产量按上年实际单位成本计算的总成本	实际品种结构
甲产品	540	625	1 200	648 000	72%	750 000	75%
乙产品	252	250	1 000	252 000	28%	250 000	25%
合 计	/	/	/	900 000	100%	1 000 000	100%

根据表 12-2 和表 12-6,计算计划成本降低率:

$$3\% \times 72\% + 2\% \times 28\% = 2.72\%$$

假设各种产品的计划成本降低率不变,产品结构变动后的综合成本降低率为:

$$3\% \times 75\% + 2\% \times 25\% = 2.75\%$$

产品结构变动对成本降低率的影响:

$$2.75\% - 2.72\% = 0.03\%$$

上述计算结果表明,假设各种产品的计划成本降低率不变,由于产品结构的变动,大华公司主要产品的综合成本降低率由 2.72% 上升到 2.75%,增加了 0.03%。这是大华公司计划成本降低率比较高的甲产品的比重由 72% 上升到 75% 的结果。

在实践中,产品结构变动对成本降低额和降低率的影响计算公式为:

$$
\begin{aligned}
&\text{产品结构变动对成本降低率的影响} = \\
&\frac{\text{实际产量按上年实际平均单位成本计算的总成本} - \text{实际产量按计划单位成本计算的总成本}}{\text{实际产量按上年实际平均单位成本计算的总成本}} \times 100\% - \text{计划成本降低率}
\end{aligned}
$$

$$
\begin{aligned}
&\text{产品结构变动对成本降低额的影响} = \text{实际产量按上年实际平均单位成本计算的总成本} \times \text{产品结构变动对成本降低率的影响}
\end{aligned}
$$

根据表 12-2 和表 12-3,运用上述公式,产品结构变动对成本降低额和降低率计算如下:

$$
\begin{aligned}
\text{产品结构变动对成本降低率的影响} &= \frac{(1\ 000\ 000 - 972\ 500)}{1\ 000\ 000} \times 100\% - 2.72\% \\
&= 2.75\% - 2.72\% \\
&= 0.03\%
\end{aligned}
$$

产品结构变动对成本降低额的影响＝1 000 000×0.03％＝300(元)

3.产品产量对成本降低任务的影响

如果成本没有根据其成本性态划分为固定成本和变动成本,那么,产品产量变动只影响成本降低额,不影响成本降低率。其计算公式为:

$$\begin{matrix}\text{产品产量变} \\ \text{动对成本降} \\ \text{低额的影响}\end{matrix} = \begin{matrix}\text{实际产量按上年} \\ \text{实际平均单位成} \\ \text{本计算的总成本}\end{matrix} - \begin{matrix}\text{计划的成} \\ \text{本降低额}\end{matrix} \times \begin{matrix}\text{计划的成} \\ \text{本降低率}\end{matrix}$$

或者:

$$\begin{bmatrix}\begin{matrix}\text{实际产量按} \\ \text{上年实际平} \\ \text{均单位成本} \\ \text{计算的总成本}\end{matrix} - \begin{matrix}\text{计划产量按} \\ \text{上年实际平} \\ \text{均单位成本} \\ \text{计算的总成本}\end{matrix}\end{bmatrix} \times \begin{matrix}\text{计划成本} \\ \text{降低率}\end{matrix}$$

根据表12-2和表12-3,产品产量变动对成本降低额的影响计算如下:

产品产量变动对成本降低额的影响＝1 000 000×2.72％－24 480

＝2 720(元)

或者:

(1 000 000－900 000)×2.72％＝2 720(元)

上述计算结果汇总如表12-7所示。

表12-7　主要产品成本计划完成情况分析汇总表

编制单位:大华公司　　　　　　　　　　2005 年度　　　　　　　　　　金额单位:元

各种影响因素	各因素对成本降低额的影响	各因素对成本降低率的影响
产品单位成本	3 250	0.325％
产品结构	300	0.03％
产品产量	2 720	
合　计	6 270	0.355％

产品单位成本、产品结构和产品产量对主要产品成本降低任务的影响分析也可以采用连锁替代法。根据连锁替代法的基本原理,影响成本降低额的三个因素的替代顺序为产品产量、产品结构和产品单位成本,影响成本降低率的两个因素的替代顺序为产品结构和产品单位成本。

综合上述,大华公司2005年度主要产品成本降低额和降低率都完成了计划。其中,成本降低额比计划增加了 6 270 元,成本降低率比计划增加0.355％。这是产品单位成本、产品产量和产品结构三个因素共同影响的结

Accounting

果。产品单位成本和产品产量较好地完成计划目标。产品单位成本降低使成本降低额增加了 3 250 元,成本降低率增加 0.325%;产品结构变动使得成本降低额增加了 300 元;产品产量增加使成本降低额增加 2 720 元。这说明大华公司的成本管理工作取得了较好的成效。

三、产品单位成本计划完成情况分析

在全部产品成本计划完成情况分析和主要产品成本计划完成情况分析中,影响成本计划完成情况的主要因素是单位成本。有鉴于此,企业应该进一步分析产品单位成本计划完成情况,揭示产品单位成本上升或下降的原因,寻求降低产品成本的途径。

在产品单位成本计划完成情况分析时,重点分析单位成本上升或下降幅度比较大和在企业全部产品中比重较大的产品。同时,在这两类产品中,又应该重点分析上升或下降幅度较大和比重较大的成本项目。

【例 12-5】根据大华公司 2005 年度主要产品单位成本表(表 11-4)和其他相关资料,运用比较分析法编制产品单位成本计划完成情况分析表如表 12-8 所示。

表 12-8 产品单位成本计划完成情况分析表

编制单位:大华公司　　　　　　　　　　2005 年度　　　　　　　　　金额单位:元

成本项目	单位成本			与上年实际单位成本比		与本年计划单位成本比	
	上年实际	本年计划	本年实际	降低额	降低率（%）	降低额	降低率（%）
甲产品	1 200	1 164	1 158	42	3.500	6	0.516
直接材料	470	439	445	25	5.319	−6	−1.367
直接人工	370	375	372	−2	−0.541	3	0.800
制造费用	360	350	341	19	5.278	9	2.571
乙产品	1 000	980	982	18	1.800	−2	−0.204
直接材料	400	385	371.4	28.6	7.150	13.6	3.532
直接人工	250	255	258	−8	3.200	−3	−1.176
制造费用	350	340	352.6	−2.6	0.743	−12.6	−3.706

根据表 12-8,我们可以看到:(1)与上年实际单位成本相比,大华公司

2005年度甲产品和乙产品的单位成本都有所降低,其单位成本降低额分别为42元和18元,其成本降低率分别为3.500%和1.800%;但是,与上年实际单位成本相比,甲产品和乙产品的直接人工费用都有所增加,影响了产品单位成本的降低幅度。(2)与本年计划单位成本相比,甲产品单位成本降低了6元,降低率为0.516%;乙产品单位成本超支了2元,超支了0.204%。甲产品单位成本超额完成计划任务,主要是直接人工和制造费用项目较好地完成计划任务,其成本降低额分别为3元和9元;但直接材料项目超支了6元,超支了1.367%。大华公司应该进一步分析其超支的原因。乙产品直接材料项目超额完成计划,其成本降低额为13.6元,成本降低率为3.532%,但直接人工和制造费用项目却分别超支了3元和12.6元,分别超支了1.176%和3.706%,从而使得乙产品没有完成产品单位成本计划。大华公司应该进一步分析乙产品直接人工和制造费用项目超计划的原因。

思考题

1. 如何理解成本分析是成本核算工作的延续?

2. 成本分析的意义何在?

3. 简述成本分析的内容。

4. 成本分析包括哪些基本方法?

5. 如何进行全部产品成本计划完成情况分析?

6. 如何进行主要产品成本计划完成情况分析?

7. 如何进行产品单位成本计划完成情况分析?

Accounting

第十三章

变动成本法

现代成本会计强调"不同目的,不同成本"(different costs for different purposes)和成本信息的相关性。因此,成本会计所提供的信息必须满足三个目的:(1)存货计价与收益确定;(2)经营控制;(3)管理决策。本书前面各章主要围绕"存货计价与收益确定"这个目的讨论成本核算与成本分析,接下来各章将围绕"经营控制"与"管理决策"这两个目的讨论成本会计问题。

▲ 第一节 成本性态:变动成本法的基础

变动成本法(variable costing)以成本性态(cost behavior)为基础。因此,在讨论变动成本法之前,必须首先讨论成本性态。

成本性态,又称成本习性,是指成本总额与业务量之间的依存关系。这里的"业务量"是指企业在一定的生产经营期间内投入或完成的经营工作量的统称,可以根据具体的业务性质而有所不同。其表现形式可以为实物量、价值量和时间量,如产品的生产量或销售量、产品的销售额、直接人工小时或机器工作小时、维修部门的维修小时、行驶里程等。

研究成本总额与业务量之间的依存关系,考察不同类型成本与业务量之间的特定数量关系,掌握业务量变动对各类成本的影响,对于加强成本控制、明确经济责任具有重要的意义。

成本按其性态可以分为固定成本(fixed cost)与变动成本(variable cost)两大类。

一、固定成本

固定成本是指在相关范围(relevant range)内,成本总额不受业务量增减变动影响而固定不变的成本。其特点是在相关范围内,其成本总额保持不变。这里的成本总额是一个相对概念,可以是某一项成本的总额,也可以是若干项成本的合计。

固定成本通常包括房屋设备租赁费、财产保险费、不动产税、按直线法计提的固定资产折旧费、管理人员工资、办公费、差旅费、劳动保护费、广告费、研究开发费、职工培训费等。

为了便于建立数学模型进行定量分析，假设总成本为 FC，业务量为 x，固定成本为 a，则固定成本的总成本模型为 $FC=a$，其单位成本模型为：

$$UFC=\frac{a}{x}$$

由此可见，从单位业务量负担的固定成本的角度看，则恰好相反，单位业务量负担固定成本（$UFC=a/x$）与业务量的增减成反比例关系，即业务量越大，单位业务量负担的固定成本越小；业务量越小，单位业务量负担固定成本越高。固定成本的性态可用图 13-1 表示之。

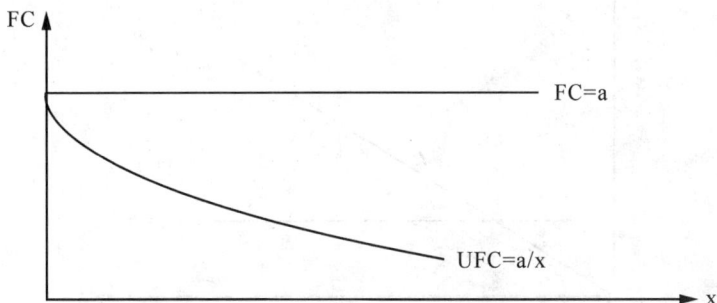

图 13-1　固定成本性态

固定成本还可根据其支出数是否受管理层短期决策行为的影响，进一步分为约束性固定成本（committed fixed cost）和酌量性固定成本（discretionary fixed cost）。约束性固定成本是指不受管理层短期决策行为影响的固定成本。例如，固定资产折旧费、保险费、管理人员的基本工资等。这些费用是企业经营业务必须负担的最低支出，它是维持企业最基本的生产能力的成本，因此又称为经营能力成本。约束性固定成本通常是由管理层根据企业的战略规划和长远目标来确定的，一旦形成，在短期内很难改变，并且对企业的生产能力和经营目标产生重大影响，因而这种成本具有很大的约束性。要想降低约束性固定成本，只能从充分利用企业生产能力的角度着手，提高产品产量，相对降低其单位成本。酌量性固定成本也称为选择性固定成本，是指受管理层短期决策行为影响，能改变其数额的固定成本。例如，广告费、研究开发费、职工培训费等。这些成本在一定的预算执行期内固定不变，相对于生产量也是固定成本,而在编制下一期预算时,由管理层根据未来的需要和财务负担能力进行调整。因此,要想降低酌量性固定成本,只有精打细算、厉行节约,在保证不影响生产经营的前提下尽量减少其支出总额。

二、变动成本

变动成本是指在相关范围内,其成本总额随着业务量的变动而成正比例变动的成本。其特点是在相关范围内,其成本总额随业务量的增减变动而成正比例变动,而单位产品的变动成本则不受业务量增减变动的影响而保持不变。假设单位变动成本为 b,则其总成本模型为 $VC=bX$,单位变动成本模型为 $UVC=b$。变动成本的性态可用图 13-2 表示之。

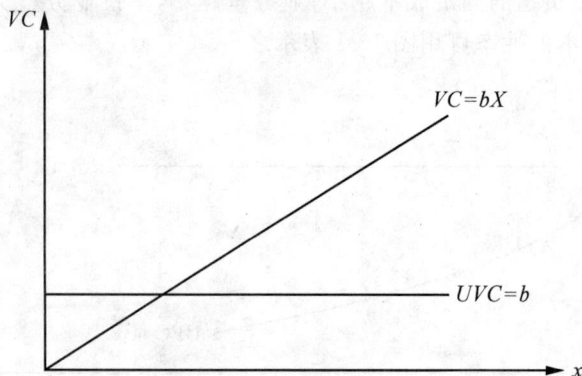

图 13-2 变动成本性态

变动成本通常包括直接材料、直接人工,制造费用中随业务量成正比例变动的物料用品费、燃料费、动力费,按销售量支付的销售佣金、包装费、装运费、营业税,以及按产量法计提的固定资产折旧费等。

上述对固定成本与变动成本的论述中,多次提到“相关范围”一词。在这里,“相关范围”有两层含义:(1)特定的期间;(2)某一特定的业务量水平范围。上述成本性态只有在相关范围内才有效。因为经营决策存在长短期决策之分。就长远观点而言,一切成本都是可变的。即使在短期内保持不变的成本,也只有就某一特定业务量范围而言,超出这个业务量水平,成本性态也会发生变化。就变动成本而言,也只有在相关范围内,成本总额与业务量呈线性关系的假设才有效。因此,成本性态分析的焦点在于“相关范围”。

值得指出的是,在现实生活中,并非所有的成本都可以一清二楚地分为固定成本与变动成本。在现实经济生活中,某些成本同时包含固定成本与变动成本两个因素。这种成本,其发生总额虽然也受业务量变动的影响,但并不存在绝对或严格的比例关系。这种成本称为混合成本(mixed cost)或半变动成本(semi-variable cost)。但是,可以应用一定的技术方法将其分解成固定成本与变动成本。从理论上说,一切成本按其性态都可以分解为固定成本与变动成本。正因为如此,才没有将混合成本单独列为一类。

三、混合成本的分解

一般而言,混合成本分解的方法较多,包括历史成本分析法、工程研究法、账户分类法和合同认定法。基于成本会计的视角,较常用的是历史成本分析法。因此,下面着重讨论历史成本分析法。历史成本分析法主要包括高低点法(high-low points method)、散布图法(scatter diagram method)和回归分析法(regression analysis method)。

(一)高低点法

高低点法通过观察相关范围内成本总额与业务量的最高点和最低点之差进行混合成本的分解。

这种方法假设成本总额与业务量存在线性关系,即成本表达式为:

$Y = a + bX$

设 X_1、X_2 分别为最高点与最低点业务量,Y_1、Y_2 分别为最高点与最低点的成本总额,那么:

$$Y_1 = a + bX_1 \tag{1}$$

$$Y_2 = a + bX_2 \tag{2}$$

(1)-(2)得到:

$$Y_1 - Y_2 = b(X_1 - X_2)$$

$$b = \frac{Y_1 - Y_2}{X_1 - X_2} \tag{3}$$

将(3)代入(1)得:$a = Y_1 - bX_1$

将(3)代入(2)得:$a = Y_2 - bX_2$

求出 a 与 b 的数值之后,成本表达式 $Y = a + bX$ 也就随之确定。这样既把混合成本分解成为固定成本与变动成本,又可用于预测在相关范围内某一业务量水平的混合成本总额。

【例 13-1】某公司 2007 年度 1~12 月份维修成本的历史数据如表 13-1 所示。

表 13-1　某公司 2007 年度 1～12 月份维修成本的历史数据

年份 项目	1	2	3	4	5	6	7	8	9	10	11	12
机器工作小时(X)	1 200	1 300	1 150	1 050	900	800	700	800	950	1 100	1 250	1 400
维修成本(Y)	900	910	840	850	820	730	720	780	750	890	920	930

如果该公司 2008 年度机器工作小时预计为 650 小时,则其维修成本将为多少?

首先,根据表 13-1 资料确定在相关范围(700～1 400 小时)内的最高点与最低点:

	机器工作小时(X)	维修成本(Y)
最高点	1 400	930
最低点	700	720
最高点与最低点差异	700	210

其次,运用高低点法分解维修成本:

$$b = \frac{930 - 720}{1\ 400 - 700} = 0.30\ \text{元/小时}$$

$a = 930 - 0.30 \times 1\ 400 = 510\ \text{元}$ 或 $a = 720 - 0.30 \times 700 = 510\ \text{元}$

最后,写出维修成本的表达式:

$$Y = 510 + 0.30X$$

如果该公司 2008 年度机器工作小时预计为 650 小时,那么,其维修成本将为 705 元(510＋0.30×650)。

值得指出的是,在现实经济生活中,高低点的业务量与成本总额未必严格对应。也就是说,业务量最高,但与之相对应的成本总额却未必最高;业务量最低,但与之相对应的成本总额却未必最低。这时,应该以业务量的最高点或最低点确定成本总额的最高点或最低点,因为业务量是成本总额发生的动因(driver)。

高低点法计算简单,便于运用,但是,它只用最高点和最低点确定成本性态,如果最高点和最低点缺乏代表性,那么,其结果可能与实际情况相去甚远。

(二)散布图法

散布图法是将观察的历史成本数据,在直角坐标系上作图,描绘出各期成本点散布图,并根据目测,在各成本点之间画出一条反映成本变动趋势的直线,其与纵轴的交点就是固定成本(a),然后再据此计算单位变动成本(b)的一种方法。具体地说,散布图法的基本步骤是:

1.画一个平面直角坐标,以横轴代表业务量(X),以纵轴代表成本总额(Y);

2.将业务量与成本总额坐标点逐一描绘在直角坐标上,形成若干坐标点即散布点;

3.以目测的方法模拟一条能大致代表上述各点的直线,其表达式为:$Y=a+bX$;

4.上述直线与纵轴的交点就是固定成本部分(a);

5.在直线上任意取一点(X_1,Y_1)即可确定单位变动成本 b,即:$b=(Y_1-a)/X_1$。

由此确定了 a 与 b,这样,成本表达式 $Y=a+bX$ 便随之确定。

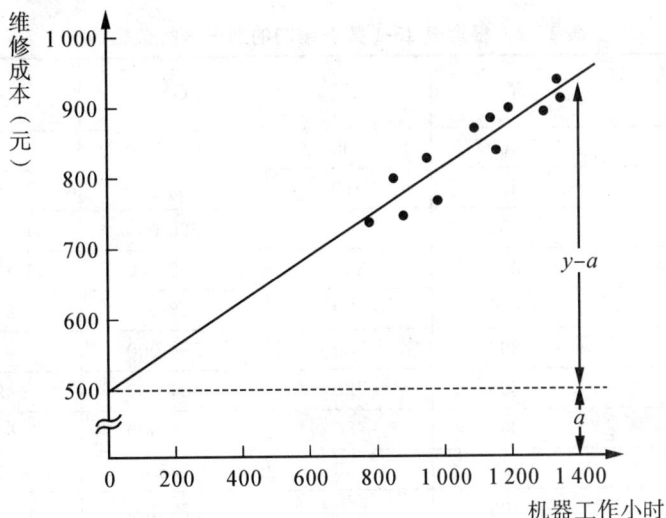

图 13-3　某公司维修成本散布图

【例 13-2】沿用【例 13-1】资料,根据表 13-1 数据,绘制散布图如图 13-3 所示。在图 13-3 中,目测画出的成本趋势直线与纵轴的焦点为 500 即为固定成本总额 a,成本趋势直线的斜率即为单位变动成本 b。在成本趋势直线上任意取一点如(1 200 900),那么,$b=(900-500)/1 200=0.33$。由此,维修成本表达式为:$Y=500+0.33X$。

散布图法综合考虑了各观察点上成本总额与业务量的依存关系,而不是仅凭最高点与最低点这两点就确定成本表达式,因而,其结果相对于高低点法而言,精确一些。但是,它只是目测的结果,可能对同一资料,不同的观察者可以描绘出各自不同的直线。

（三）回归分析法

回归分析法,也称最小二乘法(least-squares method)。如前所述,根据散布图法,对于同一资料,不同的观察者可以描绘出各自不同的直线。回归分析法就是要从这些众多的直线中寻找出一条最接近散布图上各点的直线。这条直线的表达式为 $Y=a+bX$。从微积分的角度看,就是各个观察点引起的总误差最小。这可以借助高等数学极值原理推导出 a 与 b 的数值,即：

$$a = \frac{\sum X_i^2 Y_i - \sum X_i \sum X_i Y_i}{n \sum X_i^2 - (\sum X_i)^2}, b = \frac{n \sum X_i Y_i - \sum X_i \sum Y_i}{n \sum X_i^2 - (\sum X_i)^2}$$

【例 13-3】以表 13-1 资料为例,说明回归分析法的运用(如表 13-2 所示)。

表 13-2　根据表 13-1 数据编制的回归分析数据表

项　目 年　份	X_i	Y_i	$X_i Y_i$	X_i^2
1	1 200	900	1 080 000	1 440 000
2	1 300	910	1 183 000	1 690 000
3	1 150	840	966 000	1 322 500
4	1 050	850	892 500	1 102 500
5	900	820	738 000	810 000
6	800	730	584 000	640 000
7	700	720	504 000	490 000
8	800	780	624 000	640 000
9	950	750	7 125 00	902 500
10	1 100	890	979 000	1 210 000
11	1 250	920	1 150 000	1 562 500
12	1 400	930	1 302 000	1 960 000
$\sum$	12 600	10 040	10 715 000	13 770 000

根据表 13-2 数据计算 a 与 b 数值如下：

$$a = \frac{13\ 770\ 000 \times 10\ 040 - 12\ 600 \times 10\ 715\ 000}{12 \times 13\ 770\ 000 - 12\ 600^2} = 500.23$$

$$b = \frac{12 \times 10\ 715\ 000 - 12\ 600 \times 10\ 040}{12 \times 13\ 770\ 000 - 12\ 600^2} = 0.32$$

于是得到维修成本表达式为：$Y = 500.23 + 0.32X$。

回归分析法具有严密性和科学性。但是,其过程比较复杂。不过,在今天的计算机时代,这个问题已经不存在。

综合上述,各种混合成本分解的基本思路都是求出 a 与 b,从而,列出成本表达式 $Y=a+bX$。

▲ 第二节 变动成本法基本原理

基于"存货计价与收益确定"目的的成本计算方法称为完全成本法(full costing),它主要满足财务会计对外编制财务报告的需要。变动成本法是与完全成本法相对应的一个新概念。

完全成本法也称"吸收成本法"(absorption costing)。通常人们所说的成本计算方法就是完全成本法,其主要特点是:产品成本包括直接材料、直接人工和制造费用,而制造费用根据其成本性态又可以进一步分为变动性制造费用与固定性制造费用。也就是说,根据完全成本法,每生产一单位产品,其成本不仅包括产品生产过程直接消耗的直接材料、直接人工和变动性制造费用,而且还包括一定份额的固定性制造费用。这样,固定性制造费用也与直接材料、直接人工和变动性制造费用一样,汇集于产品,随着产品流动而流动,从而,使本期已销售产品与存货具有完全相同的成本构成。

变动成本法,又称直接成本法(direct costing)。它与完全成本法的区别在于:根据变动成本法,产品成本只包括直接材料、直接人工和变动性制造费用,而不包括固定性制造费用。其理论依据是:固定性制造费用主要是为企业提供一定的生产经营条件而发生的,这些经营条件一经形成,不管其实际利用程度如何,有关费用照样发生,与产品的实际生产没有直接的联系,并不随业务量的增减而增减,因而,不应把它计入产品成本,而应作为期间费用处理。也就是说,这一部分费用是按期间发生的,它是一种与企业生产经营活动持续期间的长短相联系的费用,随着时间的推移而发生,随着时间的消逝而消失,其效益不应递延到下一个会计期间,而应在其发生的当期,全额列入收益表,作为该期间销售收入的一个抵减项目,期末资产负债表上的在产品、产成品的计价,自然也应排除这一部分费用。

由于变动成本法与完全成本法对于产品成本构成的认识和处理方法不同,因而产生了存货计价、分期损益计算等一系列差异。这些差异构成变动成本法的主要特点。理解了这些特点,也就理解了变动成本法的基本原理。

一、产品成本构成

如前所述,根据完全成本法,其产品成本包括直接材料、直接人工和全部

Accounting

制造费用;而根据变动成本法,其产品成本则只包括直接材料、直接人工和变动性制造费用,不包括固定性制造费用。两者的关系可用图 13-4 表示之。

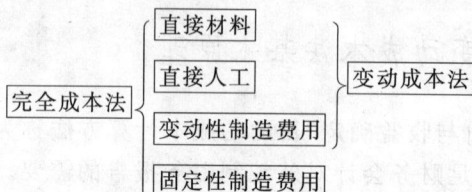

图 13-4　变动成本法与完全成本法的成本构成

为了更清楚地说明这种差异,下面举例加以说明。

【例 13-4】假设某企业 2007 年度有关资料如下:

直接材料	5.00 元/件
直接人工	9.00 元/件
变动性制造费用	0.60 元/件
固定性制造费用	92 000 元
年生产量	10 000 件

根据上述资料,两种成本计算方法的单位产品成本计算如表 13-3 所示。

表 13-3　变动成本法与完全成本法的单位产品成本

单位:元/件

成本项目	变动成本法	完全成本法
直接材料	5.00	5.00
直接人工	9.00	9.00
变动性制造费用	0.60	0.60
固定性制造费用	/	9.20*
合计	14.60	23.80

＊92 000/10 000＝9.20(元/件)。

由此可见,由于完全成本法吸收了固定性制造费用 9.20 元/件,而变动成本法却不包括这部分费用,从而,使两种成本计算方法确定的单位产品成本相差 9.20 元/件(23.80－14.60)。

二、存货计价

由于产品成本构成项目不同,完全成本法与变动成本法对期末存货的估价也不同。根据完全成本法,期末存货吸收了部分固定性制造费用;而根据变动成本法,期末存货却不包括固定性制造费用,固定性制造费用作为期间费用处理,由当期损益负担。例 13-4 根据完全成本法,单位存货的成本为23.80元;而根据变动成本法,单位存货的成本却只有 14.60 元。

三、分期损益计算

由于两种成本计算方法在产品成本构成和存货计价方面存在差异,从而,使两种成本计算方法分期损益计算也有所不同。

(一)计算方式

根据完全成本法,收益表不区分变动成本与固定成本,所有生产成本都计入产品销售成本,从产品销售收入扣除产品销售成本,便可得毛利,再从毛利中扣除销售及行政管理费用就得到经营净收益。[①] 其计算过程如下:

产品销售收入
减:产品销售成本
　　毛利
减:销售及行政管理费用
　　经营净收益

与此相反,根据变动成本法,收益表的成本区分为变动成本与固定成本。产品销售收入扣除生产过程的变动成本得到生产过程的贡献毛益,再从生产过程的贡献毛益扣除变动性销售及行政管理费用便得到最终贡献毛益,最后从最终贡献毛益扣除固定成本及费用,就得到经营净收益。其计算过程如下:

产品销售收入
减:变动性生产成本
　　生产贡献毛益
减:变动性销售及行政管理费用
　　最终贡献毛益
减:固定性制造费用
　　固定性销售及行政管理费用
　　经营净收益

---

① 之所以用经营净收益而不是净利润,是因为完全成本法与变动成本法对投资收益和营业外收支没有影响。

Accounting

成本会计

（二）计算结果

由于"销售成本＝期初存货＋本期增加存货－期末存货"，两种成本计算方法的产品成本构成及其存货计价不同，其销售成本也自然不同，从而分期损益的计算结果也可能不同。

【例13-5】以例13-4资料为例，并进一步假设如下：

期初存货	0
生产量	10 000 件
销售量	8 000 件
期末存货	2 000 件
单位销售价格	35 元
变动性销售及行政管理费用	1.2 元/件
年固定性销售及行政管理费用	58 000 元

运用完全成本法和变动成本法分别计算 2007 年度经营净收益如表 13-4 和表 13-5 所示。

表 13-4　完全成本法的经营净收益

单位:元

项　　目		金　　额
销售收入(8 000×35)		280 000
产品销售成本		
期初存货	0	
本期产品生产成本	238 000	
本期可供销售存货成本	238 000	
期末存货	47 600	
产品销售成本		190 400
毛利		89 600
固定性销售及行政管理费用	58 000	
变动性销售及行政管理费用	9 600	67 600
经营净收益		22 000

Accounting

表 13-5 变动成本法的经营净收益

单位:元

项　　目		金　　额
销售收入(8 000×35)		280 000
变动成本		
变动性产品销售成本		
期初存货	0	
本期产品生产成本	146 000	
本期可供销售存货成本	146 000	
期末存货	29 200	
变动性销售成本	116 800	
变动性销售及行政管理费用	9 600	126 400
贡献毛益		153 600
固定成本		
固定性制造费用	92 000	
固定性销售及行政管理费用	58 000	150 000
经营净收益		3 600

由此可见,完全成本法与变动成本法确定的经营净收益不同。根据完全成本法,经营净收益为 22 000 元;而根据变动成本法,经营净收益则为 3 600元,两者相差 18 400 元。原因在于根据变动成本法,固定性制造费用 92 000元作为期间费用,如数在当期扣除;而根据完全成本法,却将固定性制造费用92 000 元在已经销售产品与期末存货之间进行分配,期末存货吸收了固定性制造费用 18 400 元(2 000×9.2),从而完全成本法比变动成本法少扣除了固定性制造费用 18 400 元。这样,根据完全成本法计算的经营净收益比变动成本法计算的经营净收益自然多了 18 400 元。

▲ 第三节　变动成本法与完全成本法的结合运用

尽管变动成本法与完全成本法存在显著差异,但是,在企业经营管理过程中,完全没有必要同时存在两套成本计算系统。

一、变动成本法与完全成本法比较

前述的例 13-5 对变动成本法与完全成本法的分期损益计算方式和计算结果进行了简单比较。为了更全面系统地认识变动成本法与完全成本法分期损益计算结果的差异,下面进一步多期连续进行考察。

Accounting

【例 13-6】假设某企业 2005 年、2006 年和 2007 年有关资料如下：

1. 收入及成本数据如表 13-6 所示。

表 13-6　某企业收入及成本数据

单位:元

项　目	金　额
单位产品销售价格	35.00
单位产品变动性制造成本	14.60
年固定性制造费用	92 000
年固定性销售及行政管理费用	58 000
单位产品销售及行政管理费用	1.20

2. 产销情况如表 13-7 所示。

表 13-7　某企业产销情况表

单位:件

项　目	2005 年	2006 年	2007 年
期初存货	0	2 000	2 000
本期产量	10 000	10 000	8 000
本期销量	8 000	10 000	10 000
期末存货	2 000	2 000	0

3. 假设存货发出的计价方法采用后进先出法。①

根据上述资料,各年单位产品成本计算如表 13-8 所示。

表 13-8　单位产品成本计算表

单位:元/件

项　目	2005 年	2006 年	2007 年
变动成本法	14.60	14.60	14.60
完全成本法			
变动性	14.60	14.60	14.60
固定性	9.20	9.20	11.50
合计	23.80	23.80	26.10

---

① 尽管 2007 年我国开始实行的新会计准则取消了存货流动计价的"后进先出法",但是,为了说明问题,这里还是以"后进先出法"为例。

(1)2005年产量(10 000件)大于销量(8 000件),根据完全成本法与变动成本法,其计算结果分别如表13-9和表13-10所示。

表13-9　完全成本法计算的经营净收益

单位:元

项　　目	金　　额
销售收入	280 000
产品销售成本	190 400*
销售毛利	89 600
销售及行政管理费用	
固定部分	58 000
变动部分	9 600　　67 600
经营净收益	22 000

　＊0＋238 000－47 600＝190 400 或 8 000×23.80＝190 400(元)。

表13-10　变动成本法计算的经营净收益

单位:元

项　　目	金　　额
销售收入	280 000
变动产品销售成本	116 800*
变动性销售及行政管理费用	9 600
贡献毛益	153 600
固定成本	
固定性制造费用	92 000
固定性销售及行政管理费用	58 000　　150 000
经营净收益	3 600

　＊0＋146 000－29 200＝116 800(元)。

由此可见,当产量大于销量时,完全成本法的经营净收益大于变动成本法的经营净收益。这是因为根据完全成本法,期末存货吸收了部分固定性制造费用,在例13-6为18 400元(9.2×2 000),销售产品少分摊了这部分;而根据变动成本法,固定性制造费用92 000元如数在当期扣除,从而根据完全成本法,其扣除的固定性制造费用比根据变动成本法少一部分,在例13-6为18

400元,由此使得根据完全成本法计算的经营净收益大于根据变动成本法计算的经营净收益。

(2)2006年产销平衡(都是10 000件),根据完全成本法与变动成本法,其计算结果分别如表13-11和表13-12所示。

表13-11 完全成本法计算的经营净收益

单位:元

项　　目	金　　额
销售收入	350 000
产品销售成本	238 000
销售毛利	112 000
销售及行政管理费用	
固定部分	58 000
变动部分	12 000　　　70 000
经营净收益	42 000

表13-12 变动成本法计算的经营净收益

单位:元

项　　目	金　　额
销售收入	350 000
变动产品销售成本	146 000
变动性销售及行政管理费用	12 000
贡献毛益	192 000
固定成本	
固定性制造费用	92 000
固定性销售及行政管理费用	58 000　　　150 000
经营净收益	42 000

由此可见,当产量等于销量即产销平衡时,完全成本法计算的经营净收益与变动成本法计算的经营净收益相等,都是42 000元。在产销平衡时,根据完全成本法,固定成本虽然计入产品成本,但又全部转化为产品销售成本,在产品销售收入扣除,即如数在当期扣除;而根据变动成本法,固定成本自然也是如数在当期扣除。因此,两种成本计算方法计算的经营净收益也一样。

成
本
会
计

(3)2007年产量(8 000件)小于销量(10 000件),根据完全成本法与变动成本法,其计算结果分别如表13-13和表13-14所示。

表 13-13　完全成本法计算的经营净收益

单位:元

项　　目	金　　额	
销售收入		350 000
产品销售成本		256 400
销售毛利		93 600
销售及行政管理费用		
固定部分	58 000	
变动部分	12 000	70 000
经营净收益		23 600

表 13-14　变动成本法计算的经营净收益

单位:元

项　　目	金　　额	
销售收入		350 000
变动产品销售成本		146 000
变动性销售及行政管理费用		12 000
贡献毛益		192 000
固定成本		
固定性制造费用	92 000	
固定性销售及行政管理费用	58 000	150 000
经营净收益		42 000

由此可见,当产量小于销量时,完全成本法计算的经营净收益小于变动成本法计算的经营净收益。这是因为根据完全成本法,产品销售收入不仅要扣除本期(2007年度)的固定性制造费用,在例13-6为92 000元,而且还要扣除上期(2006年度)存货结转、吸收而来的固定性制造费用,在例13-6为18 400元;而根据变动成本法,产品销售收入却只扣除本期(2007年度)固定性制造费用92 000元,从而使得根据完全成本法计算的经营净收益小于根据变动成本法计算的经营净收益。

Accounting

二、变动成本法与完全成本法的评价

从理论上说,完全成本法与变动成本法都可以为企业管理层提供有用信息,但是,在特定环境下,它们又各有其适应性。

（一）分期损益

在产品销售价格、销售结构和成本不变的情况下,经营净收益应与销售量的增减保持一致。变动成本法能明确揭示产品的销售量、成本和经营净收益之间的依存关系,其所计算的经营净收益与销售量的增减保持一致,易于为企业管理层所接受,便于决策、控制和分析;而完全成本法由于掺杂了一些人为的计算因素,使经营净收益与销售量增减不能保持相应的依存关系,甚至产量增加而销售量减少,经营净收益却增加。这就难以为企业管理层所理解和接受。

【例13-7】假设某企业基本数据如表13-15和表13-16所示。

表 13-15　某企业基本数据

单位:元

项　　目	金　　额
单位售价	75
单位变动成本	35
固定性制造费用	400 000
销售及行政管理费用	
变动性部分	100 000
固定性部分	100 000

表 13-16　某企业产销及单位成本数据

项　　目	2006 年	2007 年
生产量(件)	20 000	25 000
销售量(件)	20 000	20 000
单位产品成本(元/件)		
变动成本法	35	35
完全成本法		
变动成本	35	35
固定性制造费用	20	16
合计	55	51

根据上述数据,完全成本法计算的分期损益如表13-17所示。

表 13-17　完全成本法计算的经营净收益

单位:元

项　　目	2006 年	2007 年
销售收入	1 500 000	1 500 000
产品销售成本	1 100 000	1 020 000
销售毛利	400 000	480 000
销售及行政管理费用		
固定部分	100 000	100 000
变动部分	100 000	100 000
经营净收益	200 000	280 000

　　由此可见,2006 年与 2007 年相比,销量都是 20 000 件,但是,2007 年的经营净收益却比 2006 年多 80 000 元。原因就在于 2007 年期末存货增加了 5 000件,吸收了固定性制造费用 80 000 元(16×5 000)。产量增加,使经营净收益增加,有利于促进企业提高劳动生产率,提高产品产量,适用于早期供不应求的卖方市场经营环境或垄断性行业。但是,在今天买方市场经营环境或竞争性行业,这种情形就显得极为被动。而变动成本法则不然,如果采用变动成本法,其分期损益如表 13-18 所示。

表 13-18　变动成本法计算的经营净收益

单位:元

项　　目	2006 年	2007 年
销售收入	1 500 000	1 500 000
变动产品销售成本	700 000	700 000
变动性销售及行政管理费用	100 000	100 000
贡献毛益	700 000	700 000
固定成本		
固定性制造费用	400 000	400 000
固定性销售及行政管理费用	100 000	100 000
经营净收益	200 000	200 000

　　由此可见,根据变动成本法,2006 年与 2007 年销量一样,经营净收益也一样,明显地显示出经营净收益与销售量的依存关系,说明企业扩大销量(而不是增加产量)是增加经营净收益的一种途径。变动成本法有利于以销定产,

Accounting

适用于当今买方市场经营环境或竞争性行业。

（二）决策分析

决策分析分为短期决策分析与长期决策分析。变动成本法比较适合于短期决策分析。因为就短期来说，企业现有生产能力一旦形成，在短期内难以发生变动，与此相关的固定成本是不可避免的，而变动成本却会受短期决策的影响。贡献毛益揭示了产品的盈利能力，企业的短期决策通常借助于贡献毛益。只有变动成本法才便于提供有关贡献毛益信息，完全成本法难以胜任这个特殊要求。但是，完全成本法比较适合于长期决策分析。就长期决策分析而言，企业生产能力会发生增减变动，一切成本都是变动成本。企业长期决策分析必须建立在补偿所有成本的基础上。这样，完全成本法所提供的信息比较充分，而变动成本法就显得不适应了。

（三）成本控制与绩效评价

成本控制与绩效评价的准则是可控性原则。变动成本法将成本分为固定成本与变动成本，可以为各责任单位提供成本控制与绩效评价的信息，有利于成本控制与绩效评价。完全成本法不区分固定成本与变动成本，一视同仁，都在各产品之间进行分配，不利于成本控制与绩效评价。

（四）对外报告及纳税申报

传统的成本概念是完全成本概念，变动成本法的成本概念不符合传统成本概念，因而据以进行存货计价与分期损益确定，不符合对外报告的要求，也不符合应纳税额的计算申报。就目前而言，变动成本法还不可能取代完全成本法。

三、变动成本法与完全成本法的结合运用

上述分析表明，变动成本法与完全成本法各有其适应性。一般而言，变动成本法比较适合企业内部经营管理的要求，但不符合对外报告和纳税申报要求；而完全成本法比较适合于对外报告和纳税申报要求，但不符合企业内部经营管理的要求。

成本会计存在对外（存货计价与收益确定）与对内（经营控制与管理决策）两个方面的功能。这就产生了如何使完全成本法与变动成本法相互补充、结合运用的问题。当然，这里所说的相互补充、结合运用，不是指重复地同时搞两套平行的成本核算系统，而是指以一种成本核算系统为基础，同时对其进行适当的调整和"变通"，使之能同时兼顾企业内外部两方面的信息需求。那么，所谓以一种成本核算系统为基础，又应该以哪一种成本核算系统为基础呢？

显然,企业内部信息需求是经常性的、大量的,而对外编制报表却只在期末进行(定期性的),因而,比较合理的做法是以变动成本法为基础,同时,对它进行适当的调整和"变通",以适应对外编制报表的需要。也就是说,企业把日常核算建立在变动成本法基础上,"基本生产"、"库存商品"账户按变动成本反映,同时另设置"存货中的固定性制造费用"账户,把所发生的固定性制造费用先记入这个账户,期末再将它在已经销售产品、在产品和产成品之间进行分配。对其中应该由已经销售产品负担的部分转入销售成本,由当期损益负担,而对其中应该由在产品、产成品负担的部分仍留在该账户的借方,在资产负债表上作为相应存货项目的附加,使存货和销售成本仍按完全成本列示。这就符合对外编制报表和纳税申报要求。如此一来,既可以避免平行地重复搞两套成本核算系统,又可以同时兼顾企业内外部两个方面的信息需求,因而,还是切实可行的。

【例 13-8】假设某企业 2008 年 1 月份有关资料如表 13-19 所示。

表 13-19　某企业 2008 年 1 月份有关资料

项　　目	数　　据
期初存货	0
产量(件)	1 000
销量(件)	900
变动性单位生产成本	
直接材料(元/件)	10
直接人工(元/件)	5
变动性制造费用(元/件)	3
全月固定性制造费用(元)	8 000
单位销售及行政管理费用(元/件)	2
全月固定性销售及行政管理费用(元)	12 000
单位产品销售价格(元/件)	45

根据上述资料,该企业 2008 年 1 月份的账务处理用"T"账户说明如图 13-5 所示。

根据图 13-5,可以验证如下:

根据完全成本法,产品销售成本=900×(18+8)=23 400(元),产成品成本=100×(18+8)=2 600(元),与上述账务处理结果一致。

直接材料

×××× 10 000 → 10 000
(10×1 000) → 5 000
→ 3 000

基本生产

10 000	18 000 →
5 000	(18×1 000)
3 000	

库存商品

18 000 →	16 200 (18×900)
800	
2 600	

应付职工薪酬

×××× 5 000
(5×1 000)

产品销售成本

16 200	
7 200	
23 400	

变动性制造费用

3 000 | 3 000
(3×1 000)

存货中的固定性制造费用

8 000	7 200
(8×900)	
	800

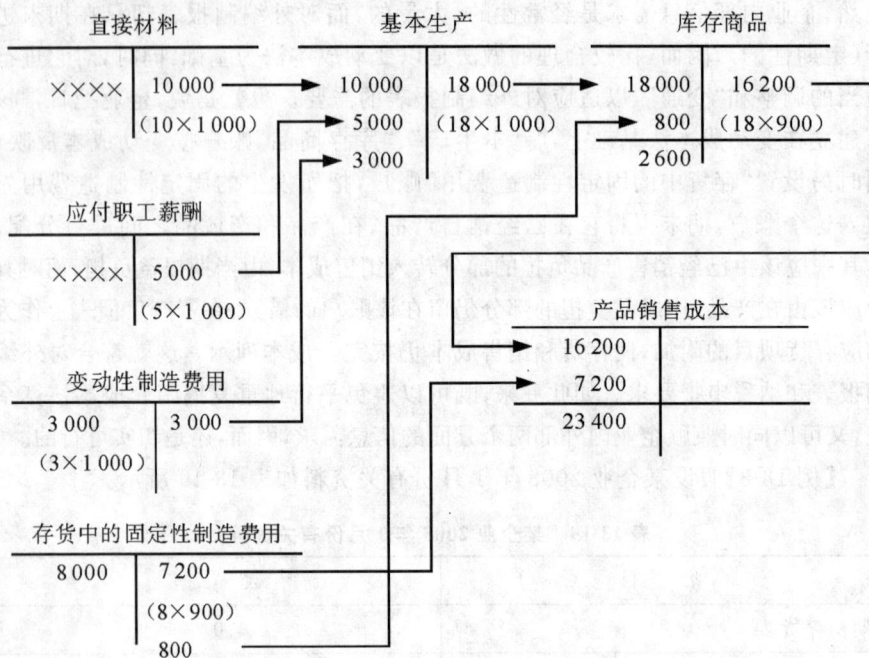

图 13-5 完全成本法与变动成本法结合运用的账务处理流程图

思考题

1.何谓成本性态？成本如何根据成本性态分类？

2.如何分解混合成本？

3.何谓完全成本法？何谓变动成本法？两者有何差异？

4.变动成本法将固定性制造费用作为期间费用处理的理论依据何在？

5.如果产量大于销量,存货发出计价方法采用后进先出法,为什么根据完全成本法计算的经营净收益大于根据变动成本法计算的经营净收益？

6.如果产量小于销量,存货发出计价方法采用后进先出法,为什么根据完全成本法计算的经营净收益小于根据变动成本法计算的经营净收益？

7.如果产量等于销量,存货发出计价方法采用后进先出法,为什么根据完全成本法计算的经营净收益等于根据变动成本法计算的经营净收益？

8.如何评价完全成本法与变动成本法各自的适应性？

9.如何将完全成本法与变动成本法结合运用？

第十四章

标准成本法

现代成本会计强调成本核算与成本管理相结合,标准成本法(standard costing)就是一种行之有效的成本控制方法。

▲ 第一节　标准成本法概述

标准成本法,是指预先确定标准成本,并以实际成本与标准成本相比,用以揭示成本差异,并对成本差异进行分析,据以加强成本控制的一种成本控制方法。标准成本法是为了配合泰罗科学管理学说的实施而引进到成本会计,并成为成本会计的一个组成重要部分。

一、标准成本法的作用

标准成本法不单纯是一种成本计算方法,而是一种集成本计算、成本分析与成本控制为一体的成本管理系统,它包括标准成本的制定、差异分析和成本差异的账务处理三大部分。

标准成本法与其他成本计算方法相比较,将事前成本计划、日常成本控制和最终产品成本的确定有机地结合起来,形成一个完整的成本控制系统,对企业加强成本管理、提高经济效益具有重要意义。标准成本法的具体作用主要体现在以下几个方面。

(一)加强成本控制,提高成本管理水平

标准成本法与产品成本计算的其他方法不同。其他成本计算方法计算出的产品成本是产品的实际成本即生产过程的实际耗费;而标准成本法所计算的产品成本不是产品的实际成本,而是产品的标准成本。标准成本是衡量正常成本水平的尺度,可作为评价和考核企业生产经营成果的标准。

(二)为企业管理层提供决策有用的成本信息

成本预算的客观与规范程度直接影响着全面预算的质量和实施。标准成本法可以为预算的编制提供极大的方便,并提高预算的可实现性。另外,在标准成本的制定过程要进行多方面的分析,剔除许多不合理的因素,它比实际成本更为客观;在差异分析中,又对实际成本脱离标准成本的差异进行分析。因此,标准成本法所提供的信息可以为企业的产品定价、接受特别订货等专门决策提供依据。

(三)有利于挖掘成本潜力,提高企业经济效益

标准成本是事前经过科学分析所确定的、在正常的生产经营条件下应该发生的成本,它是衡量成本水平的尺度。在生产过程中,通过实际成本与标准成本的比较,进行差异分析,可以区分经济责任,正确评价员工的工作绩效,从而调动员工的工作积极性,关心和参与生产成本的控制和管理,挖掘降低成本的潜力,提高企业经济效益。

(四)简化了企业日常成本核算

根据标准成本法,原材料、在产品、产成品和产品销售成本等都按标准成本入账,而对成本差异则另行记录,可以大大简化成本计算的日常账务处理工作,加速成本计算。如果需要编制以实际成本为基础的对外财务报表,可以把标准成本与成本差异相结合,把存货成本和产品销售成本调整为实际成本。

二、标准成本的类型

标准成本是指按照成本项目反映的、在已经达到的生产技术水平和有效经营管理条件下,应当发生的单位产品成本目标。企业在制定标准成本时,既不能太严,也不能太松。标准太高将使企业员工丧失信心,但标准太低,又使员工不花力气就能实现,也会使之失去激励的作用。通常,标准成本包括三种类型。

(一)理想的标准成本

理想的标准成本是最高要求的标准成本,它是以企业的生产技术和经营管理、设备的运行和工人的技术水平都处于最佳状态为基础所制定的单位产品成本。这种标准成本排除了机器可能的故障、材料可能发生的浪费以及工人操作不熟练等因素。由于这种标准成本没有考虑客观实际情况,提出的要求过高,很难实现,因此,在实际工作中很少采用这种标准成本。不过,它可以作为成本水平的追求目标。

(二)正常的标准成本

正常标准成本是指根据企业正常的耗用水平、正常的工作效率以及正常的价格水平制定的标准成本。所谓"正常"是指在经营活动中,排除异常或偶然事件影响的平均水平。确定正常标准成本时,应反映过去经营活动实际成

本的平均值,并考虑未来变动趋势。因此,这种标准成本是一种经过努力可达到的成本水平,且在生产技术和经营条件没有较大变化的情况下,不必修订。这种标准成本适合于经济环境稳定的管理情景。

（三）现行可达到的标准成本

现行可达到的标准成本是指在企业现行的生产经营条件和在预计可能达到的生产能力下,以有效的经营管理为基础而确定的标准成本。它是反映企业在现有生产经营环境、现有资本构成比例不变的条件下制定的一种成本标准,其控制基数随着时间推移及各种生产经营因素变动而不断地加以调整,以适应有效控制的需要。

三、标准成本法的运行程序

标准成本法的运行程序可归纳为:

（一）制定单位产品的标准成本

单位产品标准成本通常是按照产品的生产工序和阶段,区分直接材料、直接人工和制造费用等项目分别制定。各个成本项目的标准成本确定之后,将各项目的标准成本汇总,即为单位产品的标准成本。其计算公式为:

$$\frac{单位产品}{标准成本} = \frac{直接材料}{标准成本} + \frac{直接人工}{标准成本} + \frac{制造费用}{标准成本}$$

（二）计算产品标准成本

按照各产品的实际产量,计算出各该产品的直接材料、直接人工和制造费用的标准成本。其计算公式为:

产品标准成本＝产品实际产量×单位产品标准成本

（三）汇总计算实际成本

按照成本核算的一般程序,归集、计算产品生产过程中发生的直接材料、直接人工和制造费用的实际耗费。

（四）计算标准成本差异额

标准成本差异额是指产品实际成本与产品标准成本之间的差额。其计算公式为:

标准成本差异额＝实际成本－标准成本

通常情况下,实际成本大于标准成本所产生的差异,称为"不利差异"（unfavorable variance）,通常用"U"表示。在账务处理时,"不利差异"通常出现在账户的借方,故称为"借差";实际成本小于标准成本所产生的差异,称为"有利差异"（favorable variance）,通常用"F"表示。在账务处理时,"有利差异"通常出现在账户的贷方,故称为"贷差"。

(五)成本差异分析

成本差异分析是标准成本法运行过程最为重要的一个环节。因为只有通过成本差异分析,才能为成本控制提供依据,为提出降低成本的措施指明方向。成本差异分析通常包括三个步骤:

1.确定差异性质与数额;

2.查明差异产生的原因;

3.明确有关责任的归属。

(六)提交成本控制报告

通过前述成本差异分析,一方面可以找出成本差异产生的原因,另一方面又能够明确有关的经济责任。据此可以提出成本控制报告,采取有效措施,巩固成绩,克服不足或在必要时修订标准成本,以确保成本控制程序运行通畅。

标准成本法运行程序的各个环节是一个有机联系的整体。各部分相互衔接与呼应,共同构成了企业成本控制的完整系统。

▲ 第二节 标准成本的制定

单位产品的标准成本是由产品的直接材料、直接人工和制造费用组成的。制定单位产品标准成本,应分别根据直接材料、直接人工标准用量、材料价格标准、人工工资率标准和制造费用分配率标准具体计算。

上述各项成本项目的标准成本都包括"用量"标准和"价格"标准两项内容。对"用量"标准和"价格"标准应组织工程技术、生产、会计、采购、销售、人事部门等相关人员共同研究确定。各项成本项目的标准成本的基本计算公式为:

某成本项目标准成本 = 用量标准 × 价格标准

单位产品的标准成本 = $\sum$(用量标准 × 价格标准)

一、直接材料标准成本的制定

直接材料标准成本由直接材料用量标准和直接材料价格标准决定。直接材料数量标准是指在现有生产技术条件下生产单位产品所需要的各种材料的数量,它包括形成产品实体的材料,在正常范围内允许发生的材料损耗和生产过程不可避免的废品所耗费的材料数量。直接材料价格标准是指取得某种材料应支付的单位材料价格,包括该种材料买价和预计的各项采购费用。

直接材料标准成本的制定是根据其单位产品所需各种材料的标准数量和

与之相适应的标准价格计算求得。其计算公式为：

$$直接材料标准成本 = \sum（单位产品材料消耗标准 \times 材料价格标准）$$

【例14-1】兴华公司生产A产品。有关直接材料的资料如表14-1所示。

表14-1　兴华公司A产品直接材料数据

标准　　　　　材料种类	甲材料	乙材料
单位产品用量标准（千克）		
设计用量	20	5
必要损耗	2	0.5
材料价格标准（元）		
发票价格	8	10
采购费用	1	1.5

根据表14-1，A产品材料标准成本计算如下：

单位产品甲材料标准耗用量＝20＋2＝22（千克）

单位产品乙材料标准耗用量＝5＋0.5＝5.5（千克）

甲材料标准价格＝8＋1＝9（元/千克）

乙材料标准价格＝10＋1.5＝11.5（元/千克）

单位产品甲材料标准成本＝22×9＝198（元）

单位产品乙材料标准成本＝5.5×11.5＝63.25（元）

A单位产品直接材料标准成本＝198＋63.25＝261.25（元/件）

二、直接人工标准成本的制定

直接人工标准成本由直接人工用量标准和直接人工价格标准决定。在制定直接人工标准成本时，其基本程序首先是区分各种直接作业的种类，其次是逐一确定各作业在单位产品中的标准工时和标准小时工资率，最后两者相乘得出单位产品的直接人工标准成本。其计算公式为：

直接人工标准成本＝单位产品工时标准×小时工资率标准

公式中，直接人工用量标准是指标准工时，即在现有生产技术条件下生产单位产品所耗用的直接人工小时数，包括直接加工所需用的工时、必要的间歇和停工时间、不可避免的废品所耗用的工时等。直接人工标准工时是以"时间与动作研究"为基础，按产品加工工序分别计算，然后按产品分别汇总而确定的。

直接人工价格标准是指标准工资率。如果企业实行计件工资制，它就是

Accounting

单位产品支付的工人工资。如果企业实行计时工资制,它就是每一标准工作小时应支付的工人工资,即标准小时工资率。标准工资通常包括基本工资和工资附加费及各种工资性津贴。它是按现行工资制度所定的工资水平计算确定的。如果生产过程直接生产工人的工资水平不同,则应按工时和工资水平计算平均工资率。

【例14-2】兴华公司生产A产品。有关直接人工的资料如表14-2所示。

表14-2　兴华公司A产品直接人工数据

作业种类 标准	作业一 （下料工序）	作业二 （加工工序）
单位产品工时标准(小时)		
直接工作工时	0.4	5
允许的休息时间	0.04	0.5
废品和损坏上的工时	0.02	0.8
排除机器故障时间	0.02	0.2
小时工资率标准(元)		
每小时基本工资	20	30
每小时工资附加费及津贴	5	8

根据表14-2,A产品直接人工标准成本计算如下:

作业一单位产品标准工时＝0.4＋0.04＋0.02＋0.02＝0.48(小时/件)

作业二单位产品标准工时＝5＋0.5＋0.8＋0.2＝6.5(小时/件)

作业一标准小时工资率＝20＋5＝25(元)

作业二标准小时工资率＝30＋8＝38(元/小时)

作业一直接人工标准成本＝0.48×25＝12(元)

作业二直接人工标准成本＝6.5×38＝247(元)

单位A产品直接人工标准成本＝12＋247＝259(元/件)

三、制造费用标准成本的制定

制造费用标准成本通常按部门分别制定。如果某种产品由多个部门生产加工,就需要将各部门的单位产品制造费用汇总,并计算单位产品制造费用的标准成本。在制定各部门的制造费用标准成本时,通常先要求按部门分别确定生产单位产品所需的标准工时和标准费用分配率,然后两者相乘就得到单位产品制造费用的标准成本。其计算公式为:

制造费用标准成本＝单位产品工时标准×费用分配率标准

（一）制造费用用量标准

制造费用用量标准通常用生产单位产品所需的直接人工小时或机器小时表示，即标准工时。

（二）制造费用价格标准

制造费用价格标准是制造费用的标准分配率。根据成本性态分析，制造费用可以分为变动性制造费用与固定性制造费用。因此，制造费用分配率的计算公式为：

$$制造费用分配率 = \frac{制造费用预算（变动部分）}{生产量标准} + \frac{制造费用预算（固定部分）}{生产量标准}$$

制造费用标准分配率取决于两个因素：

1. 生产量标准。通常用直接人工小时或机器小时表示。它有两种含义：(1)充分利用现有生产能力所能达到的最高产量，即产能标准；(2)按预算产量和单位产品标准工时所确定的预算产量标准工时。

2. 制造费用预算。这是建立在企业现有生产能力充分利用基础上的制造费用预算，应分别编制变动性制造费用预算与固定性制造费用预算。变动性制造费用通常按不同生产活动水平确定耗费量，以弹性预算形式表示。固定性制造费用预算总额可参照历史资料并考虑预算期生产能力利用程度加以估算，相应的生产量标准通常选择预算产量标准工时。

【例14-3】兴华公司生产 A 产品。有关制造费用的资料如表 14-3 所示。

表 14-3　兴华公司 A 产品制造费用数据

标准 ＼ 部门	部门一	部门二
单位产品工时标准（小时/件）	7	3
费用分配率标准（元/小时）		
生产量标准（人工工时）	7 000	3 000
制造费用预算（元）		
变动性制造费用	84 000	39 000
间接材料	33 000	18 000
间接人工	39 000	12 000
水电费	12 000	9 000
固定性制造费用	56 000	27 000
管理人员工资	20 000	17 000
折旧	34 000	8 000
保险费	2 000	2 000

根据表14-3,A产品制造费用标准成本计算如下:

部门一变动性制造费用标准分配率＝84 000÷7 000＝12(元/小时)

部门二变动性制造费用标准分配率＝39 000÷3 000＝13(元/小时)

部门一固定性制造费用标准分配率＝56 000÷7 000＝8(元/小时)

部门二固定性制造费用标准分配率＝27 000÷3 000＝9(元/小时)

单位A产品变动性制造费用标准成本＝12×7＋13×3＝123(元/件)

单位A产品固定性制造费用标准成本＝8×7＋9×3＝83(元/件)

单位A产品制造费用标准成本＝123＋83＝206(元/件)

或

部门一制造费用标准成本＝(12＋8)×7＝140(元/件)

部门二制造费用标准成本＝(13＋9)×3＝66(元/件)

单位A产品制造费用标准成本＝140＋66＝206(元/件)

汇总表14-1、表14-2和表14-3的结果,得到兴华公司A产品单位标准成本如表14-4所示。

表14-4　兴华公司A产品单位标准成本

单位:元/件

成本项目	金　　额
直接材料	261.25
直接人工	259
制造费用	206
标准成本	726.25

▲ 第三节　成本差异的计算与分析

企业实际发生的成本与标准成本对比,就产生成本差异。通过成本差异的分析,企业可以发现成本控制存在的问题,从而分析问题并解决问题。

一、成本差异计算的通用模式

成本差异是指生产经营过程所发生的实际成本偏离相关标准成本所形成的差额。标准成本是一种事前预计的成本,而成本差异的计算是建立在弹性预算基础上的。所谓弹性预算基础即要求同时考察投入与产出,在实际产出的基础上,比较实际投入与标准投入。如果实际投入成本大于标准投入成本,表示成本的超支,所形成的差异为不利差异;如果实际投入成本小于标准投入成本,所形成的差异称为有利差异。对企业管理层而言,成本差异是一种重要的"信号",可据此发现问题,具体分析差异形成的原因与责任,进而采取相应的措施,消除不利差异,保持有利差异,从而实现成本控制目标。

由于直接材料、直接人工、制造费用三个成本项目的标准成本都是由价格标准与用量标准两个因素构成,在实务中都表现为实际支付的价格与实际耗用量,因此,各个成本项目的成本差异都可概括为:

成本差异(CV)=实际成本(AC)-标准成本(SC)

=实际产量(AQ)×实际价格(AP)-标准数量(SQ)×

标准价格(SP)

=(实际数量×实际价格-实际数量×标准价格)+

(实际数量×标准价格-标准数量×标准价格)

=实际数量×(实际价格-标准价格)+(实际数量-

标准数量)×标准价格

=价格差异+数量差异

上述成本差异计算的通用模式对各个成本项目的差异分析都是适用的。根据成本差异计算通用模式的基本原理,还可以采用列表方式进行分析计算,如图 14-1 所示。

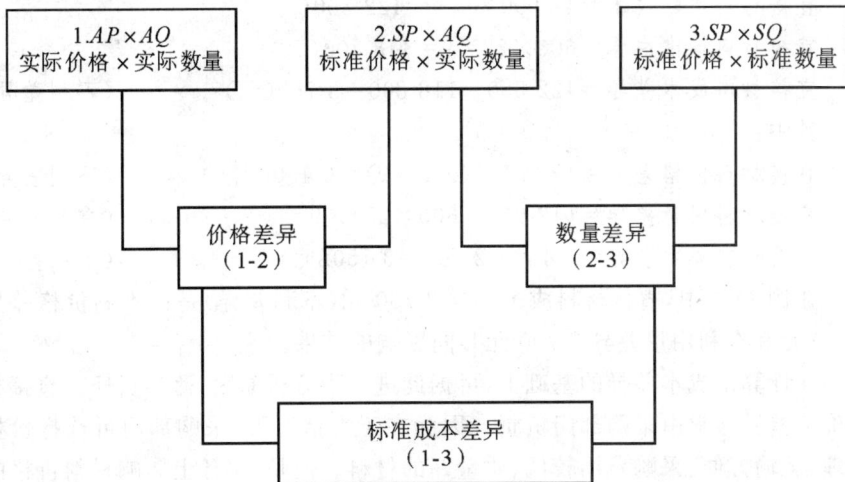

图 14-1　成本差异分解图

二、直接材料成本差异的计算与分析

直接材料成本差异是指基于实际产量的直接材料实际成本与直接材料标准成本之间的差额。它可以分解为直接材料价格差异与直接材料用量差异两部分。

（一）直接材料价格差异

直接材料价格差异是指因直接材料实际价格脱离标准价格而形成的直接材料成本差异。其计算公式为：

材料价格差异＝材料实际用量×（材料实际单价－材料标准单价）

（二）直接材料用量差异

直接材料用量差异是指因直接材料实际耗用量脱离标准耗用量而形成的直接材料成本差异。其计算公式为：

材料用量差异＝（材料实际数量－材料标准数量）×材料标准单价

【例14-4】仍以兴华公司为例。假定兴华公司2008年3月份实际生产了A产品600件，实际耗用甲材料12 900千克，甲材料每千克实际价格为9.5元。根据该产品实际生产及耗用材料资料和表14-1的标准成本资料，直接材料成本差异计算如下：

直接材料实际成本＝12 900×9.5＝122 550（元）

直接材料标准成本＝600×22×9＝118 800（元）

直接材料成本差异＝122 550－118 800＝3 750（元）　　　　（不利差异）

其中：

直接材料价格差异＝12 900×（9.5－9）＝6 450（元）　　　　（不利差异）

直接材料用量差异＝（12 900－600×22）×9＝－2 700（元）　（有利差异）

直接材料成本差异＝6 450－2 700＝3 750（元）　　　　（不利差异）

在例14-4中，直接材料成本差异3 750元（不利差异）是由不利价格差异6 450元和有利用量差异2 700元共同影响的结果。

在计算出成本差异的基础上，可据此进一步分析原因，落实责任。直接材料价格差异通常由采购部门负责。因为在正常情况下，采购部门可选择价格合理、运输方便、采购费用较低、质量好的材料。但是，实务上影响材料价格的因素很多，有些价格因素如因市场供需关系的变化所引起的价格变动，是采购部门所不能控制的。因此，应对不利的价格差异做进一步分析，以区分责任。实际价格提高的原因可能是由于材料质量等级的提高，也可能是由于市场价格的普遍提高，或者是未能及时付货款而失去购货折扣及采购过程的浪费等

Accounting

因素引起的。

直接材料用量差异通常由生产部门负责,不利的用量差异可能是因生产工人技术不熟练导致材料使用的浪费、废品和损坏的增加,或者是因为材料质量等级等问题而引起用料的浪费。在正常情况下,生产部门可以控制材料耗用量,但引起材料耗用量差异的因素很多,如材料品质、生产工艺设备先进程度、生产工人操作熟练程度,由于客观原因特别是自然原因(如化学过程)形成的不可避免的废品损失等等。因此,材料成本数量差异作为控制与考评指标,应具体落实到与其直接相关的差异因素上。

三、直接人工成本差异的计算与分析

直接人工成本差异是指基于实际产量的直接人工实际成本与直接人工标准成本之间的差额。直接人工成本差异也可以分解为价格差异和用量差异两部分。直接人工价格差异通常称为工资率差异,直接人工用量差异通常称为效率差异。

(一)直接人工工资率差异

直接人工工资率差异是指因直接人工实际工资率脱离标准工资率而形成的直接人工成本差异。其计算公式为:

直接人工工资率差异＝实际工时×(实际工资率－标准工资率)

(二)直接人工效率差异

直接人工效率差异是指因直接人工实际工时脱离标准工时而形成的直接人工成本差异。其计算公式为:

直接人工效率差异＝(实际工时－标准工时)×标准工资率

【例14-5】假定兴华公司2008年3月份在实际生产量600件A产品的水平上,第一工序实际耗用直接人工300小时,实际每小时支付工资27元。根据该产品实际生产及耗用人工资料和表14-2的标准成本资料,直接人工成本差异计算如下:

直接人工实际成本＝300×27＝8 100(元)

直接人工标准成本＝600×0.48×25＝7 200(元)

直接人工成本差异＝8 100－7 200＝900(元)　　　　　(不利差异)

其中:

直接人工工资率差异＝300×(27－25)＝600(元)　　　　(不利差异)

直接人工效率差异＝(300－600×0.48)×25＝300(元)　　(不利差异)

直接人工成本差异＝600＋300＝900(元)　　　　　　　(不利差异)

第十四章　标准成本法

一般而言,工资率差异发生的原因可能是由于运用技术熟练程度较高的高级技工而产生的。例如,高级技工的小时工资率较高,如果指派其担任技术要求不高而且可由小时工资率较低的技工承担的工作,必然形成不利的工资率差异。反过来说,一位不熟练的或未经训练的技术级别较低的工人去完成计件工资工作,也将同样地造成不利差异。由于工资率差异往往是人工的运用方式不同引起的,故其责任应由有权负责安排工人工作的劳动人事部门或生产部门负责。

人工效率差异通常应由生产部门负责,偶尔也应由其他部门负责,这要视具体情况而定。决定人工效率的因素很多,例如,工人的技术熟练程度和责任感、加工设备的完好程度和使用情况、产品质量控制程度、材料的质量和规定、动力供应情况和工具配备情况等。总之,企业管理层应对各方面严格要求。因为提高工人劳动生产率,才是降低单位生产成本的最为重要的因素。

四、变动性制造费用差异的计算与分析

由于变动性制造费用与固定性制造费用的成本性态不同,通常制造费用差异按其性质分为变动性制造费用差异与固定性制造费用差异两类。

变动性制造费用差异是指变动性制造费用实际发生额与变动性制造费用标准发生额之间的差额。变动性制造费用差异也分解为价格差异与用量差异两部分。变动性制造费用价格差异通常称为变动性制造费用耗费差异,变动性制造费用用量差异通常称为变动性制造费用效率差异。

（一）变动性制造费用耗费差异

变动性制造费用耗费差异是指因变动性制造费用实际分配率脱离标准分配率而形成的变动性制造费用差异。其计算公式为:

$$\text{变动性制造费用耗费差异} = \frac{\text{分配基础}}{\text{实际用量}} \times \left(\frac{\text{实际费用}}{\text{分配率}} - \frac{\text{标准费用}}{\text{分配率}} \right)$$

（二）变动性制造费用效率差异

变动性制造费用效率差异是指因实际耗用的直接人工工时脱离标准工时而形成的变动性制造费用差异。其计算公式为:

$$\text{变动性制造费用效率差异} = \left(\frac{\text{分配基础}}{\text{实际用量}} - \frac{\text{分配基础}}{\text{标准用量}} \right) \times \frac{\text{标准费用}}{\text{分配率}}$$

【例14-6】假定兴华公司2008年3月份在实际生产A产品600件的水平上,部门一实际发生的分配给A产品的变动性制造费用为47 520元,实际耗用直接人工4 320小时。根据该产品实际生产及耗费资料和表14-3的标准成

本及变动性制造费用率标准资料,变动性制造费用差异计算如下:

实际变动性制造费用＝47 520(元)

标准变动性制造费用＝600×7×12＝50 400(元)

变动性制造费用差异＝47 520－50 400＝－2 880(元)　　　(有利差异)

其中:

变动性制造费用实际分配率＝47 520÷4 320＝11(元/小时)

变动性制造费用耗费差异＝4 320×(11－12)＝－4 320(元)(有利差异)

变动性制造费用效率差异＝(4 320－600×7)×12＝1 440(元)(不利差异)

变动性制造费用差异＝－4 320＋1 440＝－2 880(元)　　　(有利差异)

在例 14-6 中,变动性制造费用为有利差异 2 880 元。这主要是变动性制造费用分配率降低引起的,变动性制造费用的效率差异是与其分配基础联系在一起的。因此,变动性制造费用分配基础的选择非常重要。通常负责控制分配基础水平的部门应对变动性制造费用的效率差异承担责任。

变动性制造费用不利差异的原因可能是多方面的。例如,构成变动性制造费用的各要素价格的上涨;如间接材料价格的上涨,动力费用价格上涨等;间接材料和人工的使用浪费;动力和设备使用的浪费等。

五、固定性制造费用差异的计算与分析

固定性制造费用不同于变动性制造费用。它主要与生产能力的形成和其正常的维护相联系。在一定的生产业务量范围内,固定性制造费用总额不变。因此,通常采用编制固定性制造费用预算进行控制。

然而,如果企业采用完全成本法计算产品成本,固定性制造费用也要分配于产品,由产品吸收、负担。因此,要对固定性制造费用进行差异计算与分析。这样,在计算产品标准成本时,要事先制定固定性制造费用标准分配率。其计算公式为:

$$\frac{\text{固定性制造费用}}{\text{标 准 分 配 率}}=\frac{\text{固 定 性 制 造}}{\text{费用预算总额}}\div\frac{\text{预计产能的}}{\text{标 准 工 时}}$$

固定性制造费用差异的分解方法包括两差异法和三差异法两种。

(一)两差异法

两差异法是指将固定性制造费用差异分解为固定性制造费用预算差异与固定性制造费用能量差异两部分。

1. 预算差异(budget variance)

预算差异也称为耗费差异,是指实际固定性制造费用脱离预算而形成的

Accounting

差异,即固定性制造费用的实际发生额与预算额之间的差额。其计算公式为:

$$固定性制造费用预算差异 = 固定性制造费用实际发生额 - 固定性制造费用预算额$$

2.能量差异(capacity variance)

能量差异是固定性制造费用的预算脱离标准而形成的差异,即基于标准产能,固定性制造费用预算额与固定性制造费用标准成本之间的差额。其计算公式为:

$$固定性制造费用能量差异 = 固定性制造费用预算额 - 固定性制造费用标准成本$$

$$= 标准固定性制造费用分配率 \times 产能标准工时 - 标准固定性制造费用分配率 \times 实际产量标准工时$$

$$= 标准固定性制造费用分配率 \times \left(\frac{产能}{标准工时} - \frac{实际产量}{标准工时} \right)$$

值得指出的是,由于标准固定性制造费用分配率是按照固定性制造费用预算总额除以预计产能(即预计业务量)来制定的,即使固定性制造费用实际数与预算数相等,只要实际业务量与预计业务量有出入,也会产生固定性制造费用成本差异。因为这种差异是由于费用分配率的"除数"(标准产能或预计业务量)发生变动而引起的,因此,能量差异也叫除数差异(denominator variance)。

根据两差异法,固定性制造费用成本差异就是预算差异与能量差异之和,即:

$$固定性制造费用成本差异 = 固定性制造费用预算差异 + 固定性制造费用能量差异$$

【例14-7】假设兴华公司部门一2008年3月份实际发生的固定性制造费用为50 000元,生产A产品600件,实际耗用工时为4 320小时。根据表14-3及有关资料,计算其固定性制造费用差异如下:

固定性制造费用预算差异＝50 000－56 000＝－6 000(元)　(有利差异)

固定性制造费用能量差异＝8×(7 000－600×7)＝22 400(元)　(不利差异)

固定性制造费用差异＝－6 000＋22 400＝16 400(元)　　(不利差异)

(二)三差异法

三差异法是指将固定性制造费用差异分解为固定性制造费用耗费差异、固定性制造费用生产能力差异和固定性制造费用效率差异三部分。

1.固定性制造费用耗费差异

固定性制造费用耗费差异是指固定性制造费用实际发生总额与预算总额之间的差额,与前述的两差异法的预算差异相同。即:

成本会计

$$\text{固定性制造费用耗费差异} = \text{固定性制造费用实际发生额} - \text{固定性制造费用预算额}$$

2. 固定性制造费用生产能力差异

固定性制造费用生产能力差异是指因生产能力的实际利用程度偏离预定的标准生产能力所形成的固定性制造费用差异。其计算公式为：

$$\text{固定性制造费用生产能力差异} = \text{标准固定性制造费用分配率} \times \left(\text{标准产能总工时} - \text{实际耗用工时} \right)$$

3. 固定性制造费用效率差异

固定性制造费用效率差异是指因生产单位产品实际耗用工时偏离其标准工时所形成的固定性制造费用差异。其计算公式为：

$$\text{固定性制造费用效率差异} = \text{标准固定性制造费用分配率} \times \left(\text{实际耗用工时} - \text{实际产量应耗标准工时} \right)$$

显然,三差异法的固定性制造费用生产能力差异与固定性制造费用效率差异之和等于两差异法的固定性制造费用能量差异。

【例 14-8】承例 14-7,假设兴华公司 2008 年 3 月份固定性制造费用及有关资料如表 14-5 所示。

表 14-5 兴华公司固定性制造费用资料

项　　目	数　　据
实际耗用工时(工时)	4 320
实际产量应耗用标准工时(7×600)(工时)	4 200
固定性制造费用预算额(元)	56 000
固定性制造费用实际额(元)	50 000

根据表 14-5 数据,运用三差异法分解如下:

固定性制造费用耗费差异 = 50 000 - 56 000 = -6 000(元)　(有利差异)

固定性制造费用生产能力差异 = 8×(7 000-4 320) = 21 440(元)(不利差异)

固定性制造费用效率差异 = (4 320-600×7)×8 = 960(元)　(不利差异)

固定性制造费用差异 = -6 000+21 400+960 = 16 400(元)　(不利差异)

由此可见,三差异法就是将固定性制造费用成本差异分为耗费差异、效率差异和生产能力利用差异三种。其中,耗费差异的计算与两差异法的计算相同。三差异法将二差异法的"能量差异"进一步分为两个部分:一部分是实际产量的实际工时未能达到(或超额)预算产量的标准工时而形成的生产能力差异;另一部分是实际产量的实际工时脱离实际产量标准工时而形成的差异,即

Accounting

效率差异。

（三）固定性制造费用成本差异的分析与控制

1. 预算差异分析与控制

在通常情况下，造成预算差异的原因主要包括：(1)管理人员数量的增减变化以及管理人员工薪标准调整；(2)相关税率的变化；(3)固定资产折旧方法的变更；(4)修理费用开支规模的变化；(5)职工培训费用的增减变化；(6)租赁费、保险费等的调整与变化；(7)各种公共用品价格变化。

预算差异的责任应视不同情况明确其归属。如固定资产折旧方法变更造成的预算差异，应由财务部门负责；修理费用增加而造成的预算差异，应由设备管理部门负责；由于扩大租赁、保险范围而造成的差异，就应由财务、设备管理部门等共同负责。至于一些不可控因素如税率变化、公共用品价格变化、工资标准的统一调整等所造成的差异，通常不能直接归咎于某一个部门。

2. 能量差异分析与控制

如前所述，能量差异实际上包括效率差异和生产能力差异两个部分，主要是生产能力利用程度不同而造成的差异。主要原因包括：(1)总体供求失衡，即产能过剩或供应不足；(2)企业设计能力与达产水平的相对关系；(3)企业营销策略对产销量的影响；(4)供应过程的影响；(5)生产过程组织的合理程度；(6)设备故障、维修状况；(7)产品结构及批量；(8)员工技术水平状况。

能量差异是现有生产能力没有充分发挥出来而造成的差额，其责任主要应由企业管理层负责，同时计划部门、生产部门、采购部门、销售部门、人力资源管理部门等都可能负有一定的责任，因此，需要从企业整体角度进行系统分析，综合解决。

▲ 第四节　标准成本的账务处理

根据标准成本法，应当将标准成本和成本差异纳入产品成本核算系统。在该产品成本核算系统下，产品成本按标准成本在相关账户之间结转。因此，相对于实际成本计算方法，标准成本法在产品成本计算与存货计价方面减少了工作量（比如，实际成本计算方法的存货计价的先进先出法、后进先出法和加权平均法等假设就不必要了，因为所有产品都是按同样的标准成本计算）。

一、标准成本法账户的设置

根据标准成本法，需要设置两大类账户：一类用来反映各种标准成本，另一类用来反映成本差异。

（一）反映各种标准成本的账户

根据标准成本法，反映各种标准成本的账户是成本计算账户，通常包括原材料、库存商品、生产成本、主营业务成本等。这些账户都应按标准成本核算，即记入这些账户的借方或贷方的金额都是以实际数量计算的标准成本额，如果这些账户有余额，一般在借方，反映计入资产项目的标准成本。

（二）反映各项成本差异的账户

对于生产过程所发生的实际成本与基于实际产出的标准成本之间的各种成本差异，则应另设各种成本差异账户，分别核算各种成本差异。对于直接材料成本差异，应设置"材料价格差异"和"材料用量差异"两个账户；对于直接人工成本差异，应设置"直接人工工资率差异"和"直接人工效率差异"两个账户；对于变动性制造费用差异，应设置"变动性制造费用耗费差异"和"变动性制造费用效率差异"两个账户；对于固定性制造费用差异，应设置"固定性制造费用耗费差异"、"固定性制造费用生产能力差异"和"固定性制造费用效率差异"三个账户。各种不利差异，应分别记入有关差异账户的借方；各种有利差异，应分别记入有关差异账户的贷方。

材料价格差异的核算通常存在两种方法：(1)在购入原材料时就计算其价格差异，将材料的标准成本记入"原材料"账户，而将其价格差异记入"材料价格差异"账户。在这种情况下，"材料价格差异"账户核算的是购入原材料的价格差异。(2)购入原材料时将其实际成本记入"原材料"账户，生产领用材料时才计算价格差异，将领用原材料的标准成本由"原材料"账户转入"在产品"账户，而将价格差异由"原材料"账户转入"材料价格差异"账户。在这种情况下，"材料价格差异"账户核算的是领用原材料的价格差异。

二、标准成本法的账务处理程序

标准成本法的账务处理通常分为下述三个步骤。

（一）登记各项标准成本账户

即在日常发生成本支出时，先将其分离为标准成本和成本差异两个部分；然后以标准成本分别登记原材料、生产成本、库存商品、主营业务成本等各有关标准成本账户。这里所指的标准成本是基于实际数量计算的标准成本额。

（二）登记各项成本差异账户

对于前述的成本差异，按类别分别登记相应的成本差异账户。为了便于考核，各成本差异账户还可以按责任部门设置明细账户，分别记录各部门的成本差异数额。

（三）处理成本差异

根据标准成本法,成本差异的处理主要有两种方法。

1.结转本期损益法

结转本期损益法是指在会计期末将全部的成本差异转入本期权益账户(本年利润账户),或者先将其转入产品销售成本账户,然后再将销售成本总额(标准成本加上成本差异)转入权益账户。

2.调整销售成本与存货法

调整销售成本与存货法是指在会计期末将全部成本差异按照基于实际数量计算的标准成本比例在销售成本与存货之间进行分配,以便合理地计算当期损益。

选择成本差异处理方法,应该综合考虑成本的差异类型、差异大小、差异原因等多种因素。对于不同成本差异也可以采用不同的处理方法,如直接材料价格差异多采用调整销售成本与存货法,能量差异多采用结转本期损益法等。但是,差异处理方法要保持一致性,以免损害成本数据的可比性或导致信息使用者产生误解。

为了简要地说明标准成本法的账务处理程序,可以绘制如图14-2所示的流程图。在图14-2中:

(1)直接材料计入产品成本;

(2)直接人工计入产品成本;

(3)变动性制造费用计入产品成本;

(4)固定性制造费用计入产品成本:

(5)结转完工产品成本;

(6)结转已销售产品成本;

(7)结转本期成本差异。

【例14-9】仍以兴华公司2008年3月份的有关业务为例,说明标准成本法的账务处理。假定兴华公司"原材料"、"在产品"和"库存商品"账户期初都没有余额,本期投产的A产品600件都已经全部完工。

1.直接材料成本的账务处理

对直接材料成本的账务处理,例14-9采用上述第一种方法,即"原材料"账户按标准成本计价,实际购买成本与标准成本之间的价格差异在购入原材料时计算,并记入"材料价格差异"账户。

根据例14-1的资料,假设兴华公司3月份以每千克9.5元的价格购入甲材料20 000千克,实际成本为190 000元,而购入材料的标准成本为180 000元,价

格差异为不利差异 10 000 元。该项货款尚未支付,则编制如下会计分录:

(1)借:原材料 180 000

材料价格差异 10 000

贷:应付账款 190 000

根据例 14-4 的资料,兴华公司 3 月份实际耗用直接材料,而实际生产 A 产品 600 件,直接材料标准耗用量应为 12 900 千克,该材料标准价格为每千克 9 元,则当期领用材料的标准成本为 118 800 元,直接材料用量差异为 －2 700元,编制如下会计分录:

(2)借:在产品 118 800

贷:原材料 116 100

材料用量差异 2 700

2.直接人工成本的账务处理

直接人工的实际成本记入"应付职工薪酬"账户的贷方,基于实际产量的直接人工标准成本记入"在产品"账户借方,两者之间的差额即为直接人工成本差异。

根据例 14-5 的资料,兴华公司 3 月份在实际生产 A 产品 600 件的水平上,第一工序实际耗用直接人工 300 小时,实际每小时支付工资 27 元。登记直接人工标准成本和成本差异,编制如下会计分录:

(3)借:在产品 7 200

直接人工效率差异 300

直接人工工资率差异 600

贷:应付职工薪酬 8 100

3.变动性制造费用的账务处理

实际发生的变动性制造费用在"变动性制造费用"账户的借方归集,而转入"在产品"账户借方的变动性制造费用是基于实际产量的标准变动性制造费用,两者之间的差额即为变动性制造费用差异。

根据例 14-6 的资料,兴华公司 3 月份部门一实际发生的分配给 A 产品的变动性制造费用为 47 520 元,标准变动性制造费用 50 400 元。实际耗用直接人工 4 320 小时。变动性制造费用耗费差异－4 320(元)(有利差异),变动性制造费用效率差异 1 440(元)(不利差异)。根据这些数据,编制如下会计分录:

(4)借:在产品 50 400

变动性制造费用效率差异 1 440

贷:变动性制造费用耗费差异 4 320

变动性制造费用 47 520

Accounting

成 本 会 计

原材料　　　　　　　　生产成本　　　　　　库存商品

实际成本　　　　标准成本　标准成本　标准成本　标准成本

① 直接材料价格差异

⑤

直接材料用量差异

应付职工薪酬

实际成本　　标准成本

② 直接人工工资率差异

主营业务成本

直接人工效率差异

⑥

变动性制造费用

实际成本　　标准成本

③ 变动费用耗费差异

⑦

变动费用效率差异

固定性制造费用

实际成本　　标准成本

固定性制造费用耗费差异

④ 固定性制造费用效率差异

生产能力利用差异

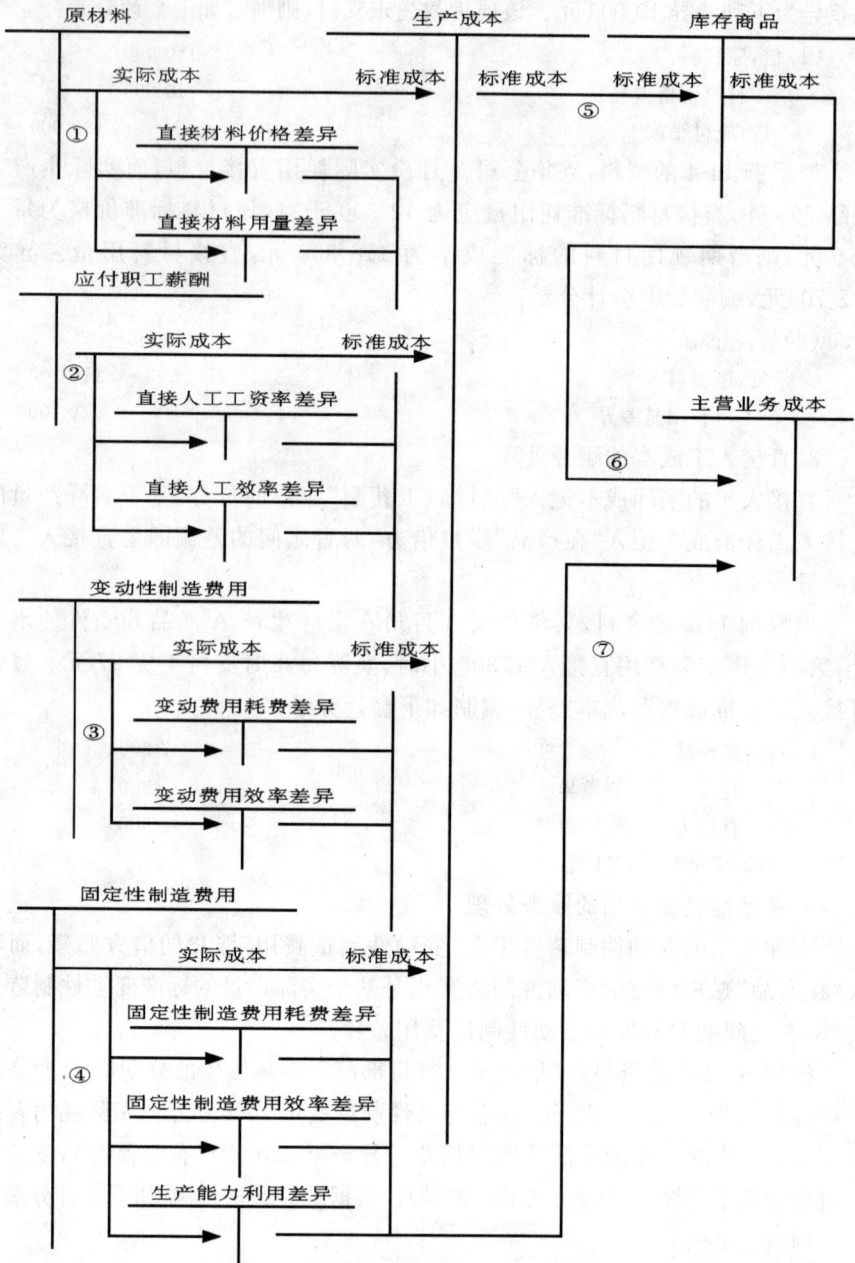

图14-2　标准成本法的账务处理程序流程图

4．固定性制造费用的账务处理

固定性制造费用的实际发生额平时在"固定性制造费用"账户的借方归集，根据完全成本法，计入产品成本的固定性制造费用是基于实际产量的标准成本，两者之间的差额即为固定性制造费用差异。

根据例14-7和例14-8的资料，兴华公司3月份生产A产品600件，相关资料如下：

实际耗用工时	4 320 工时
实际产量应耗用标准工时(7×600)	4 200 工时
固定性制造费用预算额	56 000 元
固定性制造费用实际额	50 000 元

固定性制造费用耗费差异＝50 000－56 000＝－6 000(元)　（有利差异）

固定性制造费用生产能力差异＝8×(7 000－4 320)＝21 440(元)（不利差异）

固定性制造费用效率差异＝(4 320－600×7)×8＝960(元)　（不利差异）

根据上述资料，编制如下会计分录：

(5)借：在产品　　　　　　　　　　　　　　　　　　　　　33 600

　　　固定性制造费用效率差异　　　　　　　　　　　　　　　　960

　　　固定性制造费用生产能力差异　　　　　　　　　　　21 440

　　贷：固定性制造费用　　　　　　　　　　　　　50 000

　　　固定性制造费用耗费差异　　　　　　　　　　　　　　　6 000

5．结转产成品成本和产品销售成本

根据标准成本法，产成品成本和产品销售成本的计算非常简单。因为产品进入生产过程全部是以标准成本计价的，因此，完工产品数量乘以其单位标准成本即为产成品成本，产品销售数量乘以其单位标准成本即为产品销售成本。

6．编制成本差异汇总表结转本期各项差异

期末编制会计报表时，必须对各种成本差异进行处理，成本差异的处理是标准成本法的重要组成部分。如前所述，成本差异的处理通常包括以下两种方法：

(1)将本期发生的各种成本差异，按标准成本的比例分配于期末在产品存货、期末库存产成品存货和本期已售产品中，从而将这些账户登记的标准成本调整为实际成本。采用这种方法的理由是：本期发生的成本差异与上述三者均有关系，这样分配成本差异之后，资产负债表的"在产品"项目和"产成品"项目以及收益表的本期产品销售成本都反映实际成本。

(2)将本期发生的各种成本差异全部计入当期收益表，作为当期产品销售成本的调整。根据这种处理方法，资产负债表的"在产品"项目和"产成品"项目只反映标准成本。采用这种方法的理由是：本期发生的成本差异是本期成本控制的结果，应当全部体现在本期的损益之中。只有这样，才能使各期的损益如实地反映各该期生产经营活动的全部成效。标准成本才是真正的正常成本，因此，期末资产负债的"在产品"项目和"产成品"项目以标准成本列示，不仅能较为如实地反映资产的价值，而且还避免了繁杂的成本差异分配工作，使产品成本的计算大为简化。但是，如果成本标准已经陈旧过时，那么该方法可能使会计报表信息反映失实。这时，必须对成本标准进行修订，以使其符合实际。企业通常采用这种方法处理成本差异。

【例14-10】根据兴华公司3月份账簿记录资料，编制各项成本差异汇总表如表14-6所示。其中，有利差异和不利差异（差异账户的贷方余额和借方余额）相互抵消后的净差异为不利差异14 200元。

表 14-6 兴华公司 2008 年 3 月份成本差异汇总表

单位:元

成本差异项目	有利差异	不利差异
材料价格差异		5 000
材料用量差异	30 000	
直接人工工资率差异		33 600
直接人工效率差异	15 600	
变动性制造费用效率差异		18 300
变动性制造费用耗费差异		7 500
固定性制造费用效率差异		6 000
固定性制造费用预算差异	34 000	
固定性制造费用能力差异		23 400
合　　计	79 600	93 800

根据表14-6，结转本期各项成本差异，编制如下会计分录：

（6）借:主营业务成本　　　　　　　　　　　　14 200
　　　　材料用量差异　　　　　　　　　　　　30 000
　　　　直接人工效率差异　　　　　　　　　　15 600
　　　　固定性制造费用预算差异　　　　　　　34 000
　　　贷:材料价格差异　　　　　　　　　　　　　　　5 000
　　　　直接人工工资率差异　　　　　　　　　　　　33 600
　　　　变动性制造费用效率差异　　　　　　　　　　18 300
　　　　变动性制造费用耗费差异　　　　　　　　　　7 500
　　　　固定性制造费用效率差异　　　　　　　　　　6 000
　　　　固定性制造费用能力差异　　　　　　　　　　23 400

至此,标准成本法所反映的"标准成本"全部转化为实际成本。

思考题

1.标准成本法有何意义?为什么说标准成本法是控制成本的有效工具?

2.如何理解标准成本的三种类型?

3.如何制定标准成本?在制定制造费用的标准成本时,为何要区分变动性制造费用标准成本与固定性制造费用标准成本?

4.如何进行直接材料差异分析?

5.如何进行直接人工差异分析?

6.如何进行制造费用差异分析?它与直接材料、直接人工差异分析有何不同?

7.如何进行成本差异的账务处理?

8.期末,如何处理成本差异?

9.企业实施标准成本法需要哪些条件的配合?

10.标准成本的制定是一个技术问题还是一个会计问题?

Accounting

第十五章

作业成本法^①

　　20世纪后期,成本会计取得了一些引人注目的进展。以"作业"(activity)为核心的作业成本法(activity-based costing,简称 ABC)是其中之一。本章立足于作业成本法最基本的概念,讨论作业成本法的基本原理,以此为基础进一步讨论其与传统成本计算方法的差异。

▲ 第一节　作业成本法基本概念

　　作业成本法构建在一系列基本概念基础上。这些基本概念是理解和掌握作业成本法的前提。

一、作业

　　作业(activity)是企业组织为了特定目的而消耗资源的活动或事项。它代表企业组织实施的工作,它是连接资源与成本对象的桥梁。
　　一般而言,作业具有三个特征:
　　1.作业是企业组织投入与产出因果关系连动的实体;
　　2.作业贯穿于企业经营管理的全过程,构成包容企业内部与连接外部的作业链;
　　3.作业是可量化的基准。
　　如果进一步观察,可以视作业为一系列相关任务(task)的总称。任务是企业组织实施每项作业的详细步骤,其作用在于理解作业的构成。例如,"发出订货单"作业由以下任务构成:(1)使用部门收到购买需求信息;(2)索取供应商报价并评估其报价;(3)编制比较分析表;(4)认定或选择供应商;(5)编制并发出订单。这些任务也可以视为作业。当然,作业的细分程度取决于企业

---

　　①　本章的编写参考了胡玉明:《高级管理会计》(第二版),厦门大学出版社,2005年版,第五章。

组织管理的需要及成本效益原则。

根据作业成本法的需要,有时还有必要确认企业组织不同作业层次所"驱动"(driver)的各项成本。例如,某些生产成本主要受到所生产的产品单位数量的影响,如直接材料;而某些成本却受到生产线数量的影响,如生产经理的工资。因此,在实践中,有时需要对作业进一步分类:

1.单位作业(unit level activity)。单位作业是指每生产一个单位执行一次作业,且各个单位所消耗的资源数量大致相同的作业。例如,直接人工成本、直接材料成本、按产量法计提的折旧等就属于单位作业。通常,其作业成本与产品产量或某种属性(产品重量或长度等)成比例变动。

2.批作业(batch level activity)。批作业是指每生产一批产品执行一次的作业。其资源的消耗反映在与各批相联系的成本动因上。例如,调整过程成本、生产计划、批检验成本、材料处理和运送成本等就属于批作业。通常,其作业成本与产品批别成比例变动。

3.产品作业(product level activity)。产品作业是指为了维持某特定生产线的存在而执行的作业。它通过生产线与资源的消耗联系起来。例如,顾客关系、购买和零部件管理、产品分类、产品工艺设计等就属于批作业。通常,其作业成本与产品数量或批数无关,与产品种类成比例变动。

4.能量作业(facility level activity)。能量作业是指为了维持企业的整体生产能力而执行的作业。例如,工厂管理、按直线法计提的折旧、通用照明、热动力、财产占用、生产协调等就属于能量作业。它与产量、批次、品种数量无关,与企业组织规模、结构有关。

二、作业中心

作业中心(activity center)是一系列相互联系、能够实现某种特定功能的作业集合。例如,在原材料采购作业中,材料采购、材料检验、材料入库、材料仓储保管等都是相互联系的,都可以归类于材料处理作业中心。

三、成本库

如果把企业组织的一系列相关作业所消耗的资源费用归集到作业中心,便构成该作业中心的成本库(cost pool)。实际上,成本库是作业中心的货币表现形式。这里的成本库相当于前述的"基本成本"、"辅助生产"、"制造费用"、"营业费用"、"管理费用"和"财务费用"等账户。

四、成本动因

成本动因(cost driver)是作业成本法的核心观念。它是导致成本发生的根源，是成本对象与其直接关联的作业和最终关联的资源之间的中介因素。作业和成本对象是其起因，资源消耗是其结果。成本动因是作业成本法的核心问题。

根据作业成本法，最困难、最富有挑战性的工作便是确定企业的成本动因。只有明确企业业务流程(business process)，才能确定成本动因。这是一个充满企业化和个性化的工作。

成本动因的选择极为重要，对此必须审慎考虑。

通常，成本动因由企业组织的工程师与会计师组成的专门小组讨论后确定。在选择成本动因时，必须注意以下两个问题：(1)成本动因应简单易懂、可计量，容易从现存的资料分辨出来，并与部门的产出存在直接的关联性。(2)代表性与全面性相结合。在选择成本动因时，为了避免作业成本法过于复杂，难以执行而流于形式，不宜把面铺得太广，既要挑选具有代表性和重要性的成本动因，又要注意避免过于简陋。

企业组织成本动因的数量多少与企业组织生产经营过程的复杂程度密切相关。企业组织生产经营过程越复杂，其成本动因就越多。在高新技术蓬勃发展的今天，成本动因的数量也日趋增加。表 15-1 列示了 Cal 电子电路公司的成本动因。

表 15-1　Cal 电子电路公司的成本动因[①]

Cal 电子电路公司的印刷电路板生产涉及如下 10 个成本动因：

1. 调整准备次数；
2. 印刷电路板的钻孔数；
3. 印刷电路板的层数；
4. 不同规格钻头的使用数量；
5. 印刷电路板的每一控制板图像数；
6. 印刷电路板的长度与宽度；
7. 每一控制板的部件数；
8. 工程小时数；
9. 场地大小；
10. 化学废料数量。

---

① John Lee, Activity Based Costing at Cal Electronic Circuits, *Management Accounting*, October 1990, pp. 36~38.

成本动因可以进一步分为：

1. 资源动因(resource driver)。资源动因是导致资源消耗的根源，是衡量资源消耗量与作业之间关系的某种计量标准。资源动因反映了资源消耗的起因，它是资源消耗归集到作业的依据。资源动因可以用于评价作业使用资源的效率。

2. 作业动因(activity driver)。作业动因是导致作业发生的原因，是将成本库的成本分配到成本对象的依据，也是将资源消耗与最终产出连接的桥梁。

表 15-2 列示了约翰迪尔组件厂的作业、作业层次及其成本动因。

表 15-2　约翰迪尔组件厂的作业、作业层次及其成本动因①

作　　业	作业层次	成本动因
材料采购	单位作业	材料成本
直接人工供应	单位作业	直接人工成本
机器运行	单位作业	机器小时
调整	批作业	调整小时
生产指令	批作业	指令单份数
材料整理	批作业	装货次数
零部件管理	产品作业	零部件数量
一般行政管理	能量作业	增值额

五、成本对象

成本对象(cost objective)是企业组织执行各项作业的原因，是归集成本的最终点。根据企业组织管理的需要，成本对象可以是产品，也可以是作业、部门或生产线、一个人，乃至整个企业，甚至可以是企业组织的外部顾客。

六、资源

资源(resource)是支持作业的成本或费用来源，是作业执行过程所需要花费的各种代价。与某项作业直接相关的资源应该直接计入该作业。如果某项资

---

① Robin Cooper and Robert S. Kaplan, *The Design of Cost Management System : Solution Manual and Teaching Notes* , Englewood Cliffs, N. J. ; Prentice Hall, 1991, p. 310.

源支持多种作业,就应该借助一定的标准将资源分配计入各种相应的作业。

▲ 第二节 作业成本法基本原理

在明确作业成本法的基本概念基础上,本节进一步讨论作业成本法的基本原理及其与传统成本计算法的比较,以期更好地理解和把握作业成本法。

一、作业成本法基本原理

作业成本法奠基于"作业消耗资源,成本对象消耗作业"这两个前提。据此,作业成本法基本原理可以概括为:依据不同成本动因分别设置成本库,再分别以各种成本对象所耗费的作业量分摊其在该成本库的作业成本,然后,分别汇总各种成本对象的作业总成本,计算各种成本对象的总成本和单位成本。由此可见,作业成本法将着眼点放在作业上,以作业为核算对象,依据作业对资源的消耗情况,将资源的成本分配到作业,再由作业依据成本动因追踪到成本对象的形成和积累过程。如图 15-1 所示。

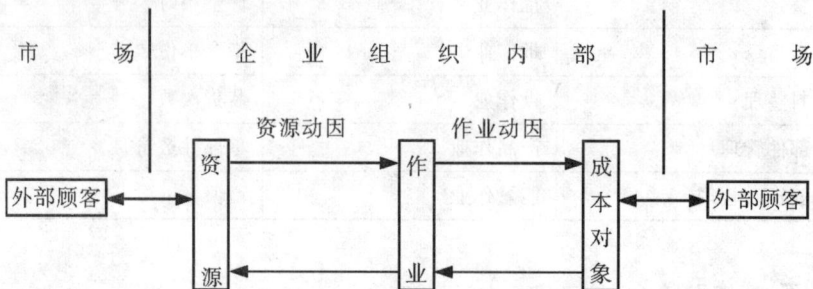

说明:在企业组织内部,上面的箭头表示成本计算和形成过程,下面的箭头表示资源消耗过程。

图 15-1 作业成本法基本原理

根据图 15-1 所描述的基本原理,作业成本法的具体步骤如下:

(一)确认主要作业和作业中心

一个作业中心就是生产程序的一个部分。例如,检验部门就是一个作业中心。按照作业中心披露成本信息,便于企业组织控制作业,评估作业绩效。如何确认作业和作业中心,涉及前述的"作业"的概念。

(二)将资源成本分配到作业中心

将归集起来的投入成本或资源分配到每个作业中心的成本库,每个成本库所代表的是它所在的那个中心所执行的作业。因此,该步骤的成本动因是要确认每个成本中心的资源耗用量。这个步骤的分配工作,反映了作业成本法的基本前提:作业量决定资源耗用量。资源耗用量的高低与最终的产出量(成本对象)没有直接的关系,这种资源消耗量与作业量之间的关系就是前述的"资源动因"。"资源动因"是本步骤分配的基础。例如,当"检验部门"被定义为一个作业中心时,那么,"检验小时"就成为一个资源动因。这时,许多与检验有关的成本都将归集到消耗该项资源的作业中心。这是作业成本法的"本源"。顾名思义,作业成本法计算的就是企业组织各种作业的成本。

（三）将各个作业中心的成本分配到成本对象

例如,整备作业的成本动因是整备小时或整备次数,整备次数假定每次整备作业耗用的资源都是相同的,整备小时则假定资源的消耗量是随着产品所需要的整备时数的变动而变动。再如,抽样检验作业的成本动因是生产的批次,钢板打眼作业的成本动因是打出的眼数,组装作业的成本动因是直接人工小时。这个步骤的分配工作反映了作业成本法的基本前提:产出量(成本对象)决定作业耗用量。这种作业消耗量与企业产出量(成本对象)之间的关系就是前述的"作业动因",这是作业成本的延伸。既然第二步骤已经计算出企业组织各种作业的成本,那么,企业组织就可以"按需取数"计算出各种成本对象的成本。产品只是作业成本法的众多成本对象之一。

作业成本法的基本步骤如图 15-2 所示。

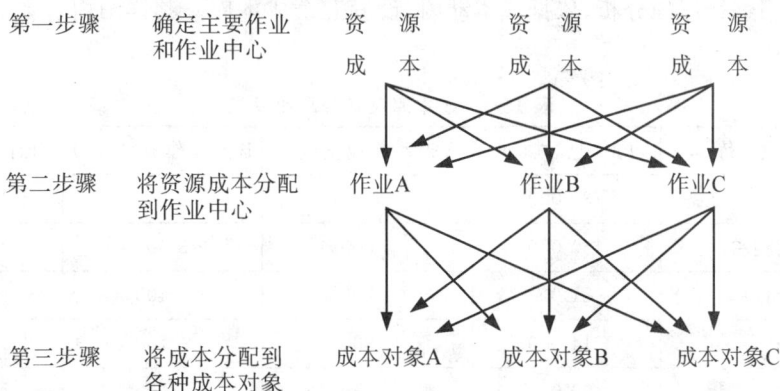

图 15-2　作业成本法基本步骤

Accounting

二、作业成本法例解

就产品成本计算而言,由于生产成本的直接材料成本和直接人工成本属于直接成本,因而,作业成本法对直接材料成本和直接人工成本的核算方法与传统成本计算方法并无不同。作业成本法的特点主要体现在制造费用的分配上。

如前所述,作业成本法克服了单纯以直接人工成本等标准分配制造费用的局限性,缩小制造费用的分配范围(由整个企业组织统一分配改为由若干个"成本库"分别进行分配),增加制造费用分配标准(由单一标准改为多元标准),即按引起制造费用发生的各种成本动因进行分配。

为了说明问题,下面举例说明作业成本法与传统成本计算方法的计算原理及其差异。

【例 15-1】假设某企业生产 A、B 两种产品。有关资料如下:

(1)A、B 两种产品的年产量分别为 5 000 件和 20 000 件;

(2)A、B 两种产品的单位直接人工成本都是 10 元;

(3)A、B 两种产品的直接材料成本分别为 25 元和 15 元;

(4)年度制造费用总额为 875 000 元;

(5)A、B 两种产品所耗费的直接人工小时总额为 50 000 小时/年,A、B 产品分别为 10 000 小时/年和 40 000 小时/年。

根据传统成本计算法,制造费用按直接人工小时进行分配。该企业对制造费用进行详细分析,依据成本动因,设置五个成本库。其详细内容如表 15-3 所示。

表 15-3　成本库及其分配比率表

成本库	可追溯成本(元)	A 产品作业量(次)	B 产品作业量(次)	合计(次)
机器调整准备	230 000	3 000	2 000	5 000
质量检验	160 000	5 000	3 000	8 000
生产订单	81 000	200	400	600
维修	314 000	300	700	1 000
原材料收货	90 000	150	600	750
合　　计	875 000	/	/	/

根据传统成本计算法,制造费用按直接人工小时进行分配,A、B 产品的单位直接人工小时都是 2 小时(10 000 小时/5 000 件与 40 000 小时/20 000

件),其单位制造费用都是35元[(875 000元/50 000小时)×2]。这样,A、B产品的单位成本计算如表15-4所示。

表15-4　单位成本计算表(传统成本计算法)

单位:元

成本项目	A产品	B产品
直接材料	25	15
直接人工	10	10
制造费用	35	35
合　计	70	60

根据作业成本法,对制造费用进行详细分析,依据成本动因,设置五个成本库。其详细内容如表15-5所示。

表15-5　成本库及其分配比率(作业成本法)

成本库	可追溯成本(元)	A产品作业量(次)	B产品作业量(次)	合计(次)	分配率
机器调整准备	230 000	3 000	2 000	5 000	46
质量检验	160 000	5 000	3 000	8 000	20
生产订单	81 000	200	400	600	135
维修	314 000	300	700	1 000	314
原材料收货	90 000	150	600	750	120
合　计	875 000	/	/	/	/

根据表15-5,编制制造费用分配表如表15-6所示。

表15-6　制造费用分配表(作业成本法)

成本库	A产品分配额(元)	B产品分配额(元)	合计(元)
机器调整准备	138 000	92 000	230 000
质量检验	100 000	60 000	160 000
生产订单	27 000	54 000	81 000
维修	94 200	219 800	314 000
原材料收货	18 000	72 000	90 000
合　计	377 200	497 800	875 000
单位产品制造费用	75.44元/件	24.89元/件	/

Accounting

根据表 15-6,编制单位成本计算表如表 15-7 所示。

表 15-7　单位成本计算表(作业成本法)

单位:元

成本项目	A 产品	B 产品
直接材料	25	15
直接人工	10	10
制造费用	75.44	24.89
合　　计	110.44	49.89

上述表 15-4 与表 15-7 的结果显示了传统成本计算法与作业成本法的区别。作业成本法除了提供更为详细的成本信息外,其所确定的产品成本也与传统成本计算法不同。例 15-1 中,如果根据传统成本计算方法,A 产品与 B 产品的单位成本差距不大(70 元与 60 元);而根据作业成本法,A 产品与 B 产品的单位成本差别较为明显(110.44 元与 49.89 元)。就制造费用而言,根据传统成本计算法,A 产品与 B 产品的单位制造费用都是 35 元;而根据作业成本法,A 产品与 B 产品的单位制造费用分别为 75.43 元和 24.89 元。

导致上述这种结果的主要原因在于传统成本计算法采用单一分配标准(如直接人工小时)进行制造费用的分配,忽视了各种产品生产的复杂性和技术含量不同以及与此相联系的作业量不同,从而导致产品成本的扭曲。这就类似于大家一起去餐馆吃饭,然后"AA"制。表面上,大家平均分配"餐费",其实,这并不公平。因为每个人点的菜都不一样,当然每道菜的价钱也不同,而且每个人所"享用"的饭菜数量与品种也并不同。但是最后却是大家平均分摊"餐费",有些人可能因此而"吃亏",另一些人可能因此而占"便宜"。

传统成本计算方法导致产品成本的扭曲主要体现在:掩盖成本发生的实质,造成不同产品之间的"成本转移"问题。所谓"成本转移"是指由于成本计算方法的原因而使得某些产品成本被低估,某些产品成本被高估。根据传统成本计算方法,导致成本转移的主要因素包括批量差异、工艺差异、产品规格差异等。

以例 15-1 的批量差异为例,传统成本计算方法可能导致小批量产品(产量为 5 000 件的 A 产品)应分配的制造费用转移到大批量产品(产量为 20 000 件的 B 产品)中去,从而造成小批量产品应分配的制造费用被低估(根据作业成本计算法,应分配制造费用为 75.43 元,而根据传统成本计算方法,应分配制造费用为 35 元。由此可见,传统成本计算方法低估了小批量产品应分配的制造费用),大批量产品应分配的制造费用被高估(根据作业成本计算法,应分配制造费用为 24.89 元,而根据传统成本计算方法,应分配制造费用为 35 元。由此可见,传统成本计算方法高估了大批量产品应分配的制造费用)。

三、作业成本法与传统成本计算方法比较

由例 15-1 可以看到,无论是作业成本法还是传统成本计算方法都是通过两个层次分配制造费用。但是,其隐含的逻辑不同。

传统成本计算方法通过两个层次分配制造费用。企业所发生的制造费用首先归集到"制造费用"账户(成本库),然后,再根据一定的标准分配到产品。这就隐含着"产品消耗资源"的假设。资源消耗量直接分配到产品,形成产品成本。从表面上看,这种假设合乎逻辑,也无懈可击。其实,仔细地观察,它掩盖了作业在资源转化为产品过程中的作用这个实质性问题。也就是说,资源是如何转化为产品的。显然,资源不可能自然而然地转化为产品。实际上,作业是资源转换为产品必不可少的关键环节。然而,根据传统成本计算方法,这却是一个"黑箱"。

尽管作业成本法也采用两个层次分配制造费用,但是,它以成本动因为媒介,从而打开了传统成本计算方法的"黑箱",不再是一步将资源越过作业分配到产品。因此,与传统成本计算方法相比,作业成本法可以提供更为相关的成本信息。

更为重要的是,传统成本计算方法只是为了存货计价与收益确定而将已发生的制造费用分配到成本对象(产品),而作业成本法则是为了管理决策,改进企业业务流程而将已发生的制造费用分配到成本对象(作业或产品或其他)。这可以从作业成本法的成本分配观(cost assignment view)与流程观(Process View)这个"二维"观念得到进一步的说明。如图 15-3 所示。

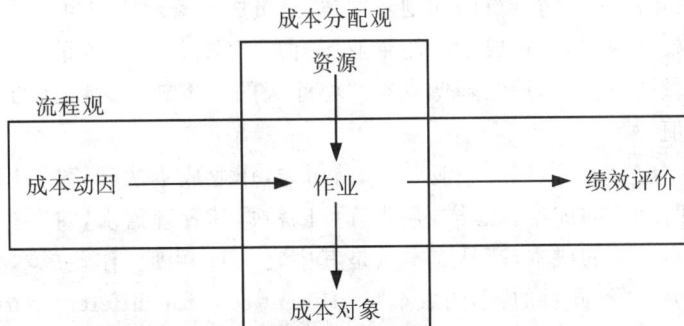

图 15-3 作业成本法的"二维"观念

图 15-3 的垂直部分,反映了成本分配观。它说明成本对象引起作业需求,而作业需求又引起资源的需求,这是成本分配的"资源流动"。成本分配观的"成本流动"却恰好相反,它从资源到作业,而后从作业到成本对象。成本分配观从"成本流动"与"资源流动"两个侧面全面地提供有关资源、作业和成本对象的信息。图 15-3 的水平部分,反映了流程观。它为企业提供有关何种原因引起作业(成本动因)以及作业完成得如何(绩效评价)的信息。企业利用这些信息,可以改进作业链,优化价值链,提高从企业外部顾客获得的价值。作业成本法从纵横两个侧面为企业改进作业链,减少作业耗费,提高作业的效益提供信息。

在这里,流程观非常重要。一方面,它使管理会计与企业业务流程(business process)有机融合;另一方面,它协调了制造(生产)观念与财务观念。通过作业成本法,人们可以考察作业(流程),了解某个部门从最开始耗费的每一元资金及其经历的各种变化,从而使制造(生产)经理所信奉的观念与财务经理的观念一致。工程师、设计师与会计师不必再争论成本应该如何汇集,而是关注决定产品或生产过程应该耗费多少成本。由此,制造(生产)经理与财务经理具有"共同语言",作业成本法有助于消除各部门之间的偏见。

此外,与传统成本计算方法相比,作业成本法还具有如下的特色:

第一,全员成本管理意识成为现实。尽管树立全员成本管理意识的观念并非一种新鲜名词,但是,因为传统成本计算方法计算的是产品成本,企业员工自然认为成本只是会计人员的事情,"事不关己,高高挂起"。如此一来,全员成本管理意识也就难以真正落到实处。而作业成本法计算的是作业成本,企业员工每天的工作就是执行必要的作业。作业成本法计算的就是每个员工的成本,成本问题成为全员的问题。这样,全员成本管理意识也就"顺其自然"地落到实处。因此,作业成本法使企业所有员工都讲"同一种语言"。那就是在保证质量的前提下,持续降低成本,"将昨天的成本转化为明天的利润",持续创造价值。

第二,"整合四流,创造一流"。如前所述,作业成本法计算的是企业最基本事项(即作业)的成本。这样,企业就可以根据其管理需求,"按需取数",计算各种成本对象的成本(产品成本只是其中之一)。由此,作业成本法真正体现了成本会计"不同目的,不同成本"(different cost for different purposes)的精髓。这样,就有助于企业整合"资金流"、"物流"、"信息流"和"人力资源流"(即"四流"),创造一流的绩效。这才是作业成本法的魅力之所在。

第三,揭示成本发生的"来龙去脉"。从管理决策的视角看,单纯的成本信息没有意义。实际上,作业成本法的计算过程就是成本动因的分析过程。因此,基于成本动因分析的作业成本法揭示了"成本为何发生"(这就明确了降低或避免成本发生的落脚点),"成本如何发生"(这是控制成本发生的基本点),展示了成本发生的"来龙去脉",从而将"成本避免"(cost avoidance)与"成本控制"(cost control)和谐地统一起来,丰富了成本信息的管理意义。

第四,拓展了成本计算与成本管理的空间。如前所述,传统成本计算方法计算的是产品的成本,关注的是生产过程的效率(efficiency)问题。然而,"局部优化"不等于"全局优化"。21世纪,顾客的需求日新月异,企业产品的生命周期日益缩短。由此,企业对成本产生的根源及其结果的考察必须超越生产阶段,拓展到整个产品的生命周期。作业成本法以作业为核心,"按需取数",使成本计算与成本管理延伸到整个产品生命周期,从而拓展了成本计算与成本管理的空间,消除了不同行业成本计算与成本管理的"隔阂",统一了各行业的成本计算与成本管理思维。

第五,为会计信息系统(accounting information system,简称 AIS)与企业资源计划系统(enterprise resource planning,简称 ERP)的整合奠定基础。实际上,企业内部业务流程就是企业资源的整合与运用。这就要求企业必须摒弃传统的会计信息系统,超越管理信息系统(management information system,简称 MIS),引入企业资源计划系统。企业资源计划系统扩展了管理范围,把企业外部的顾客需求(包括供应商和经销商)与企业内部的生产经营活动及其资源有机地整合为一体,在充分协调企业内外部资源的基础上,确立企业的竞争优势。现代企业是一个为了满足最终顾客需求而设计的一系列作业的集合体。企业任何资源的整合与运用都与作业有关。作业成本法自然而然地为会计信息系统与企业资源计划系统的整合奠定基础。在企业资源计划系统中,"作业清单"(bill of activity,简称 BOA)代替了原来的"物料清单"(bill of material,简称 BOM)就是一个鲜明的例证。会计信息系统将成为企业资源计划系统的一个子系统。

综合上述,作业成本法从以"产品"为中心转移到以"作业"为中心,不仅克服了传统成本计算方法的某些固有缺陷,提供较为相关的成本信息,而且更为重要的是作业成本法不是只对最终成本对象的成本进行监控,"就成本论成本",而是把着眼点与着重点放在成本发生的前因和后果上,以作业为核心,以资源流动为线索,以成本动因为媒介,通过对所有作业活动进行跟踪、动态反映,对最终成本对象的形成过程所发生的作业成本进行有效控制。如此一来,作业成本法就具有战略管理的意义。作业成本法可以更好地发挥决策、计划和控制作用,使企业处于持续改善的环境之中。因此,作业成本法与其说是一种先进的成本计算方法,不如说是一种实现成本前馈控制与反馈控制相结合,成本计算与成本管理相结合的"全员成本管理系统"。作业成本法为成本管理提供一种新思维——作业成本管理(activity-based cost management,简称ABCM)。同时,它也对整个会计信息系统产生一定的影响,展示了成本计算方法由"数量基础"到"作业基础"的最新进展,为会计信息系统与企业资源计划系统的整合奠定基础。完全可以说,作业成本法是成本会计发展的一次"里程碑"。

思考题

1.简述作业成本法的基本概念。

2.简述作业成本法的基本步骤。

3.制造费用的分配是追求相关性还是精确性?

4.何谓成本转移?传统成本计算方法为什么会发生成本转移?

5.与传统成本计算方法相比,作业成本法具有哪些特色?

6.作业成本法能够提供精确的成本信息吗?

7.如何理解作业成本法的战略思维?

8.有人认为"作业成本法只适合于高新技术企业"。您是否赞同?为什么?

9.有人认为"成本管理就是作业管理"。您是否赞同?为什么?

第十六章

质量成本会计

在竞争日趋激烈的环境里,顾客对产品或服务的质量要求越来越高,产品或服务质量水平高低成为企业生存与发展的关键因素,质量成为许多企业的基本战略主题。然而,质量意味着成本。企业需要在满足顾客要求的同时尽可能降低经营成本,质量成本因此而成为企业管理层关注的重点。通过对质量成本指标的关注,可以权衡质量与成本的关系,从而为企业和顾客构造一个双赢的局面,提升企业自身的财务实力与竞争实力。

▲ 第一节 质量与质量成本

何谓质量(quality)?何谓质量成本(quality cost)?质量是否越高越好?这些问题一时还真不好回答。不过,理解质量与质量成本的基本观念也许有助于回答这些问题。

一、质量的含义

广义地说,质量是指产品或服务的优劣程度。美国质量控制协会(American Society for Quality Control)对质量所做的定义是:产品或服务自身所具备的特性,使其在被购买时和使用过程中可以满足顾客的要求。可见,对质量优劣的判断标准,与产品或服务能在多大程度上满足顾客的要求密切相关。从这个意义上看,质量就是顾客对产品或服务感知的优良程度。

质量包括两个方面的因素:其一,产品或服务对顾客要求的满足程度即设计质量(quality of design);其二,产品或服务的实际性能与其设计性能的符合程度即符合性质量(quality of conformance)。前者着重点在于产品或服务的性能,后者则着重于使用的效果。例如,根据当前的消费潮流,消费者要求移动电话不仅要具有电话的基本功能,还要具备记事、连接互联网收发信息、拍照等其他功能。如果企业生产的移动电话都具备了这些功能,设计质量就满足了顾客的要求。然而,如果移动电话在使用过程中信号不佳,网络信号经常中断,拍出的照片模糊不清,产品的符合性质量就有问题。这就不符合质量要求了。

二、国际质量标准

在实施全面质量管理,以实现"零缺陷"为最终目标时,还要注意一点:对于大多数企业而言,实现产品零缺陷是一个长期目标。其中一个原因是不少企业的产品是从外部购入零件、部件后组装而成的。因此,其产品的质量水平,在相当程度上取决于供应商的质量水平。国际质量标准的制定,为评估供应商的质量水平提供了统一的标准。有些知名企业,如杜邦公司和通用电气公司,都要求其供应商取得 ISO 9000 质量标准认证,以确保购入的产品或服务拥有较高的质量水平,从而保证企业最终产品的质量水平。

ISO 9000 是由国际标准化组织(International Organization for Standardization,ISO)制定的质量认定标准,共有五大体系。它包括:

1. ISO 9000 质量管理与质量认定标准——选择与使用指南;

2. ISO 9001 质量体系——设计/开发、生产、安装和服务的质量认定模式;

3. ISO 9002 质量体系——生产与安装的质量认定模式;

4. ISO 9003 质量体系——产品的最终检验与测试的质量认定模式;

5. ISO 9004 质量体系——质量管理与质量体系要素指南。

值得指出的是,要求取得国际质量标准认证,只是评估供应商质量水平的第一个步骤。企业在其后的经营过程中,往往还需要定期对其质量水平进行评估和审查,并与其他供应商的质量水平进行比较,确保以最低的价格,获得高质量的产品或服务。这样,企业在保证了来料质量的同时,也消除了自身产品出现缺陷的隐患。

三、质量成本及其分类

如前所述,质量意味着成本。质量成本包括企业为保证或提高产品或服务质量所发生的费用,也包括由于产品或服务未达到相关标准而带来的损失和费用。因此,企业为保证或提高产品或服务的质量水平,必须从事相关作业,因此而产生的成本就是质量成本。与质量相关的作业包括控制作业与故障作业。

由于产品或服务可能存在低质量水平,企业必须实施控制作业,以防止和探查质量不佳的产品。控制作业包括预防作业与鉴定作业。而故障作业是指已经出现了低质量的产品或服务("故障"已经存在)之后,顾客和企业所做的反应或补救措施。故障作业包括内部故障作业与外部故障作业,这些作业项目都引起相应的质量成本。表 16-1 描述了质量相关作业及其成本分类。

表 16-1 与质量相关的作业项目及其成本分类

与质量相关的作业项目	作业成本项目	作业分类	作业成本项目
控制作业	控制成本	预防作业	预防成本
		鉴定作业	鉴定成本
故障作业	故障成本	内部故障作业	内部故障成本
		外部故障作业	外部故障成本

(一)预防成本

预防成本(prevention cost)发生于企业生产的研究与开发阶段,它是指企业为保证产品质量不低于预定标准所发生的开支以及为提高质量水平而发生的相关费用。预防成本的目的在于防止在其后的生产过程出现低质量产品。具体成本项目如产品设计、加工程序设计、对供应商的评估及选择、员工质量培训计划、质量计划的编制、质量报告的编制、产品质量审查、必要的市场调查,以及为提高产品预期质量采用新原料等作业引起的成本。

(二)鉴定成本

鉴定成本(appraisal cost)发生的时点在预防成本之后,故障成本之前,它是指企业为确保产品质量达到预定标准,按预定的成本计划对原材料、零部件、产成品进行检测而发生的相关费用。鉴定成本的目的在于防止将不合格的产品交付给顾客。具体成本项目包括对原材料的抽查测试、产品包装检查、在产品检查、加工过程验收以及产品验收等等作业引起的成本。其中,加工过程验收是指对在产品进行抽样检查,确保加工程序运作正常,产品没有出现缺陷。否则,企业需要根据具体情况决定是否需要停工或采取其他必要的纠正措施。产品验收是指从各批次的产成品进行抽样检查,以确保产品已达到预定的质量标准水平。

(三)内部故障成本

如果企业的产品或服务达不到预定的质量标准,不符合设计质量或符合性质量的要求,就会出现故障成本(failure cost)。如果故障成本发生在产品出厂之前,通过鉴定作业发现低质量或存在缺陷的产品,相关成本和损失属于内部故障成本(internal failure cost)。具体成本项目包括废品废料损失、返工返修费用、原料质量或产品缺陷引致的设备故障和停工费用、产品完成返工返

修后的复检和测试费用、对相关设计作必要更改的开支等等。

（四）外部故障成本

如果故障成本发生在产品流出市场之后，相关的成本和损失就属于外部故障成本（external failure cost）。具体成本项目包括产品召回损失、顾客投诉处理费用、退货损失、因质量问题而提供的折扣、产品保修费用、企业丧失的市场份额、顾客产品支持度下降、对企业商誉的负面影响等等作业引起的成本。在所有的质量成本项目中，人们通常认为外部故障成本对企业危害最大。近年来，人们身边不乏某些生产高科技产品的企业，包括著名的跨国公司，因产品质量问题而从市场召回某种型号或某种系列产品的实例。每次产品召回对企业都可能造成巨额成本开支和损失。另外，外部故障成本的某些隐性项目，如负面商誉的形成、市场份额的丧失，其具体潜在的损失难以计量，企业可能因此而走向衰亡。

上述质量成本项目中，预防成本和鉴定成本属于企业事先可以规划和控制的成本，故称可控质量成本；内部故障成本和外部故障成本则属于企业难以事先控制的成本，故称不可控质量成本。预防成本和鉴定成本是企业为确保产品质量可以达到预定标准而必须从事的作业成本，也称不可避免成本；如果预防作业与鉴定作业收到理想的效果，交付给顾客的产品没有任何缺陷和任何质量问题，那么，故障成本也就不会发生。因此，故障成本也称可避免成本。

可控制质量成本属于企业自愿发生的成本项目，故障成本则是被动的、非自愿的成本项目。控制作业和故障作业会消耗企业的资源，产生质量成本，但故障成本数额更大，对企业经营的杀伤力也更大。因此，企业自愿发生可控制质量成本，最终目的就是为了减少甚至消除故障成本。一般而言，可控制质量成本和故障成本之间存在着此消彼长的关系。可控制质量成本越高，低质量水平的产品越少，产品质量越能达到质量标准，故障成本则越低；而控制作业越少，可控制质量成本越低，企业对产品的质量监控越不严格，随后发生的故障成本则越高。

▲ 第二节　质量成本核算

质量成本核算是质量成本会计的重要内容和主要任务。

一、质量成本的计量

除了前述分类方法，从计量的角度看，质量成本还可以分为显性成本与隐性成本两大类。显性成本可以从会计记录直接获取数据。例如,预防成本、鉴定成本、内部故障成本以及部分外部故障成本等成本项目都属于有形损失,企业需要按照明确的金额支付或补偿;其余的则是隐性成本,如外部故障成本的市场份额丧失、企业商誉的负面影响、顾客对产品支持度的下跌等等,这些成本项目属于机会成本,无法直接从会计记录获取数据,而涉及金额往往又比较大,要对其进行相关的计量和报告,必须按照适当的方法予以估计。常见的估计方法包括乘数法(multiplier method)、市场研究法(market research method)以及田口质量损失函数(Taguchi quality function)等。

(一)乘数法

乘数法假定全部故障成本是已计量到的故障成本的若干倍数。其计算公式为:

故障成本总额＝k×(可计量的外部故障成本)

公式中,k代表乘数效应。k值需要根据经验估计确定。

假设根据经验估计某企业的k值维持在3～4之间。如果可计量的外部故障成本为 3 000 000 元,则可估计故障成本水平在 9 000 000 元至12 000 000元之间,其中包括无法直接获取数据的隐性成本。将隐性成本包括在外部故障成本中,可以使企业管理层更明确应该如何规划可控制质量成本。一般而言,故障成本上升,可能促使企业管理层增加对可控制质量成本的投入。

(二)市场研究法

采用规范的市场研究方法有助于评估低质量产品对企业的销售以及市场份额造成的负面影响。对顾客做问卷调查,与企业销售人员面谈都可以帮助企业管理层了解隐性成本的大小。市场研究法的结果可以预测低质量产品将导致的未来利润的损失。

(三)田口质量损失函数

田口质量损失函数假设对任何一个质量目标值的任何偏差都将导致隐性成本。而且,如果实际值偏离目标值,隐性成本也以该偏差值的平方增加。其计算公式为:

$$L(y) = K(y - T)^2$$

公式中,L代表质量损失,y代表质量特征的实际值,T代表质量特征的目标值,K代表根据外部故障成本结构确定的比例常数。

二、质量成本核算

质量成本核算是质量成本会计的重要内容和主要任务。所谓质量成本核算，就是按照产品形成的全过程，从投产前的技术准备过程、生产制造过程到产品销售过程的质量成本核算。它是用货币形态反映产品质量状况、进行全面质量控制的依据。

（一）质量成本核算的任务

通过质量成本核算，企业管理层可以了解企业在生产经营过程中各项费用的支出以及各种质量损失，了解技术、管理等方面可能存在的问题，以便更有针对性地实施质量管理，减少质量损失。同时，通过质量成本核算可以正确归集各项质量费用，计算质量成本总额和单位质量成本，为编制质量成本计划，进行质量成本分析和考核、实施质量成本控制提供完整的数据资料。

质量水平的高低是决定企业生存与发展的关键。然而，如前所述，质量意味着成本。产品或服务的质量越高，相应的成本也越高。追求质量"至善"的观点显然缺乏经济观念。通过质量成本核算，企业管理层还可以探寻在一定的生产、技术和管理条件下最经济合理的质量水平，权衡质量合格程度和质量成本之间的辩证关系，改善成本结构，降低质量成本。

（二）质量成本核算的要求

从总体上看，质量成本核算的要求包括：

1. 质量成本核算服从于全面质量管理的需要，独立于财务成本范畴，应保持其独立性，对相关数据和资料单独核算、单独处理，不一定非得遵循现行的财务成本核算方法。但是，基于成本效益考虑，为了减少核算费用，可以尽可能运用现行成本核算资料，借鉴其核算方法。

2. 质量成本信息应该真实可靠，与客观经济事项相一致。

3. 质量成本信息应该具备相关性，包括及时性和有用性两方面，以便及时向企业管理层提供有用信息，及时有效地做出成本决策。

4. 明确区分几类成本费用的界限。根据企业会计制度，必须区分：（1）质量成本中应计入与不能计入产品成本的项目；（2）各类产品之间的质量成本界限；（3）产成品与在产品之间的质量成本界限；（4）产品质量成本中可控成本与不可控成本之间的界限。

5. 选择适应企业规模和全面质量管理要求的质量成本核算组织形式。一般而言，质量成本核算有两种组织形式：（1）一级质量成本核算组织形式。它适用于经营规模小、产品品种单一的企业。在这种组织形式下,企业会同各部门集中进行全面的质量成本资料的收集、分配、归集和计算,质量成本没有必要按车间或职能部门个别计算。(2)两级质量成本核算组织形式。它适用于大中型企业。在这种组织形式下,质量成本的核算分厂部和车间、下属各职能部门、各责任中心分别进行,各车间、职能部门和责任中心还需设置质量成本核算员,负责对其责任范围内的质量成本进行明细核算,再由厂部对各下属机构和责任中心的质量成本资料进行汇总核算。

(三)质量成本核算的方法

质量成本核算包括账外核算与账内核算两种方式。

1.账外核算。账外核算强调质量成本核算体系的独立性,将其与会计日常核算严格区分,单独设置质量成本的记录,由各质量成本控制点进行核算。采用账外核算方式,仍可以尽量利用账内的相关数据资料,如废品损失记录、产品返修记录、生产成本以及各费用账户的记录,并设置分析栏。根据有关凭证填列有关成本数据。各质量成本控制点根据核算结果定期编制质量成本报告,作为考核控制点绩效的依据。

2.账内核算。账内核算利用会计核算的现有体系进行质量成本核算,在原有的会计科目中增设"质量成本"一级科目,下设五个二级科目,分别对质量成本具体项目进行核算。"质量成本"账户的借方应该完整记录企业相关期间发生的质量成本。表16-2列示了质量成本账内核算方式的科目以及核算内容。

表16-2　质量成本账内核算科目及其内容

	科目名称	核算内容
一级科目	质量成本	1.归集日常质量成本 2.从生产成本结转废品损失 3.调整隐性质量成本 4.分配质量成本
二级科目	预防成本	质量成本项目的实际开支和损失
	鉴定成本	
	内部故障成本	
	外部故障成本	
	质量成本调整	调整应计入具体质量成本项目的隐性成本

Accounting

显然,账内核算方式可以对质量成本的实际发生数额进行比较有效的控制,不过,在操作上比较烦琐。账外核算方式简单易行,但是,在质量成本控制效果方面不如账内核算方式有效。

▲ 第三节　质量成本控制

质量成本控制是指企业依据预定的质量成本目标,对质量成本形成过程中的一切耗费进行严格的计算和审核。企业首先需要设定质量成本的绩效标准,据以对实际质量成本进行比较,分析差异以及产生差异的原因,以便采取必要措施,不断降低质量成本,提高质量成本管理的水平。

一、质量成本控制程序

质量成本控制体系的构建是否完善,在很大程度上决定了企业质量成本控制的成效。质量成本日常控制程序通常包括:

1.建立并健全全面质量管理的组织体系,在生产流程中确定质量成本控制点,作为质量成本控制的责任中心。例如,鉴定成本由质检部门负责,对供应商的评估由采购部门负责;内部故障成本由生产部门负责;质量成本总额由质量管理部门负责,对质量成本实行分级归口控制。确定了质量成本管理的责任中心,企业管理层就可以将质量成本目标进行分解,通过各质量成本控制点的自我管理和自我控制,及时掌握质量成本的变化情况,采取必要的管理措施。

2.确定各成本项目的成本控制指标和偏差范围,将低质量产品消灭在产品生产的过程中,尽可能降低甚至消除故障成本。另外,对各质量成本项目制定出可接受的偏差范围,以其上下限作为控制的依据,并按照"例外管理"原则进行控制。

3.实行全面质量管理,对产品的整个生命周期,包括设计阶段、生产阶段、使用阶段实施全过程的质量成本控制。

二、最优质量成本观

质量成本管理的最终目标是用最少的质量成本,生产出最优质的产品。而能够生产出最优质产品的最少质量成本,就是最优质量成本。对最优质量成本的评价存在两种观点:传统观和现代观。

（一）最优质量成本的传统观

传统观点认为，质量成本结构的控制成本与故障成本之间存在着此消彼长的关系，控制成本增加，故障成本将相应减少。因此，只要故障成本的减少额超过了相对应的控制成本的增加额，企业就应该努力探查和防止出现低质量产品，这样最终将确定一个代表着质量成本总和最低水平的"点"，亦即控制成本与故障成本之间的最优平衡点。在这一点上，控制成本的任何增加额都将超过相对应的故障成本减少额。

传统观的最优质量水平为可接受的质量水平（acceptable quality level，简称 AQL）。任何一项产品规格指标或质量特征都有上下限标准，不超过该范围就属于合格产品。实际上，这种质量标准允许企业生产一定比例的不合格产品。这也就意味着，每一批次的产品都有若干比例的次品销售给顾客。对于企业而言，产品出现百分之一、千分之一的次品比例并不高，但对于次品的消费者而言，其权益却受到百分之一百的损害。同时，只要次品率不超过企业认可的质量界限标准，企业就可以认为生产程序正常，产品质量水平正常，不会再致力于质量成本的控制和改进。这样，必然使以往期间生产经营过程业已存在的缺陷一直延续下去。因此，传统质量观的局限性相当明显。允许甚至鼓励次品生产的观点，无论对消费者还是对企业都是十分有害的。

（二）最优质量成本的现代观

20 世纪 70 年代后期，可接受质量水平的成本标准受到了"零缺陷"观念的挑战。顾名思义，零缺陷要求产品生产无缺陷，无次品，将不合格产品的出品率降为零。这样，一方面提高企业经济效益，另一方面确保每一位消费者的权益得到百分之一百的保护。到 20 世纪 80 年代中期，零缺陷观念得到进一步发展，健全质量模型（robust quality model）再一次冲击了传统的次品定义。健全质量模型认为，只要企业生产的产品与预定的目标值之间存在偏差，就会造成损失，偏差的程度越大，造成的损失也越大。与零缺陷观念相比，健全质量模型对次品的定义更加严格，更为强调质量成本代价，改进了质量成本的观念。

根据最优质量成本的传统观，控制成本与故障成本之间存在着此消彼长的关系，当控制成本增加，故障成本下降时，质量成本总额也将下降并稳定在某一个平衡点上。这种观点反映的是静态的质量成本。最优质量成本的现代观反映的是动态的质量成本。

根据最优质量成本的现代观,质量成本总额并非如传统观所描述的那样,达到某一个平衡点之后就稳定不变。随着控制成本的增加与故障成本的减少,质量成本总额也会相应减少,而预防成本与鉴定成本在增加到一定程度后也可以减少,从而使质量成本总额出现永久性减少的态势。可见,质量成本水平是动态的。

最优质量成本的现代观与传统观的主要区别在于:(1)当趋近健全零缺陷状态时,企业的控制成本不会无限增加;(2)趋近健全零缺陷状态时,控制成本可能出现先增后减的态势;(3)故障成本有可能完全减少为零。例如,某企业决定重新设计其生产程序,以期提高产品质量,寻求减少废次品的途径。当企业开始着手实施有关计划时,必然会产生额外的成本开支,如该计划的研究与开发成本、咨询费、聘用专业技术人员的费用等等。与此同时,企业的预防成本与鉴定成本仍会维持在原来的水平。一旦该改进计划完成,企业管理层在掌握了足够的证据说明故障成本减少(表现为返工率下降、顾客投诉减少、返修率下降等)之后,才会考虑削减产品检测、客服中心等部门的开支。最终结果是所有的质量成本项目开支均会减少,但企业的质量水平却提高了。

最优质量成本观念认为,当全面质量管理得到有效的实施,企业实现了健全零缺陷状态时,预防成本与鉴定成本等可控成本可以先增后减,故障成本则在企业产品质量水平发生质的提高之后减少甚至消除,质量成本总额也可能持续下降,产品质量水平却能不断提高。

三、全面质量管理观念

在全面质量管理(total quality management,简称 TQM)观念形成之前,企业基本上依据传统观进行质量成本管理,只重视生产过程的产品质量,忽视生产之后,尤其是销售之后的服务质量。传统质量成本管理观念认为,生产高质量产品对企业而言意味着高投入高成本,产品质量的相关标准应由企业自行制定,达标者均可视为合格产品。质量检验是达到质量标准的唯一途径,鉴定作业必须由专业检验人员执行。传统质量成本管理观念的局限性在于忽视了国际质量标准的存在,忽视了质量标准应该不断改进,忽视了除了鉴定作业,产品缺陷可以由全体员工在整个生产过程的不同环节共同努力消除。这种狭隘的管理观显然难以促进企业实施有效的质量成本管理。

全面质量管理是一种全新的现代质量管理观念,强调质量管理是全员参与、覆盖产品生命周期全过程的、以工作质量保证产品质量和服务质量的管理体系。其特点包括:

1.既然质量成本管理涉及产品生命周期的全过程,质量成本控制就应该从产品的设计和投产开始,而不是仅仅放在生产过程。

2.全面质量管理以全过程"零缺陷"为最终管理目标。

3.由于故障成本发生之后企业要付出的代价远高于控制成本,企业应尽可能及时消除产品的质量隐患,减少、避免完工后的返修返工。

4.强调产品生命周期全过程的质量管理,产品设计、生产与售后服务质量缺一不可。忽视前两者,企业无法开拓市场;而忽视后者,企业难以保住市场份额。

5.从战略发展的高度权衡质量与成本之间的关系,兼顾企业长远利益与短期利益,确定合理的成本结构。

▲ 第四节 质量成本报告

如何将质量成本信息传递给企业管理层是质量成本会计的重要问题。质量成本报告承担了这个重任。

一、质量成本报告

质量成本报告制度是企业完善质量成本控制的必要措施。通过质量成本报告,企业管理层可以系统全面地评价当前的实际质量成本情况。质量成本报告按质量成本的分类详细列示实际质量成本,并向企业管理层提供以下两个方面的重要信息:

1.显示各类质量成本的支出情况以及财务影响;

2.显示各类质量成本的分布情况,以便企业管理层判断各类质量成本的重要性。

通过了解相关信息,企业管理层可以更有针对性地控制质量成本,改善成本结构。

质量成本报告可以将各类质量成本项目分别列示。表16-3列示了一个质量成本报告范例。

表 16-3 质量成本报告

质量成本项目	实际成本支出(元)	占质量成本总额比例(%)	占销售额比例(%)
预防成本:			
质量培训	20 000	28.45	5.69
供应商评估	12 000	17.07	3.41
预防成本合计	32 000	45.52	9.10
鉴定成本:			
产品验收	12 000	17.07	3.41
包装物检查	8 000	11.38	2.28
鉴定成本合计	20 000	28.45	5.69
内部故障成本:			
返工返修	11 000	15.65	3.13
内部故障成本合计	11 000	15.65	3.13
外部故障成本:			
顾客投诉处理	7 300	10.38	2.08
外部故障成本合计	7 300	10.38	2.08
质量成本合计	70 300	100	20

根据表16-3,各质量成本项目占质量成本总额的比例,有助于企业管理层了解各成本项目分布情况及其重要性;各成本项目占销售额的比例,则可以帮助企业管理层了解质量成本的财务重要性。

当然,企业也可以采用绘制统计图(如饼形图、柱形图)或文字陈述的方式编制质量成本报告。

二、质量绩效报告

为了反映企业在质量管理方面所取得的进展及其成效,企业还需要编制质量绩效报告(quality performance report)。企业质量绩效报告包括三种类型。

(一)中期报告

中期报告(interim program report)根据当期的质量目标报告质量管理的成效。企业要实现产品零缺陷目标是一项长期任务,不可能一蹴而就。这就需要供应商的大力配合,更需要企业全体员工的长期共同努力。因此,企业需要制定一些短期(通常为一年内)应达到的质量成本控制目标,一方面可供企业管理层报告当期质量管理取得的成绩,另一方面也可以增强员工的信心,为最终达到零缺陷目标继续努力。企业期末编制绩效报告时,将实际质量成本与成本目标相比较,确定其差异,明确应该采取的措施。表 16-4 列示了一个中期质量绩效报告的范例。

表 16-4　中期质量绩效报告

单位:元

实际成本	预算成本	差异	
预防成本:			
质量培训	40 000	40 000	0
质量审核	80 000	80 000	0
产品设计评审	35 000	30 000	5 000 U
预防成本合计	155 000	150 000	5 000 U
鉴定成本:			
原料检验	38 000	42 000	4 000 F
产品验收	20 000	20 000	0
流程验收	40 000	35 000	5 000 U
鉴定成本合计	98 000	97 000	1 000 U
内部故障成本:			
返修	28 000	22 000	6 000 U
废料	66 000	55 000	11 000 U
内部故障成本合计	94 000	77 000	17 000 U
外部故障成本:			
处理顾客投诉	33 000	33 000	0
保修	47 500	37 000	10 500 U
外部故障成本合计	80 500	70 000	10 500 U
质量成本合计	427 500	394 000	33 500 U
质量成本占实际销售额比例(%) (实际销售额为 2 790 000 元)	15.32	14.12	1.2 U

注:F 为有利差异,U 为不利差异。

　　根据表 16-4,该企业当期的质量管理成效并不理想。除了原料检验这个项目是有利差异之外,其他项目的差异均为不利差异。整体绩效与预期目标相差 33 500 元,质量成本改善空间还很大。

(二)长期报告

长期报告(long-range report)根据长期质量目标报告企业质量管理的成

Accounting

效。表16-5列示了一个长期质量绩效报告的范例。

表 16-5　长期质量绩效报告

单位:元

	实际成本 20×7 年度	实际成本 20×6 年度	差异
预防成本:			
质量培训	40 000	43 000	3 000 F
质量审核	80 000	80 000	0
产品设计评审	35 000	36 000	1 000 F
预防成本合计	155 000	159 000	4 000 F
鉴定成本:			
原料检验	38 000	42 000	4 000 F
产品验收	20 000	20 000	0
流程验收	40 000	45 000	5 000 F
鉴定成本合计	98 000	107 000	9 000 F
内部故障成本:			
返修	28 000	30 000	2 000 F
废料	66 000	66 000	0
内部故障成本合计	94 000	96 000	2 000 F
外部故障成本:			
处理顾客投诉	33 000	36 000	3 000 F
保修	47 500	49 000	1 500 F
外部故障成本合计	80 500	85 000	4 500 F
质量成本合计	427 500	447 000	19 500 F
质量成本占实际销售额比例(%) (实际销售额为 2 790 000 元)	15.32	16.02	0.699 F

注:F 为有利差异,U 为不利差异。

　　根据表16-5,该企业20×7年度的质量管理成效与20×6年度相比,成本总额下降了,各项成本差异均表现为有利差异,说明企业在质量管理方面取得了明显的成效。

　　(三)多期质量趋势报告

　　多期质量趋势报告(multiple-period trend report)是企业实施质量管理以来所取得的成效。多期质量趋势报告的编制必须以多个期间企业质量成本的相关数据为基础,并绘出质量趋势图。趋势图可以采用坐标分析图、柱形比较图等多种方式,旨在向企业管理层提供企业实施质量管理以来企业质量成本变动趋势的信息,供企业管理层评估其发展趋势是否合理,质量成本控制是否有效,以便做出相应决策。

▲ 第五节　产品生命周期成本[①]

正如上章所述,21世纪顾客的需求日新月异,企业产品的生命周期日益缩短。由此,企业对成本产生的根源及其结果的考察必须超越生产阶段,拓展到整个产品的生命周期。这便是产品生命周期成本(life cycle cost)概念。

一、产品生命周期成本的概念

产品生命周期成本计算法(life cycle costing)是估计和累计产品或设备整个生命周期成本的方法和程序。显然,这里所说的"产品生命周期成本计算"已经超越了传统意义上的只是从产品的生产企业角度看成本问题即所谓生产者成本(producer's cost),而进一步拓展到同时从产品的使用者视野看成本问题即所谓使用者成本(user's cost)。也就是说,成本的观念发生了变化:从企业观念发展到社会观念。这种成本观念的转变与价值链观念密切相关。通过对产品生命周期成本的计算,旨在促进社会价值链的持续改进与优化,推进社会整体经济效益的提高。产品生命周期成本的构成如图16-1所示。

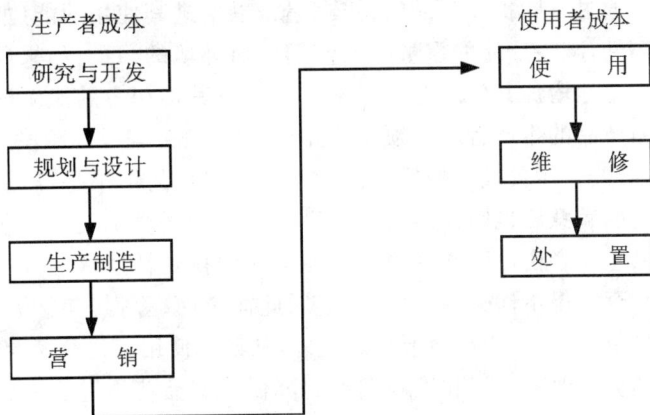

图16-1　产品生命周期成本构成图

① 本节的编写参考了胡玉明:《高级管理会计》(第二版),厦门大学出版社,2005年版,第七章第五节。

Accounting

　　传统的成本计算只是局限于生产者成本领域,而没有涉及使用者成本范畴,其视野是极为狭隘的。这种狭隘的成本观念可能对社会经济的发展带来无穷无尽的后患。必须看到,在当今的社会,许多耐用产品,特别是某些大型的高科技产品如汽车、飞机以及发电设备等等,其使用者在这些产品上的运行成本以及这些产品最终废弃时处置成本的总和,往往比这些产品的生产者成本要大得多。如此,传统的成本计算只重视生产者成本,无视使用者成本。这是一种必须尽快纠正的完全轻重倒置的现象。如果再从生产者成本的计算来看,传统的做法着眼于产品制造成本计算,而对产品在研究与开发、规划与设计领域的成本没有给予足够的重视,这可以说与当代科学技术的蓬勃发展及其广泛运用于生产领域的大趋势背道而驰。生产者生产产品的最终成本高低,实际上,绝大部分是由产品投产前的研究与开发、规划与设计阶段的工作质量与水平所决定的。产品投产之后的制造阶段,降低成本的潜力很小。况且,企业为了不断提高产品的科技含量,扩大产品在市场竞争中的优势,也必须着重在产品的研究与开发、规划与设计阶段花大力气。这同时也是生产者能够影响使用者成本降低的关键所在。

二、产品生命周期成本:从成本的企业观念到成本的社会观念

　　如前所述,产品生产者为了提高其产品在市场上的竞争优势并促进社会的进步,必须通过不断提高产品的科技含量,以增进其使用功能(如提高产品可靠性、灵巧性,减少产品的重量及其使用中对环境的污染;如果属于生产设备,还必须有效地增加其生产能力并尽可能减少其使用中的能源消耗等),而要做到这些,产品的生产者就必须在研究与开发、规划与设计阶段进行开拓与创新,从而,导致其相关成本的增加。生产者这样做的结果是:产品的功能提高了,使用者的满意度也因此而提升,产品使用者愿意支付更高的价格购买该种产品,产品生产者由此而增加的成本便可从中得到补偿,因而,产品生产者不仅不会因此而"得不偿失",相反,还会因此而全面提高其竞争优势,并在使用者心目中树立更良好的社会形象。此外,从产品使用者的角度看,产品功能的改善,必然会导致其使用和维修成本的降低或产品使用过程中劳动条件的改善。同时,环境污染的减少,也有助于减少社区公众对产品使用者的责难,从而改善其社会形象。

　　综合上述,产品生产者成本和使用者成本是密切联系并互为消长的。其总体趋势是:生产者用较高的成本生产出技术上更为先进的产品,为产品使用者的成本降低创造了前提条件,并由此而提高产品生产和使用的社会效益,促

进社会的进步。

由于成本是随着时间的推移而逐步积累起来的,不同时点发生的成本在经济上不具可比性。因此,为了使生产者与使用者之间成本的消长关系能正确地进行对比,有必要通过合理的折现率把它们统一换算为现值,提供一种共同的可比基础。而且,当生产者把产品生产出来以后,使用者支付一定的价格购买它并投入使用,由于耐用产品或设备使用的时间都较长,它们投入使用后的使用和维修成本乃至最终的处置成本(处置所需的总成本减可回收的产品残值之差),都只能出于相关领域经验丰富的专家的估计。因此,这里所说的生产者成本与使用者成本消长关系的对比,所使用的只能是近似值,以供决策者作为成本社会观念综合判断的参考。

从整个社会的视野来看,产品生产者在技术上和管理上不断进取、不断创新,提高了产品的质量,的确需要追加一定的支出,使产品生产者成本呈现出上升的趋势;同时,产品使用者则因产品性能提高而减少其使用成本,使用者成本呈现出下降的趋势。为此,就需要在它们之间进行权衡,寻找出一个合理的区间,使得社会资源得到合理的配置和使用,实现社会价值链的改进与优化。也许,这就是质量成本的社会价值之所在!

思考题

1.何谓质量?何谓质量成本?质量是否越高越好?

2.简述质量成本的分类。

3.如何计量质量成本,尤其是隐性质量成本?

4.质量成本核算的任务如何?其核算程序又如何?

5.简述质量成本核算方式基本原理及其适应性。

6.简要比较最优质量成本的传统观念与最优质量成本的现代观念。

7.简述全面质量管理的特点。

8.质量成本管理为何要考虑国际质量标准?

9.如何编制质量绩效报告?

10.何谓产品生命周期成本?如何理解产品生命周期成本体现了从成本的企业观念向成本的社会观念转变?这种转变的意义何在?

Accounting

第十七章

环境成本会计

　　随着科学的发展,技术的不断进步并广泛运用于生产领域,市场竞争日益激烈与复杂化,企业可持续发展(sustainable development)问题越来越引人注目。政府、公民、投资者和商业活动越来越关注企业及其行为对环境的影响。企业如何以生态效益为核心,实现财务绩效与环境绩效的协调与统一,自然而然成为会计学的重要主题。环境成本会计就是这个重要的会计学主题之一。

▲ 第一节　基于可持续发展观的成本会计

　　由于人类对企业可持续发展观的重视,促进了企业经营目标从经济效益观念转向生态效益(eco-effective)观念,由此产生了基于可持续发展观的成本会计。

一、环境资源与可持续发展观

　　环境资源(environmental resource)与可持续发展观的形成密切相关。

　　(一)环境资源问题

　　环境资源是人类社会共享的、构成人类生存和发展基础的各种资源。随着人类改造自然活动范围的不断拓展,改造程度的不断深化,人类社会也就随之而发展。人类改造自然的活动带来的直接后果之一,就是环境问题。

　　环境问题是由于自然生态平衡受到各种不同原因的破坏导致失衡,进而直接或间接影响人类生存与发展的一切客观存在的问题。这包括由自然力不可抗因素造成的原生环境问题如各种自然灾害,也包括由于人类活动所造成的次生环境问题如环境污染。在讨论环境问题时,通常指的是次生环境问题。

　　由于在不同的社会发展阶段,人类改造自然的活动各有其特点,相应的环境问题自然也有不同的表现。从农业社会的滥砍滥伐导致水土流失,过度耕种和畜牧导致地力递减,到工业社会的酸雨、温室效应、毒气泄漏、核泄漏、臭氧层遭到破坏等等。以往的经济发展模式,人类与自然环境之间的关系总体上是对立的关系,其间的经济价值转移是单向的,人类始终是索取方,自然环境始终处于被索取的位置。相关价值通过人类的各种活动转移,人类社会从中获得正效益;当价值转移的速度过快,超过了自然环境本身循环再生和自我净化的速度时,必然会出现个别或局部环境资源的枯竭,进而导致整体环境系统的失衡,人类的活动与经济的发展由于环境资源的枯竭而受到直接制约。更有甚者,人类的生存也将由于过度占用和耗费环境资源而受到威胁。这时环境问题的负效益就凸现出来了。

环境资源被无节制地占用、耗费而日渐趋向枯竭,生态环境恶化。同时,人类社会发展的各项活动都不可避免地要耗用资源,在一定程度上破坏环境。"可持续发展"观点的提出,为解决这个问题开启了新的视角和思路。

(二)可持续发展观

1987年,联合国世界环境与发展委员会向第42届联合国大会提交了题为《我们共同的未来》的报告,对可持续发展作了如下定义:"在不对后代人满足其自身需求的能力构成危害的前提下满足当代人的需求的发展。"根据可持续发展观,人与自然环境的关系应该互相依存,经济价值的转移应是双向的转移。人类社会在其发展过程中,应尽可能以既定的经济资源投入获取较高的产出,或以较少的经济资源投入获得既定的产出。可持续发展观认为,经济的发展与人类赖以生存的自然环境不可分离,在人类社会发展的历程中,只有尽可能提高人类活动的环境效益,消除或尽量减少对自然环境的破坏,经济的发展以至整个人类社会的生存和发展才有了坚实的基础。可持续发展观认识到保护环境资源与人类社会发展之间的辩证关系,强调环境在决策过程中的重要性,成为被普遍接受的资源管理战略;强调人类社会要实现全面和持久的进步,必须综合考虑经济问题、社会问题和生态环境问题。这种观念对企业发展战略的制定产生了根本性的影响。

环境的日益恶化使人类社会开始关注环境资源的保护问题。企业的各利益相关集团,包括政府管理机构、消费者、投资者、社会公众、社区、员工乃至供应商从各自的利益出发,重视企业的环境保护绩效,要求企业遵守环境保护法规和公约,对企业经营活动提出了越来越高的环境保护要求,并需要了解企业的环境保护信息,以便做出相应的评价和预测,这给企业带来了全方位的影响。资本市场、消费者及社会公众的积极参与,更促使企业意识到实现其经营目标与妥善处理好环境问题两者之间不是互斥关系。企业对待环境问题的态度,也从被动地遵守政策法规的服从导向逐步转为自发的市场导向,主动采取有益于环境保护的措施,积极改善环境保护绩效,同时有意识地自觉披露履行社会责任方面的信息。环境成本会计观念应运而生。

二、企业经营目标的新动向:生态效益

传统的经济发展模式,自然资源的保护没有得到应有的重视,企业经营目标追求利润最大化,利益相关者对企业的评价总体上以经济绩效为基础,没有延伸到环境绩效。环境问题的恶化、可持续发展观的提出,使人类意识到企业的经营活动与自然生态系统是相互依存、相互影响的,单纯以经济价值指标(如利润、GDP)来衡量企业绩效显然不可取。追求生态效益成为基于可持续发展观的企业经营目标的新动向,在追求利益相关者利益的同时,综合考虑经济、环境和社会目标。

生态效益是2002年世界可持续发展委员会(WBCSD)提出的一个全新概念。其含义为:企业在减少对环境的负面影响、降低资源消耗和成本支出的前提下,向顾客提供物美价廉的、可以满足需求的产品和服务。

实际上,生态效益是一种全新管理理念的体现。从微观的角度看,追求生态效益使企业在加强盈利能力的同时,在整个生产经营流程中重视环境责任,不断提高环境管理水平,实现经营效益、创新能力和竞争能力的富有潜力的发展,从而进入可持续发展阶段。从宏观的角度看,政府部门也将以追求生态效益为目标,从发展的角度和要求出发,对整个社会的产业结构进行调整,从而实现全社会的可持续发展。

生态效益包括四大目标:

1.减少自然资源的耗费,如对水资源、土地资源和原材料的耗用,同时也包括提高产品的耐用性,提高其可循环再用的可能性;

2.减少对环境的负面影响,尽可能减少污染物的排放,尽可能使用可再生的资源;

3.提高产品价值,即以较少的原料投入和能源耗费,提供能满足顾客需要的产品;

4.减少环境负债,要求企业对环境风险进行有效的管理。

企业可以通过许多切实可行的措施实现生态效益的四大目标。如图17-1所示。

由此可见,环境问题贯穿于整个价值链。企业经营活动的各个环节点要考虑环境问题。

Accounting

三、基于可持续发展观的成本会计观念

随着各利益相关者对企业环境信息的重视和需求的提高,企业自愿披露环境信息的意识不断增强,社会各界日渐意识到需要对环境相关信息进行规范化的归集、确认和计量,保证信息质量,以便企业管理层可以合理地分析和有效地管理环境资源,避免出现严重的环境问题。

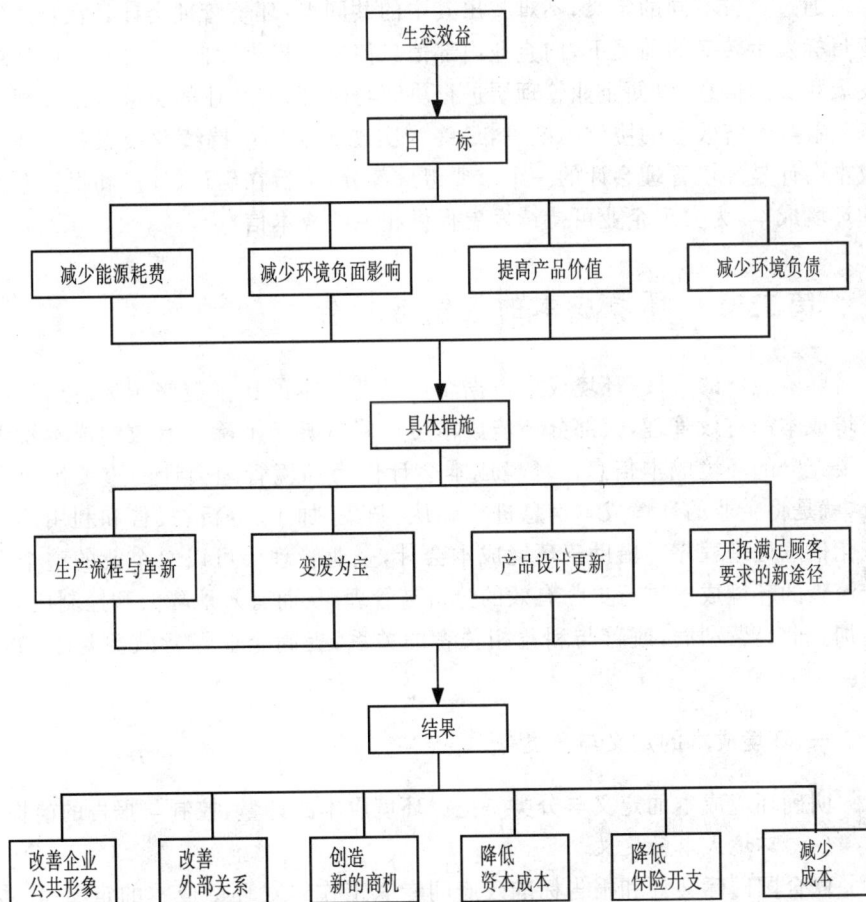

图 17-1　生态效益目标及其实现途径

由此,环境管理会计(environmental management accounting,简称EMA)观念应运而生。世界上不同的组织或机构对环境管理会计给出了不同的定义。例如,国际会计师联合会(IFA)的定义是"通过设计和实施适当的与

Accounting

环境相关的会计系统和管理,对环境绩效与经济绩效进行管理"。联合国 2002 年报告对环境管理会计的定义是"为满足组织内部进行传统和环境决策 的需要,而对实物流信息(如材料、水和能源流量等等)、环境成本信息和其他 货币信息进行的确认、收集、估计,编制和利用内部报告"。加拿大管理会计师 协会的定义是"对环境成本进行辨认、计量和分配,将环境成本融入企业的经 营决策中,并在嗣后将有关信息传递给公司利益相关者的过程"。

通过比较不同的定义,不难找出其中的共同点:环境管理会计是在企业经 营目标发生转变的前提下,向企业内部信息使用者提供面向未来的、与可持续 发展相关的信息,以便企业管理层进行决策与管理,使企业的决策可以实现生 态效益与经济效益的协调与统一,最终为实现企业的可持续发展服务。环境 成本会计是环境管理会计的一个重要组成部分,它旨在确认、计量和报告企业 的环境成本,为实现企业可持续发展提供相关的成本信息。

▲ 第二节 环境成本的控制与报告

随着经济的发展,环境成本占据企业经营成本的比重越来越大。通过对 环境成本的有效管理,大部分环境成本可以降低甚至消除。有效的成本管理 需要充分的环境成本信息。环境成本会计作为环境管理会计的重要组成部 分,就是将企业的环境成本信息进行确认、归集、加工、分析、报告和利用的规 范化信息处理程序。借助于环境成本会计,企业管理层可以对企业的整个生 产流程的环境成本进行更为有效的分析与管理,从而有效地降低和控制成本, 增加企业经营利润,改善与利益相关者的关系,提高企业经营效益与生态效 益。

一、环境成本的定义与分类

明确环境成本的定义与分类是把握环境成本的计量、控制与报告的前提。

(一)环境成本的定义

联合国国际会计和报告标准政府间专家工作组对环境成本的定义是"本 着对环境负责的原则,为管理企业活动对环境造成的影响而被要求采取的措 施的成本,以及因企业执行环境目标和要求所付出的其他成本"[①]。而联合国 "改进政府在推动环境管理会计中的作用"专家工作组对环境成本的定义是

---

① 转引自陈毓圭:《环境会计和报告的第一份国际指南》,《会计研究》,1998 年第 5 期,第 4 页。

"与破坏环境和保护环境有关的全部成本,包括外部成本和内部成本"①。

环境成本的定义有多种方式。环境成本也被称为环境质量成本,是指由于存在或可能存在不良环境状态而产生的成本,与环境的恶化、探测、补救和防止等活动密切相关。企业从其控制和管理经营成本的角度出发,对环境成本有不同的理解和定义。管理的目的不同,管理的范围不同,管理的对象不同,环境成本的定义也会有所区别。关键在于找到相关成本,分析其动因,以便进行有效的成本管理。

(二)环境成本的分类

基于不同的决策内容与环境,环境成本的分类也会有所不同。

1. 按环境成本与环境质量的关系划分

如果将环境成本定义为由于存在或可能存在恶劣环境因素而造成的成本,那么,环境成本就与环境恶化问题的产生、原因的探测、相关的补救措施以及防治措施的实施密切相关。它可分为四大类:

(1)环境问题预防成本。指企业实施预防环境问题的各项作业所产生的成本。企业预防环境问题的活动包括防止污染,防止向环境排放废物。例如,对供应商进行评估和选择,选用拥有较理想防污染效果的设备,对生产流程或产品进行重新设计以防止或减少污染物的形成,审计环境风险,员工培训,进行相关环境项目(如产品的循环再用)的研发,以及取得 ISO 14001 认证②等等。

(2)环境问题检测成本。指企业为检测环境问题而产生的成本。检测环境问题的活动包括对其产品、生产程序以及企业内部的其他活动进行检测,确定其是否符合相关的环境标准。相关的环境标准来源于三个方面:政府法令、国际标准组织制定的标准系列(ISO 14000),以及企业管理层制定的企业内部环保政策。企业检测环境问题的活动包括从环境保护的角度审查产品与生产加工程序,实施污染测试,制定环境保护绩效评价指标,评价供应商的环境保护绩效,计量污染物排放水平等等。

(3)环境内部失效成本。指由于污染物和废料已经形成,但尚未排放到环境所造成的成本。因此,内部失效成本包括两个层面的目的:第一,确保所产

---

① 转引自 UN,*Environmental Management Accounting：Policies and Linkage*,2001,p. 11.

② ISO 14000 系列是由国际标准化组织于 1994 年制定的环境管理体系标准。其中,14001 被视为该系列的基础,规定了对企业环境管理体系的要求,使企业能够根据法律要求和重大环境影响信息,制定环境方针与目标。

Accounting

生的污染物和废料不会排放到外部环境之中；第二，降低污染物排放的水平，使其符合环保标准。具体活动包括启用能消除或减少污染的设备、有毒废料的处理、取得废料排放的许可、废料的循环再用处理等等。

（4）环境外部失效成本。指污染物和废料已经排放到外部环境后所造成的成本。其中包括已经发生并由企业负担的费用，以及由企业的活动所造成，但由外部主体承担的成本费用。前者可以在企业内部的会计信息系统得到反映，也称私人成本。相关的活动包括清理受污染的水域、土壤，处理因环保措施不当导致的个人伤害诉讼、由于企业环境保护形象低劣而丧失的市场份额等。后者也称社会成本。按照目前的法规体系，企业不需要负担相关费用，但社会总体的经济价值已经受到影响。具体项目如员工因工作环境受污染而生病以至无法工作，污染物的排放导致水源被破坏而不能继续使用甚至整个生态系统受破坏等。

社会成本与内部成本之间的界限并非一成不变。尤其是当前企业所面临的环境问题压力日趋增大，"3P原则"（Polluter Pays Principal，污染者付款）的实施，使多种环境外部成本成为内部成本。这对企业管理层决策、企业环保政策和方针的制定都产生了不容忽视的影响。

2. 美国环保局的分类①

如前所述，企业出于管理和控制环境成本的不同目的，对环境成本做出不同的定义。美国环保局（US Environmental Protection Agency，简称EPA）认为，恰当的分类可以使企业管理层更好地关注和有效地控制环境成本。该机构对环境成本的分类包括：

（1）传统成本。指在传统成本会计系统以及资本预算中所包含的成本项目，如各种原料、物料用品、设备、人工等。减少或降低这些成本项目的耗费，相应就可以减少对环境的影响以及废料的排放，减少对不可再生资源的耗费。企业在进行决策时必须考虑这些成本项目。相关数据与企业的生产经营过程往往直接相关，可以从传统成本会计系统获得。

（2）可能隐藏成本。这类成本可再细分为合法性环境成本、前期成本和自愿环境成本三大类。这类成本项目在传统成本会计系统通常被归入制造费用或研究与开发费用，很容易为企业管理层所忽视。这些项目包括存货处置费用、医疗检查、环境保险、获取许可证等。需要将其规范并作为书面记录，在成

---

① 主要参考郭晓梅：《环境管理会计研究——将环境因素纳入管理决策中》，厦门大学出版社，2003年版，第五章。

本会计系统进行预提,以提醒企业管理层注意。

(3)或有成本。或有成本通常与或有负债相联系,是否发生取决于未来某个时点某个事项是否会发生。例如,油轮触礁导致漏油而需要进行清理和赔偿,由于产品或排放的污染物不符合环境保护标准而要缴纳的罚金等。

(4)形象与关系成本。这是无形成本项目,如积极参与环境保护活动改善公司形象,优化工作环境,改善与员工的关系,严格控制污染物排放标准,改善与所在社区的关系等等。这些成本项目的支出可以为企业带来无形的、但往往又是相当可观的效益。

3.按投入与产出的关系划分[①]

对环境成本的分类,还可以将企业的价值链按照其投入与产出的关系进行分类。

(1)环境保全预防成本。指在生产活动中,因回避、减少、管理环境负荷而追加的成本。例如,选用对环境影响较小的替代材料,提高产品的耐用性和循环再用性而耗费的成本等等。这类成本与生产活动同时发生,目的在于减少或消除后期环境成本的发生。

(2)环境保全成本。指在企业生产完成后对废弃物的处理成本。例如,生产过程中废弃物的挑选装置成本,产品使用后的废品和包装物回收成本等。这类成本发生在向环境排放废弃物之前,目的是为了减少废弃物对环境的影响,使企业的经营符合环境保护法规或条例的要求。

(3)残余物发生成本。指企业投入生产流程中的各种物资、能源有部分未能得到充分的利用,在生产过程结束后成为废品、废料、废水和废气等各种残余物而形成的成本。

(4)产品成本。指从生产产品的物质能源总消耗中扣减环境费用后剩余的有关成本,包括直接材料、直接人工等等。

环境成本还可以按其发生的时间,分为当前成本与未来成本,分别与过去、现在和未来的经营活动相关。一般的原则是:加强对与过去经营活动相关的环境成本的控制与监测,尽可能减少其支出;针对与目前和未来经营活动相关的环境成本进行相关的研究与开发,选择替代的方法,尽可能消除或削减其开支。

环境成本的分类取决于相关决策的主题和成本管理的范围。在不同情况

---

① 主要参考郭晓梅:《环境管理会计研究——将环境因素纳入管理决策中》,厦门大学出版社,2003年版,第五章。

成
本
会
计

下,环境成本可能存在不同的分类方法。企业应从获取环境成本信息的目的出发,对环境成本进行恰当的定义与分类,以便对决策提供相关信息。

二、环境成本的确认与控制

环境成本会计的主要目的就在于对环境成本信息进行辨别、分配和计量,为企业管理层的决策提供有用的信息。成本会计系统是企业管理层获取环境成本信息的主要渠道。但传统成本会计系统主要考虑内部环境成本,极少单独反映环境成本项目。通常的做法是将其归集到制造费用,使环境成本隐藏在其他成本费用项目之中,这就使企业管理层容易忽视环境成本的影响,做出对环境影响不利的决策,从而加大了企业的环境风险,进而也对企业的总体经营活动及其未来可持续发展产生不利影响。可见,要为企业管理层的决策提供有用的环境成本信息,需要改进当前的成本会计系统对环境成本的处理方法。

【例17-1】某企业生产 A、B 两种产品,产量均为 200 000 件,每件需要耗费 0.25 机器小时。该企业使用机器小时作为成本的分配基础。在生产过程中,该企业会向大气排放出某种氯化物,需要向政府主管部门申请排放许可证。许可证申请成本为 600 000 元,有效期三年,故每年的成本为 200 000 元。取得排放许可后,政府仍不定期检查企业排放废气的情况,一旦发现超出许可标准,将对该企业课以罚款。该企业每年平均缴纳相关罚款 100 000 元。因此,该企业排放氯化物的年环境成本总额为 300 000 元(200 000+100 000),单位机器小时的环境成本为 3 元(300 000/100 000),A、B 两种产品的单位环境成本为 0.75 元(3×0.25)。

如果只有 A 产品的生产导致了氯化物的排放,A 产品应负担的单位环境成本为 1.5 元,B 产品则没有环境成本。以机器小时作为环境成本分配基础,显然将一部分环境成本归集到了 B 产品,从而影响了企业管理层对两种产品盈利能力和成本结构的判断,从而做出错误的决策。

(一)作业成本法

基于传统会计模式,环境成本被按照直接人工小时、机器小时等成本分配标准归集到制造费用。由于成本动因与其分配标准之间缺乏直接的因果关系,造成成本信息的扭曲。实际上,环境成本与企业的整个生产经营流程相关,企业的许多作业都会造成环境成本的发生。如第十五章所述,作业成本法是成本会计的新方法,按照作业对成本进行归集并按成本动因将成本项目分配到有关的产品和流程。环境成本会计也同样可以运用这种方法,对环境成本进行有效的管理。

援引例 17-1 的数据资料,排放氯化物的年度成本为 300 000 元。假设该企业改用排放量作为环境成本的计量基础。全年的氯化物排放量为 60 000 立方,故每单位排放量的环境成本为 5 元(300 000/60 000)。由于所有氯化物的排放均由 A 产品生产造成,因此,根据作业成本法,A 产品的单位环境成本为 1.5 元(300 000/200 000),B 产品的单位环境成本为 0 元(0/200 000)。

上述例 17-1,环境作业只有一项。在实务中,更常见的情况是企业的生产流程存在多项环境作业。此时应就每项作业分配成本,确定单位产品的环境成本。

【例 17-2】假设某企业生产 X、Y 两种产品,相关成本资料如表 17-1 所示。

表 17-1　某企业相关成本资料

单位:元

环境作业	X 产品	Y 产品
评价并选择供应商	0.40	0.10
重新设计生产流程以减少污染	0.20	0.20
就污染问题检查生产流程	0.50	0.30
有毒气体的回收与处理	0.10	2.00
环保设备的维修	0.00	1.00
有毒废料的处理	0.20	3.50
原料过度耗费	0.16	0.50
单位环境成本	1.56	7.60
单位生产成本(剔除环境成本)	18.04	32.40
单位总成本	19.60	40.00
产量	100 000	100 000

从表 17-1 的数据分析,Y 产品的环境问题比较突出,环境成本占单位产品成本的 19%(7.60/40),其中,失效成本(有毒气体和废料的回收、原料的浪费、环保设备的维修)共计 700 000 元(7×100 000),占环境成本总额的 92%(700 000/760 000)。相比之下,X 产品的环境成本只占产品成本的 8%,失效成本也只占环境成本的 29.5%(46 000/156 000)。企业应加强对 Y 产品的环境成本控制,并在决策时充分考虑其成本结构以及相关的环境风险。

Accounting

　　可见,作业成本法可以通过选用合理的成本动因分配成本,解决传统会计模式由于成本分配基础不合理而造成的成本信息扭曲的问题,帮助企业管理层准确了解和分析环境成本的动因,从而为正确的环境管理决策提供信息依据。

　　(二)产品生命周期评价法

　　产品生命周期评价法讨论的是产品在其整个生命周期内对环境的影响,并将影响货币化,寻找可以改善环境影响的途径和方法。

　　1.产品生命周期

　　美国环保局(EPA)将产品的完整生命周期分为四个阶段:资源的耗用、产品的生产、产品的使用以及产品的循环再用和处置。[①] 如图17-2所示,每一个阶段的环境成本由相关方面负责。产品生命周期观突破了传统成本观念,将供应商、生产商和顾客结合在一个共同的体系内,将产品成本分配到不同的生命周期阶段,对企业内部和外部的环境成本控制给予同等的重视,而不仅仅把控制成本的眼光局限在生产过程。

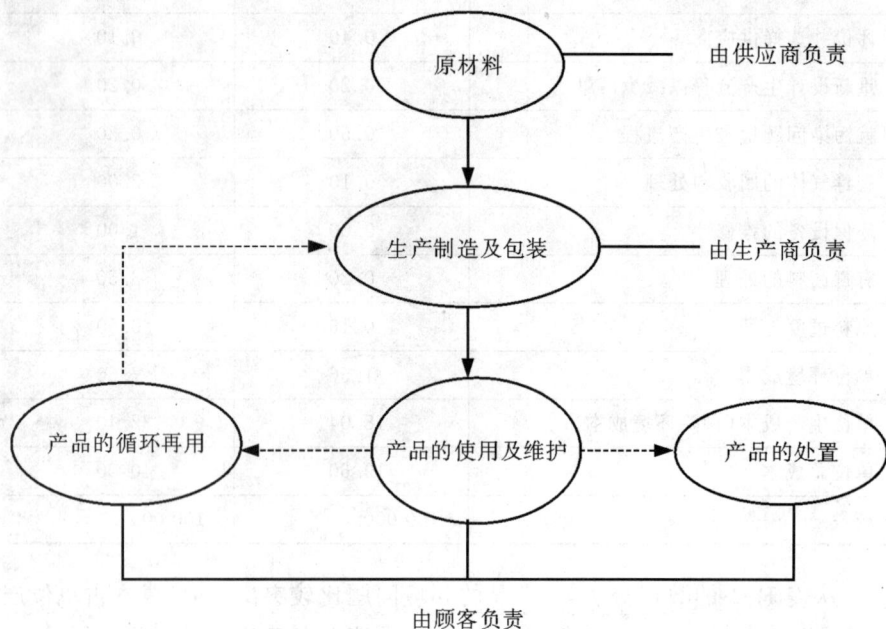

图 17-2　产品生命周期四个阶段

---

　　① *Life-cycle Assessment：Inventory Guidelines and Principles*，EPA/600/R-92，February 1993.

2. 评估阶段

产品生命周期的评估可以分四个主要阶段：

(1)存货分析阶段。存货分析阶段的任务是分析产品在生产过程中需要投入的各种原料和能源的种类和数量，并从固体、液体和气体废物排放的角度，分析对环境的影响，存货分析涉及产品的整个生命周期。生产商在决策时往往需要就产品不同生命周期的相关问题进行分析。例如，待选的主要原材料有哪些？待选原材料对生产能源的投入要求有无差别？待选原材料在废物排放方面有无差别？产品循环再用潜力如何？产品处置对能源的耗费情况如何？对这些问题的分析直接影响企业管理层的决策结果。

(2)影响力分析。影响力分析是以存货分析的结果为基础，就产品排放废物对环境、人体健康以及相关的经济成本和效益进行分析。

(3)成本评价。成本评价阶段要确定相关环境因素的财务影响，从而提供不同决策的环境成本指标，以便进行竞争力的评价。其中，原材料的耗费可以直接追溯，能源的耗费、污染物排放的成本则需要通过成本动因进行追溯。

(4)改良分析。作为产品生命周期评估的最后阶段，改良分析的目的在于针对上述分析阶段所揭示的问题，研究产品生命周期内各阶段可能存在的改进机会，包括产品设计、原料投入、生产流程的重新安排等等，从产品生产过程的环境优势和劣势入手，强化对环境成本的控制与管理。

(三)完全成本法

加拿大注册会计师协会(CICA)从环境角度将完全成本法定义为：将与企业的经营、产品或劳务对环境产生的影响有关的内部成本(包括内部环境成本)和外部成本综合起来的会计方法。[①]

可见，完全成本法将内部环境成本与外部环境成本均纳入成本会计范畴，向决策者提供环境信息，使不同职能部门、不同层次的决策者可以了解在生产过程中内部环境成本的成因，从而使决策者可以在充分了解环境信息的基础上，做出有利于企业可持续发展的决策。

内部成本的资料可以从企业自身的成本会计系统获得，外部环境成本的确认与计量则是完全成本法的难点。企业需要就其经营活动对环境的影响进行确认与计量。与一个经营主体活动有关的环境影响主要包括污染的影响、产品使用和丢弃的影响、自然资源与能源消耗的影响。相应的成本计量方法

---

① The Canadian Institute of Chartered Accountants, *Full Cost Accounting from an Environmental Perspective*, 1997.

Accounting

包括控制成本法、损害函数法等。

根据控制成本法,企业需要对两种成本项目进行估计:(1)安装和运行控制污染的设备成本;(2)将污染源控制在既定水平的成本。从理论上说,这两个成本项目反映了企业为避免或减少环境问题而愿意支付的数额。

函数损害法是通过经济计量方法,估计某特定地点产生的一个或多个污染源所造成的环境损害实际成本。

完全成本法实施的主要障碍在于外部成本。如前所述,随着整个社会环境保护意识的增强,各国政府环境保护政策力度的加大,以及"3P 原则"的普遍实施,越来越多的外部成本将由企业负责而成为内部成本。控制好外部环境成本,将给企业带来相当可观的长期效益。

(四)企业的环境成本控制策略[①]

如前所述,企业经营活动影响着环境。企业管理层通过运用三种策略控制其经营活动对环境的影响,从而控制其环境成本。

1. 修正策略。其基本含义是"制造污染,再想方设法消除之"。

2. 流程改善策略。其基本含义是"改善流程,减少污染或采用无污染的流程"。

3. 预防策略。其基本含义是"要避免污染,首先不能制造污染"。

值得注意的是,质量成本与环境成本高度相关,因此,企业在选择环境控制策略时,必须综合考虑质量成本与环境成本之间的关系。第十五章所述的作业成本法为此提供了相关信息。

三、环境报告

环境报告是提供量化环境信息的重要手段。除了环境成本,环境报告还可以提供环境效益方面的信息。这些信息包括:

(一)当期增加的收入

这包括诸如运用可循环再生材料,发现利用无毒废料的新方法,由于实施环保项目,优化了企业形象而增加的销售收入。

(二)减少的成本

这主要是指由于前期的努力带来的持续性成本减少。

---

① German Boer, et al., Environmental Cost Management, *Management Accounting*, September 1998, pp. 28~38.

（三）当期减少的环境成本

这主要是指由于本期努力而减少的环境成本。

环境报告可以作为向股东提供的年度报告的组成部分,并供企业管理层评价当期的环境绩效。

表 17-2 是企业环境报告的一个范例。①

表 17-2　威尔公司环境报告

单位:千美元

项　目	
环境收益:	
收益来源:	
材料循环再用收入	600
废料利用产品收入	150
持续减少环境成本:	
控制污染而减少的环境成本	900
处置有毒废料而减少的环境成本	1 200
当期减少的环境成本:	
节约能源成本	300
减少包装成本	450
总计	3 600
环境成本:	
预防成本:	
生产程序设计成本	640
供应商的评价与选择	200
检测成本:	
污染物测试	560
污染水平计量	400
内部失效成本:	
废物的运输和处置	1 500
环保设备运作	300
外部失效成本:	
原料的无效耗用	1 400
清理受污染土壤	4 000
总计	9 000
环境绩效	（5 400）

---

① 　Don. R. Hansen , et al. , *Cost Management* : *Accounting and Control* , South—Western, 2003 , p. 734.

Accounting

如何评估企业的环境成本会计系统是否能够为企业管理层的环境管理提供相关的环境成本信息呢？表17-3列示了一份检验环境成本会计系统的清单。[①]

表 17-3　环境成本会计系统检验清单

1. 企业各个部门环境管理的耗费如何？
2. 是否具备在合适的地方计量环境成本一致、可靠的系统？
3. 环境成本会计系统如何支持环境管理决策？
4. 如何追踪为了减少排污所需要承担的费用？
5. 如何将管理决策与环境成本相联系？
6. 哪个部门的环境成本管理得最好？
7. 与竞争对手相比，企业环境成本管理水平如何？
8. 企业制造哪种污染？
9. 影响企业经营计划的因素是什么？
10. 谁负责接收环境成本报告？
11. 企业的激励计划是否考虑环境成本因素？
12. 企业如何使经理人承担内部环境成本？
13. 企业的会计系统如何收集环境成本信息？
14. 企业是否具备计量排污的全部成本的必要手段呢？
15. 企业的环境成本会计系统能够揭示减少环境成本的机会吗？

思考题

1. 何谓可持续发展观？它对会计观念可能产生什么影响？
2. 何谓生态效益观？企业经营目标为何从经济效益观转向生态效益观？
3. 何谓环境管理会计？
4. 何谓环境成本？如何分类？
5. 如何从环境保护的角度划分产品生命周期？
6. 企业如何控制环境成本？
7. 如何编制环境报告？
8. 如何评估企业的环境成本会计系统？
9. 企业如何以生态效益为核心，实现财务绩效与环境绩效的协调与统一？

---

① German Boer, et al. , Environmental Cost Management, *Management Accounting*, September 1998, p. 32.

Accounting

参考文献

1.鲁亮升主编:《成本会计》,东北财经大学出版社,2004年版。

2.罗飞、夏博辉、张兆国:《成本会计》,高等教育出版社,2000年版。

3.赵新顺、姚晓民、何存花:《成本会计》,中国物价出版社,2003年版。

4.丁元霖:《成本会计》,立信会计出版社,2002年版。

5.胡玉明:《高级管理会计》(第二版),厦门大学出版社,2005年版。

6.郭晓梅:《环境管理会计研究——将环境因素纳入管理决策中》,厦门大学出版社,2003年版。

7. Charles T. Horngren, George Foster, Strikant M. Datar, *Cost Accounting : A Managerial Emphasis* 10th ed, Prentice Hall, Inc. ,2000.

8. Jesse T. Barfield, Cecily A. Raiborn, Michael R. Kinney, *Cost Accounting : Traditions and Innovations* 5th Edition, South-Western, 2003.

9. Don R. Hansen, Maryanne M. Mowen, *Cost Management : Accounting and Control* 2nd Edition, South-Western College Publishing, 1997.

图书在版编目(CIP)数据

成本会计/胡玉明,潘敏虹编著.—3版.—厦门:厦门大学出版社,2010.3
(2014.3重印)
(21世纪会计学系列教材)
ISBN 978-7-5615-2550-0

Ⅰ.成… Ⅱ.①胡…②潘… Ⅲ.成本会计-高等学校-教材 Ⅳ.F234.2

中国版本图书馆 CIP 数据核字(2010)第 040145 号

厦门大学出版社出版发行

(地址:厦门市软件园二期望海路 39 号 邮编:361008)
http://www.xmupress.com
xmup @ public.xm.fj.cn
厦门集大印刷厂印刷

2010 年 3 月第 3 版 2014 年 3 月第 3 次印刷
开本:787×960 1/16 印张:18
字数:320 千字 印数:24 000～30 000 册
定价:28.00 元
本书如有印装质量问题请直接寄承印厂调换